パーニニが言及するヴェーダ語形の研究

― 重複語幹動詞を中心に ―

尾園　絢一 著

東北大学出版会

Untersuchung der bei Pāṇini angeführten vedischen Formen:

Mit besonderer Berücksichtigung reduplizierter Verbalstämme

Junichi Ozono

Tohoku University Press, Sendai

ISBN978-4-86163-288-4

はしがき

本書は2009年1月に東北大学に提出した同名の博士学位請求論文を加筆訂正したものである。尚，ドイツ語要旨は留学中に執筆したものを全面的に書き改めたものである。

今日まで続くインド伝統文法学を創始したパーニニの文典を文献に証される言語事実と照合し，古インドアーリヤ語(サンスクリット)の歴史的展開の中に位置づけることは課題として残されたままである。ヴェーダとパーニニの比較研究としてはThieme, *Pāṇini and the Veda* (1935) が広く知られているが，その後飛躍的に研究が進んだインド・ヨーロッパ語比較言語学，ヴェーダ学の成果を基に研究を進める必要がある。そこで本書において近年特に解明が進んでいる重複語幹形成法に焦点を当て，ヴェーダの用例とパーニニの規定とを照合し，パーニニ文法の言語史的位置づけに取り組んだ。

筆者がインド学の世界に足を踏み入れて以来今日までご指導ご支援くださった後藤敏文先生に深く感謝を申し上げたい。本書も含め，筆者がこれまで発表してきた研究ほぼ全てについて先生よりご指導を賜った。阪本（後藤）純子先生からは，折に触れて研究のご指導・助言を賜ってきた。改めて感謝を申し上げたい。そしてパーニニ文法学を学び始めた頃より，研究会，学会を通じて，ご指導くださった，広島大学の小川英世先生に心から感謝申し上げたい。先生そして若手研究者との交流を通じて，深遠なパーニニ文法学の一端に触れることができたことは大きな幸運であった。桜井宗信先生，吉水清孝先生には学生の頃から現在まで授業その他を通じてご指導・ご支援いただいてきた。千種眞一先生からは言語学の授業を通してご指導いただいた。桜井先生，吉水先生，千種先生には博士論文審査において副査を務めていただき，ご指導・助言を賜った。先生方に改めて御礼申し上げたい。

ドイツ留学中は，ヴュルツブルク大学比較言語学講座のHeinrich Hettrich名誉教授に授業，研究，環境，様々な面で支えていただいた。同講座では，Helmut Nowicki名誉教授，Dr. Kim Jeong-Soo，Dr. Markus Hartmann, Prof. Dr. Harald Bichlmeier, Bernd Vath, M.A., Alexandra Daues, M.A. の諸先生，同僚による授業，議論を通じて比較言語学の見識を深めることができた。

本書刊行にあたっては，多くの方々に援けていただいた。ここに記して感謝を述べたい。西村直子，笠松直，川村悠人の諸氏には校正作業をお手伝いただいた。また西村氏と渡辺亮氏には索引作成をお手伝いいただいた。ドイツ語要旨はHeiko Narrog先生に直していただいた。東北大学出版会の小林直之氏には，筆者の作業の遅れにより，ご迷惑をおかけしたことをお詫びしたい。氏は筆者の無理難題にも最後まで誠実にご対応くださった。共生福祉会・萩の郷福祉工場の担当の方々は特殊文字の処理等の技術的な問題の多い原稿を立派な形に仕上げてくださった。

筆者が研究に打ち込むことに理解を示し，これまで支えてくれた，妻をはじめとする家族にこの場を借りて感謝を述べたい。そして高い教育を筆者に授け，研究の道に進むことを応援してくれた亡き父母に，感謝の念と共に本書を捧げる。

本書は独立行政法人日本学術振興会より平成29年度科学研究費補助金研究成果公開促進費（学術図書）17HP5023の交付を受けて刊行されたものである。

2018年1月　仙台

尾園　絢一

[目　次]

はしがき …… i

略号表，記号，凡例 …… vii

0．序論 …… 1

I．総論 …… 7

1．パーニニの言語 …… 7

2．パーニニとヴェーダ語の関係 …… 9
2.1．ヴェーダ語（*chandas-*）の範囲 …… 9
2.1.1．Ṛgveda …… 9
2.1.2．Sāmaveda …… 10
2.1.3．Atharvaveda …… 10
2.1.4．Yajurveda …… 13
2.1.5．Śrautasūtra …… 17
2.2．*brāhmaṇe* の範囲 …… 21
2.3．*nigame* の範囲 …… 28
2.3.1．*nigame* の規則に挙げられるヴェーダ語形 …… 29
2.3.2．Nirukta I 1 …… 34
2.3.3．パーニニ文法学 …… 35

3. *nipātana*-sūtra …… 36
3.1. パーニニがヴェーダ語形を挙げる動機 …… 36
3.2. *nipātana*- に関するパーニニ文法学の見解 …… 37
3.2.1. Pat. on I 1,27 …… 37
3.2.2. Pat. on VII 4,65 …… 46
3.2.3. *iṣṭi*-「望ましさ」と *prāpti*-「理論的妥当性, 適用可能性」… 53

4. パーニニ文法の動詞形成法 …… 57
4.1. パーニニ文法の動詞組織 …… 57
4.2. 法（mood）に関する規則 …… 59
4.2.1. Injunctive …… 59
4.2.2. Subjunctive …… 60
4.3. Dhātupāṭha …… 63
4.3.1. Dhātupāṭhaの意味記載 …… 63
4.3.2. Dhātupāṭhaと補完活用（suppletive paradigm）…… 64

II. 各論 …… 67

1. 強意語幹（Intensive）…… 67
1.1. athematic intensive と -*yá*-intensive …… 68
1.1.1. -*yá*-intensive（*yaṅ*）に関する規則 …… 68
1.1.2. athematic intensive（*yaṅluk*）に関する規則 …… 73
1.1.3. atheimatic intensiveに関するパーニニ文法学の見解 …… 77
1.2. Intensiveの重複音節 …… 80
1.2.1. 重複音節のタイプとパーニニ文法の規定 …… 80
1.2.2. Pāṇ. VII 4,86-87 …… 87
1.3. 結合母音（Bindevokal）…… 92
1.4. Intensiveの機能 …… 93

1.4.1. Intensiveの機能に関するパーニニ文法学の見解 ……… 93
1.4.1.1. *kriyāsamabhihāra-*「行為のとりまとめ（反復）」(Pāṇ. III 1, 22) …… 94
1.4.1.2. *kauṭilya-*「[進行が]曲がっている」(Pāṇ. III 1,23) …… 98
1.4.1.3. *bhāvagarhā-* (Pāṇ. III 1,24) …… 99
1.4.2. intensive (Pāṇ. III 1,22) と āmreḍita (Pāṇ. III 4,2, VIII 1,4) の関係 …… 103
1.4.2.1. Pāṇ. VIII 1,4 と Pāṇ. III 4,2;4 …… 103
1.4.2.2. パタンジャリ …… 104
1.4.2.3. 『カーシカー』 …… 108
1.5. Pāṇiniが言及するヴェーダ語のintensive語形 …… 110
1.5.1. Pāṇ. VII 4,64 …… 110
1.5.2. Pāṇ. VII 4,65 …… 110

2. 重複現在語幹 (Reduplicated present) …… 142
2.1. 語幹形成法 …… 142
2.2. 第3類動詞群 (*juhotyādi-*) …… 143
2.3. ヴェーダ語の重複現在語幹に関するパーニニの規則と文法学の見解 …… 146
2.4. 重複現在語幹のアクセント …… 154
2.5. Pāṇ. VII 4,75 …… 166
2.6. redupl.pres. *jāgarti* …… 171
2.6.1. ヴェーダに現れる形 …… 171
2.6.2. *jāgarti*に関する規則と伝統説の見解 …… 176
2.6.2.1. Pāṇ. VI 1,6 …… 176
2.6.2.2. Pāṇ. VII 3,85 …… 177
2.6.2.2.1. medio-pass aor. *ajāgāri* と pf. *jajāgāra* …… 178
2.6.2.2.2. *paryudāsa-* と *prasajyapratiṣedha-* …… 180
2.6.2.2.3. *jāgr̥vi-*, pf.part. *jāgr̥vāṃs-* …… 184

III. 結　論 ……………………………………………… 189

参考文献　……………………………………………… 197

索引……………………………………………………… 231

Zusammenfassung ……………………………………… 255

略号表

1. 一次文献

AĀ	Aitareya-Āraṇyaka
ĀgnivGṛSū	Āgniveśya-Gṛhya-Sūtra
AB	Aitareya-Brāhmaṇa
ĀpŚrSū	Āpastamba-Śrauta-Sūtra
ĀśvGṛSū	Āśvalāyana- Gṛhya-Sūtra
ĀśvŚrSū	Āśvalāyana-Śrauta-Sūtra
AV	Atharvaveda-Saṁhitā
AVP	Atharvaveda-Paippalāda recension
AVP-Kashm.	Atharvaveda-Paippalāda recension (Kashmirian manuscript)
AVP-Or.	Atharvaveda-Paippalāda recension (Orissa manuscript)
AVŚ	Atharvaveda-Śaunaka recension
BhāgPur	Bhāgavata-Purāṇa
BĀU	Bṛhad-Āraṇyaka-Upaniṣad
BĀUK	Bṛhad-Āraṇyaka-Upaniṣad Kāṇva recension
BĀUM	Bṛhad-Āraṇyaka-Upaniṣad Mādhyandina recension
BaudhGṛSū	Baudhāyana-Gṛhya-Sūtra
BaudhŚrSū	Baudhāyana-Śrauta-Sūtra
BhārŚrSū	Bhāradvāja-Śrauta-Sūtra
ChU	Chāndogya-Upaniṣad
GB	Gopatha-Brāhmaṇa
GobhGṛSū	Gobhila-Gṛhya-Sūtra.
HirGṛSū	Hiraṇyakeśin-Gṛhya-Sūtra
HirŚrSū	Hiraṇyakeśin- Śrauta-Sūtra
JB	Jaiminīya-Brāhmaṇa
JS	Jaiminīya-Saṁhitā
JUB	Jaiminīya-Upaniṣad-Brāhmaṇa

Kāś.	Kāśikā
KāṭhSaṃk.	Kāṭhaka-Saṃkalana
KātyŚrSū	Kātyāyana-Śrauta-Sūtra
KauśS	Kauśika-Sūtra
KauṣU	Kauṣītaki-Upaniṣad
KB	Kauṣītaki-Brāhmaṇa
KS	Kaṭha-Saṁhitā
Kṣīrat.	Kṣīrataraṅgiṇī
KpS	Kapiṣṭhala-Kaṭha-Saṁhitā
LāṭyŚrSū	Lāṭyāyana-Śrauta-Sūtra
MādhDh	Mādhavīyā Dhātuvr̥tti
MānGr̥Sū	Mānava-Gr̥hya-Sūtra
MānŚrSū	Mānava-Śrauta-Sūtra
MBhār	Mahābhārata
MS	Maitrāyaṇī Saṁhitā
Pāṇ.	Pāṇini (Aṣṭādhyāyī)
Pat.	Patañjali (Mahābhāṣya)
PārGr̥Sū	Pāraskara-Gr̥hya-Sūtra
PB	Pañcaviṁśa-Brāhmaṇa
RV	R̥gveda-Saṁhitā
RVkh	R̥gveda-Khila
RVPrāt.	R̥gveda-Prātiśākhya
ŚāṅkhĀ	Śāṅkhāyana-Āraṇyaka
ŚāṅkhGr̥Sū	Śāṅkhāyana-Gr̥hya-Sūtra
ŚāṅkhŚrSū	Śāṅkhāyana-Śrauta-Sūtra
ŚB	Śatapatha-Brāhmaṇa
ŚBM	Śatapatha-Brāhmaṇa (Mādhyandina recension)
ŚBK	Śatapatha-Brāhmaṇa (Kāṇva recension)
ŚCĀ	Śaunakīyā Caturadhyāyikā

Siddh.Kaum.	Siddhānta-Kaumdī
SV	Sāma-Veda
TĀ	Taittirīya-Āraṇyaka
TB	Taittirīya-Brāhmaṇa
TS	Taittirīya-Saṁhitā
Up.	Upaniṣad
VādhAnv	Vādhūla-Anvākhyāna
VādhŚrSū	Vādhūla-Śrauta-Sūtra
VaikhŚrSū	Vaikhānasa-Śrauta-Sūtra
VaitS	Vaitāna-Śrauta-Sūtra
VārŚrSū	Vārāha-Śrauta-Sūtra
VS	Vājasaneyi-Saṁhitā
VSK	Vājasaneyi-Saṁhitā (Kāṇva recension)
VSM	Vājasaneyi-Saṁhitā (Mādhyandina recension)
YV	Yajur-Veda

2. 二次文献

ABORI	Annals of Bhandarkar Oriental Research Institute, Poona
Ac.Or.	Acta Orientalia, Leiden
Ai.Gr.	Altindische Grammatik
Ai.Synt.	Altindische Syntax → DELBRÜCK
Aufs.	Aufsätze zur Indoiranistik →HOFFMANN
BB	Bezzenbergers Beitrage
BSGW	Berichte über Verhandlungen der königlichen sachsischen Gesellschaft der Wissenschaften zu Leipzig
Diss.	Dissertation
EVP	Etudes vedique et pāṇinéennes
EWAia	Etymologisches Wöterbuch des Altindoarischen → MAYRHOFER

GSAI	Giornale della Società Asiatica Italiana, Roma
IIJ	Indo-Iranian Journal, Hague, Dordrecht / Boston / London
HS	Historische Sprachforschungen, Göttingen
Ind.Stud.	Indische Studien, Leipzig
JIP	Journal of Indian Philosophy, Dordrecht
Kl.Schr.	Kleine Schriften
KZ	Zeitschrift für vergleichende Sprachforschung auf dem Gebiete in der indogermanischen Sprachen, Göttingen
JAOS	Journal of the American Oriental Society, New Haven
Lg.	Language, Baltimore
LI	Linguistic Inquiary, Cambridge, Mass.
LIV^2	→ RIX, et. al.
MSS	Münchner Studien zur Sprachwissenschaft, München
PW	Sanskrit-Wörterbuch → BÖHTLINGK, Otto / ROTH, Rudolf
StII	Studien zur Indologie und Iranistik, Reinbek(−Bd.23/2003), Bremen
VWC	Vedic Word Concordance → VISHVA BANDHU
WZKM	Wiener Zeitschrift für die Kunde des Morgenlandes, Wien
ZDMG	Zeitschrift der deutschen morgenländischen Gesellschaft, Stuttgart

文法用語

abl.	ablative
acc.	accusative
act.	active
aor.	aorist
athem.	athematic
caus.	causative
dat.	dative

desid.	desiderative
du.	dual
denom.	denominative
gen.	genentive
grdv.	gerundive
f.	feminine
full.-gr.	full-grade
fut.	future
impf.	imperfect
ind.	indicative
inf.	infinitive
inj.	injunctive
instr.	instrumental
intrans.	intransitive
iptv.	imperative
intens.	intensive
loc.	locative
long-gr.	long-grade
m.	masculine
mid.	middle
n.	neuter
nom.	nominative
opt.	optative
part.	participle
pass.	passive
pl.	plural
periphr.	periphrastic
pf.	perfect
pres.	present

redupl.	reduplicated
sg.	singular
subj.	subjunctive
them.	thematic
trans.	transitive
vadj.	verbal adjective
voc.	vocative
zero-gr.	zero-grade

記号

*□	文献に在証されないが，理論的に再建される形
C	consonant 子音
D	plosive　破裂音，閉鎖音
V	vowel 母音
R	resonant　鳴音
$H, h_1 - h_3$	laryngeal 喉音
□^{i}	インド・ヨーロッパ祖語，インドイランにおいて語根末尾がlaryngealである語根（いわゆる「seṭ語根」→その他）
□-^{ti}	能動態で活用する現在語幹
□-^{te}	中動態で活用する現在語幹
□-	語幹（後に語尾が続くことを示す）
□$_{a, i, u}$	テキストには書かれていないが，発音されたと考えられる母音
□^{m}	マントラ部分
□^{p}	散文（prose）部分
$^{+}$□	テキストの訂正
°□, □°	単語の一部を省略
→ □	「本書 □を見よ」
[]	訳文中の補足

その他

- 本書では，seṭ, aniṭ という術語はインド・ヨーロッパ祖語，インドイランにおいて語根末尾がlaryngealである語根を指す。パーニニ文法学の術語としてのseṭ, aniṭを意味しない。
- パーニニ文法学における接辞（*pratyaya-*），付加音（*āgama-*）などの要素はit又はanubandhaを伴わない形と伴う形と記している。
  例：*a*（*śap*）
- 但し，派生においては，anubandhaは大文字の上付きで示している。
  例：$^{\text{Ś}}a^{\text{P}}$
- MS, KS（ed. SCHROEDER），Pat.（ed. KIELHORN/ABHYANKAR）等の刊本から引用する時は，引用ページ数と行数をコロンの後に付した。例：MS I 6,11^{p}: 104,6, Pat. on Pāṇ. II 3,60: 466,2-3

0. 序論

【背景】

古インドアーリヤ語はヴェーダ語とそれ以降の言語（古典サンスクリット，叙事詩サンスクリット等）に大別されるが，ヴェーダ語も文献内容，言語的特徴からさらに時代区分が設定される。古インドアーリヤ語はおおよそ次のような区分に分けられる[1]：

1) リグヴェーダの言語（紀元前1200年頃）
2) マントラの言語（紀元前1000年頃から）：AVP, AVŚ, RVkh, SV, VS, MS^m, KS^m, KpS^m, TS^m
3) ヤジュルヴェーダ・サンヒターの散文（紀元前800年頃から）：MS^p, KS^p, KpS^p, TS^p
4) ブラーフマナ文献の散文等[2]（紀元前800－650年頃）：AB, KB, JB, TB, ŚBM, ŚBK, BĀU, ChU, JUB, etc.
5) シュラウタスートラ，パーニニ文典，グリヒャスートラ
6) 古典サンスクリット，叙事詩サンスクリット，その他

ヴェーダ語に属するのは1)－4)の段階である。ヤジュルヴェーダ・サンヒターの散文（Saṁhitā-Prosa）からブラーフマナ文献にかけての間に大規模な変化を受けたことが推測される。例えば *-yá-* を付した強意語幹（*-yá*-intensive），複合完了（periphrastic perfect）の使用が増加するのはこの時期である。パーニニ文典（紀元前4世紀前半）はヴェーダ語から古典サンスクリットへの過渡期（Post Vedic）に位置づけられる。パーニニ

1 Cf. WACKERNAGEL 1896 (Einleitung): XXIX-XLVIII, WITZEL 1989: 124－128, KÜMMEL 2000: 5f.

2 個々のBrāhmaṇa文献の古層，新層の問題については，WACKERNAGEL 1896: XXIX, WITZEL 1989: 126参照。

文典は約4,000の文法規則（*sūtra-*）からなるが，その中，約250において ヴェーダの語形・語法が指摘されており，パーニニの時代に話されていた言語とヴェーダ語との間に相当な距離があったことを示している。

【課題】

ヴェーダ文献成立史の解明とも関連して，従来パーニニがどのヴェーダ文献を念頭に置いてヴェーダ語（*chandas-*）の規則を立てたかという問題に重点が置かれた。この問題は特に19世紀後半から盛んに研究されてきたが[3]，これまでのところTHIEME 1935において下された結論が一般に受け入れられている。同書によるとパーニニはRV, AVP，黒YV（特にMSとKS）を知っていたが，白YV，即ちŚBについては知らなかった。しかしながら白ヤジュルヴェーダを知らなかったという結論については，それを裏付ける証拠として採用されるものはほとんどない。むしろ，例えばPāṇ. II 3,60はŚBの語法を念頭に置いていた可能性がある（→ 総論2.2.）。

パーニニが*chandasi*「ヴェーダ語では」の下に教える語形，語法の大部分はRV，黒YVに同定される。あるいは用例が全く見いだされないものもある。また稀にブラーフマナ文献，スートラ文献以降に用例が確認できるものもあるが，こうした比較的新しい時代の語法をヴェーダ語の規則が予定しているかどうかは疑わしい。例外規定に位置づけられるヴェーダ語の規則だけではパーニニが念頭に置いていた，ヴェーダの語法や当時の言語事実を明確にすることは難しい。パーニニが標準的，即ち教養人（*śiṣṭa-*）の言葉として教える言語をヴェーダからポストヴェーダまでの言語と照合することによって古インドアーリヤ語の歴史的展開の中に位置づけることが可能となる。そのためにはパーニニ文典の規則を文法カテゴリー別に捉えなおした上で，その中の一つについて，関連規則を包括的に調査することが効果的である。

3　研究史についてはCARDONA 1976: 226−228, 1999: 201−205を見よ。

Thieme 1935から今日までの間，動詞を中心とするヴェーダ語の形態論研究（Hoffmann 1967a, Narten 1963, Gotō 1987 etc.）が飛躍的に進展した。これまで達成された成果はGotō 2013に凝縮されている。こうした研究の進展によってパーニニ文法の動詞語幹形成法をヴェーダの言語事実に同定することが可能になった。ヴェーダ文献に多様な形が在証される重複語幹動詞は，近年特に研究が進んでいることから（Bendahmann 1993, Schaefer 1994, Kümmel 2000, etc.），本研究は主にパーニニが言及する重複語幹動詞，特に重複現在語幹（reduplicated present）と強意語幹（intensive）を研究対象とする。両者はヴェーダ文献から様々な形が回収され，またパーニニも両者の形成法を詳しく定めている。強意語幹には幹母音を伴わないタイプ（athematic）と *-yá-* を付けるタイプがある。リグヴェーダにおいては無幹母音型が優勢であったが，特にブラーフマナ期から，*-yá-* を伴う形の使用が急速に増加する。パーニニは *-yá-* を伴うタイプ（*yaṅ*）の強意語幹を標準語として設定しており，幹母音を伴わないタイプ（*yaṅluk*）は次第に廃れつつあったと考えられる（→ 各論1.1.2.）。

パーニニ文法の動詞組織はヨーロッパに端を発する歴史文法とは異なった原理に基づいて構築されている。そのため，パーニニ文法の動詞組織を俯瞰し，個々の動詞カテゴリーがパーニニ文法の中で占める位置を確認しておく必要がある。また当然のことながら，パーニニ文典は短句（*sūtra-*）により派生プロセスを記述したものであるから，派生の目的地となる具体的な語形については，特殊語形（*nipātana-*）の規則を除けば，スートラが直接示すことはない。そこで先ずはパーニニ文法学が提供する語形から出発することになる。無論，注釈書に見られる語形は，厳密な規則運用に基づいて導き出されたものであり，パーニニの意図を汲むものであったに違いないが，スートラが念頭に置いていた事実を明らかにするためには，ヴェーダからポストヴェーダ期までの言語事実の評価と照合が欠かせない。パーニニ文法の実像を解明する上で，パーニニ文法学の伝統的解釈，それを批判的に検証したパーニニ文典の運用原理に関する新たな研究（JOSHI/ROODBERGEN 1990-, JOSHI/BHATE 1984等），ヴェーダ文献に見られる言語事実との照合の3つの点から検証することが必要となる。

【研究方法】

本研究は，パーニニが定式化する言語を古インドアーリヤ語の歴史的展開の中に位置づける上で重要な問題を総論において考察した：

1. パーニニが教える標準的言語
2. パーニニとヴェーダの関係
3. パーニニがヴェーダ語形を挙げる動機と特殊語形（*nipātana-*）の位置づけ
4. パーニニ文法が前提とする動詞組織

各論では，強意語幹，重複現在語幹に関する規則を取り上げた。重複現在語幹についてはヴェーダに在証される語幹，強意語幹は，語幹形成，重複音節，結合母音などの形態的観点から照合した後，機能をめぐる文法学の議論を考察した。ヴェーダ語の強意語幹としてPāṇ. VII 4, 65に挙げられる強意語幹をヴェーダ文献に同定し，パーニニが念頭においていた，個々の言語事実の解明に努めた。パーニニ文典から知られる語幹を語幹形成，アクセント位置などの点から，ヴェーダの用例との照合を行った。

ヴェーダ等に見られる語形とパーニニ文典の規則から想定される語形とを照合するために，VISHVA BANDHU VWC等のインデックスを用いてヴェーダの用例を中心に可能な限り網羅した。用例は以下の文献の刊本から採った：

– ヴェーダ文献

サンヒター（RV, SV, JS, AVŚ, AVP, MS, KS, KpS, TS, VSM, VSK），

ブラーフマナ（AB, KB, JB, PB, TB, ŚBM, ŚBK etc.），ウパニシャッド（BĀUM, BĀUK, ChU, JUB, etc.），シュラウタスートラ，グリヒャスートラ，ダルマスートラ等

- ヴェーダに準じる文献

  ヤースカ（Nigh., Nirukta），プラーティシャーキャ（VPrāt., TPrāt., RVPrāt., ŚCĀ etc.）等

- パーニニ文法学文献

  『マハーバーシャ』,『カーシカー』,『シッダーンタカウムディー』, ダートゥパータの注釈（Kṣīrat., Mādh.Dh., etc.）等

- 文学，叙事詩

  『マハーバーラタ』,『ラーマーヤナ』等

I．総論

1. パーニニの言語

パーニニの時代に実際に話されていた言語がどのようなものであったかという問題は，パーニニ文典の規則の正確さの問題とも関連して，19世紀後半盛んに研究された。例えば，FRANKE 1891は幾つかの規則に見られる*bhāṣāyām*「口語では」という表現を取り上げ，ヴェーダ語との比較，さらにパーリ，中期インド語の要素の混入などの点から検討した[4]。彼によれば古典サンスクリットはパーニニの言う*bhāṣā-*「口語」に属する[5]。また彼は，パーニニは必ずしも直接言語事実に基づいたわけではなく，またパーニニが教える言語は*bhāṣā-*でも生きた言語でもないとする[6]。しかしながら，こうした懐疑的見解は，パーニニが言及する語法の大部分が文献に在証されるという事実により，明確に否定される。パーニニが教える言語が実際の言語使用に基づいたものであることは，これまでの研究に照らしても疑う余地がない。またFRANKEは，パーニニ文典は生きた言語から抽出して立てられた諸規則の間に，死語資料を含んでいる規則を散りばめたものと主張する。だが，これは，*chandasi*「ヴェーダ語では」等の表現によって「死語資料」をも教えているという事実によって否定される[7]。パーニニは当時の標準的な語法の他に，ヴェーダ語，地域的特徴，他学者の説等を忠実に記録に残そうとしたにすぎない。パーニニが定式化する言語は主として*śiṣṭa-*「教養人」の言葉として実際に使用されていた言語であり，その大部分はブラーフマナ文献以降

4 FRANKE DB 17, p.54－90 = Kl.Schr. 177－213

5 FRANKE 1891: 75.

6 FRANKE 1891: 78.

7 LIEBICH 1892: XXV.

に成立したものと考えられる。LIEBICH 1891 : 47f. はAB, BĀU, ĀśvGṛSū, PārGṛSūに現れる動詞語形を中心に調査した結果，パーニニが教える言語が統語論の点ではブラーフマナ文献，スートラ文献によく一致することを示した。さらに*bhāṣā-* が「口語，日常語」であったと結論した[8]。例えば，パーニニは *-ya-*（*yaṅ*）を付したintensiveを標準形に設定するが，これは-*yá*-intensiveが生産的になるのがAB, ŚB以降であることと一致する（→ 各論 1.1.2.)。また幾つかの規則では一致する用例がMānŚrSū, VārŚrSūに限られており，HOFFMANN 1974 : 75f. = Aufs. 543f.が指摘するように，パーニニがこの二つのシュラウタスートラ以降に活躍していたことが推測される（→ 総論2.1.5.)。原則としてヴェーダに見られる語形であっても，それが通常の規則に一致するならば，当然のことながら，ヴェーダ語の規則において言及されることはない[9]。*chandasi*等によって使用領域が制限されるということは，当時の標準ではないことを意味する。それ故，通常の規則に一致する形であっても，使用されない語，又は特殊な領域に使用が制限される語は特殊語形（*nipātana-*）として挙げられたものと推測される。従ってパーニニがヴェーダ語形を挙げる動機も検証する必要がある（→ 総論 3.1.)。

8 *bhāṣā-* に関する見解についてはRENOU 1955: 114f.

9 THIEME 1935: 76は通常の規則に一致する語形が幾つかKS（e.g. grdv. *grāhya-*）に見られることを指摘し，それらは北部の語法であったと推測する。

2. パーニニとヴェーダの関係

2.1. ヴェーダ語（*chandas-*）の範囲

パーニニは*chandasi*「ヴェーダ語では」という表現の下，約250の規則においてヴェーダの語法と語形に言及する。さらに*mantre*「マントラでは」，*brāhmaṇe*「ブラーフマナ文献では」，*r̥ci*「リチ（賛歌）では」，*yajuṣi*「ヤジュス（祝詞）では」，*nigame*「（ヴェーダの）引用（又は伝統）では」という制限を用いてヴェーダ語形を指摘することもある。そこで，これらの表現と*chandas-*との関係を考察しながら，*chandas-*の語が予定する言語事実をより正確に絞り込む必要がある。予め結論を述べると，*chandas-*（< *chadayati*「心地よく現れる」）が予定しているのはRV, SV（?）, AV , YVのSaṁhitāである。YSの散文部分（Saṁhitā-Prosa）を含むが，AB, ŚB等のBrāhmaṇa文献は含まれないものと思われる（Ozono 2011: 251）。

2.1.1. R̥gveda

RVの言語事実は当然*chandasi*の下に規定される。パーニニはRVの語形を黒YSと並んでかなりの程度まで網羅している。但し，当然RVに現れる語形や語法の中にはパーニニが言及しなかったもの，或いは見落としたと思われるものも相当ある。一例を挙げるならば，Pāṇ. VII 4, 65においてヴェーダ語のintensive語形が列挙されているが，パーニニは*alarṣi* RV VIII 1,7という形を挙げる一方，*alarti* RV VIII 48,8という形を挙げていない（→ 各論1.5.2.）。またCardona 1997: 37f が指摘するように，RVにおいて伝承されている形とシャーカリャ（Śākalya）のpadapāṭhaにおける語釈形が異なる場合はシャーカリャが挙げる形がパーニニによる説明の対象となる。例えば*dah*（$*d^heg^{(w)h}$）「焼く」の*s*-aor.の語幹はインドの段階でGrassmannの法則と$*g^{(w)h}$の*s*への同化による無声化（devoicing assmilation）を経て，*dakṣ-*（< $*d^heg^{(w)h}$*-s-*）となるが，padapāṭhaでは，*dhakṣ-*となっており，これは2次的な気息化（いわゆるaspration throwback）を経たと一般に説明される[10]。こうした場合，

Cardona1997 : 38は，パーニニが説明の対象とするのはpadapāṭhaにある*dhakṣat*であり，*dakṣat*は説明する必要がないと考えていたとする。またKobayashi 2006: 18は同様の例としてRV VI 48,17 *áha evā́*（padapāṭha : *áhar íti / evá /*）というsandhiがパーニニ文典の中で説明されないことを指摘する。

2.1.2. Sāmaveda

パーニニがSVを知っていたかどうかについては，実例に基づいて確定することはできない。Thieme 1935: 21はPāṇ. III 1,123に挙げられるヴェーダ語のgerundive語形の中，*bhāvya-*はSVから採ったものとする。何故ならば，*bhāvya-*は通常の規則から説明されるので，もし不規則な形として挙げられたとすれば，アクセントが異例であったからであると考える。Pāṇ. VI 1,185によれば，*bhāvyà-* が想定される。SV は $\overset{1}{bh\bar{a}}v\overset{2}{ya}$-というアクセントを示しており，これが*bhā́vya-* に対応することから[11], ThiemeはSVから採ったと考える。但し，パーニニがsāmanのアクセントをどのように扱ったかは不明であり，またRV I 126,1に現れる*bhāv*$_i$*yá-*「Bhāvya（王の名）」を指している可能性も一応考えられる[12]。いずれにせよ，このことだけに基づいて，パーニニがSVを知っていたと結論することはできない。

2.1.3. Atharvaveda

上述のように*chandasi*という文言はRV, 黒YSの言語事実を指摘していることは明らかであるが，この文言がAVを含むかどうかについては決定的な証拠は見出されていない。AVを知っていた根拠として最も有力なものと考えられてきたのが, Pāṇ. III 1,51に一致する形*ilayati*[13]の*iṣ*-aor.

---

10 この問題については，Sag 1976, Schindler 1976, Cardona 1991, Scharfe 1996, Kobayashi 2004: 122ff 参照。

11 Macdonell 1910: 79.

12 尾園 2006: 1002.

*ailayīt*がAVのみに見出されることである：

Pāṇ. III 1,51 *nonayati-dhvanayaty-elayaty-ardayatibhyaḥ* [*chandasi* 50, *caṅ* 48, *cleḥ* 44, *luṅi* 43, *dhātoḥ* 22 *paraś ca* 2, *pratyayaḥ* 1]
「ヴェーダ語では，*ūna*（*ūnayati*），*dhvana*（*dhvanayati*），*ila*（*elayati*），*arda*（*ardayati*）［という動詞語基の］後で，*cli*の代わりにredupl.aor. *a*（*caṅ*）は生じない」

ūnayīḥ RV I 53,3~AVŚ XX 21,3
mā́ tvāyató jaritúḥ kā́mam ***ūnayīḥ***
「君を求めている歌い手の欲求を不満にさせるな。」

dhvanayīt RV I 162,15~VS XXV 37~ TS IV 6,9,2
mā́ tuvāgnír ***dhvanayīt*** *dhūmágandhir*
「煙の匂いがするアグニは君を煙らせるな。」

ailayīt AV VI 16,3~AVP XIX 5,9
táuvilikéʼ ***velayā́vā́yam*** *ailabá* ***ailayīt***
「タウヴィリカーよ，静まれ。この騒音は静まった。」

ardayīt　用例なし

Paṇ. III 1, 48によれば, -*áya*- 語幹のaor. にはredupl.aor.（*caṅ*）が用いられるが[14]，Pāṇ. III 1,51によればヴェーダ語ではここに挙げられる動詞にはredupl.aor. は用いられない。尚，原則としてaor. 語幹はsigmatic aor.（*sic*）が用いられ, *a*-aor.（*aṅ*）やroot. aor. 等が用いられる場合は個別の規

13 PIE **r̥H-éi̯eti*（[3]*rā*「静まる」の -*aya*-pres.），see NARTEN 1968: 249f.（= Kl.Schr. 63 − 74）
14 Pāṇ. III 1, 48 *ṇi-śri-dru-srubhyaḥ caṅ*〔*cleḥ* 44, *luṅi* 43, *dhātoḥ* 22〕「*luṅ*の前で，*i*（*ṅi*）で終わる動詞語基（caus.），*śri, dru, sru*の後で*l*（*cli*）の代わりに*a*（*caṅ*）が生じる」。

則で指示される。従って，このように個別規定Pāṇ. III 1,48に基づいて作られるredupl.aor. が禁じられる場合，再び原則に戻ってsigmatic aor. が用いられると考えられる。結果的に*ūnayīt*等のように*iṣ*-aor. が導き出されることになる。

Pāṇ. III 1,51から，*ūnayaīt, dhvanayīt, ailayīt, ardayīt*が想定される。*ūnayīt*（< *ūnaya*-「不足している」）RV，*dhvanayīt*（< *dhvanaya*-）RV~YV^{m}，*ailayīt*（< *ilaya*-）AVが見いだされる[15]。Kāś. on Pāṇ. III 1,51が考えるように，*ūnayati, dhvanayati*のaor. についてはRVの例を念頭に置いていたものと判断される。つまり*chandasi* 50が後続（anuvr̥tti）している。*ailayīt* AVは伝統的には*ila*（DhP X 119）から作られたものと考えられている（cf. Kāś. on Pāṇ. III 1,51，Sāyaṇa on AV VI 16,3）[16]。但し，パーニニが*ilayati*のaor. として*ailayīt*（< *ilaya*-）AVを念頭に置いていたかどうかは判断が難しい。WACKERNAGEL 1896（Einleitung）: LXIV, fn. 9, THIEME 1935: 64は，Pāṇ. III 1,51に挙げられる*elayati*を*ailayīt* AVに同定する。これに対してFALK 1993: 209f. は*ailayīt*が今日伝っていない文献から採られた可能性を示唆する[17]。

他方，AVを知らなかった根拠として従来指摘されてきたのは，Pāṇ. III 1,35においてperiphrastic formが*amantre*「マントラ以外で」用いられることが規定されているにもかかわらず，*gamayā́ṃ cakāra* AVŚ XVIII 2,27, *gamayāṃ cakartha* AVP XVIII 65,10が見出されることである。但し，単にパーニニがこの箇所を見落とした可能性も考えられる。

---

15 caus., denom. 等の2次語幹から作られる*iṣ*-aor. の用例についてはNARTEN 1963: 292参照。

16 但し，形の上からは*ilati*（DhP VI 65 *ílá svapnakṣepanayoḥ*）のcaus. として挙げられた可能性も考えられる。

17 WACKERNAGEL 1896（Einleitung）: LXIV, fn. 9, NARTEN 1968: 243（= Kl.Schr. 67）, fn. 17は，パーニニが*elayati*という誤った現在語幹を立てた（WACKERNAGEL "solche Irrtümer", NARTEN "falscher Präsensansatz"）と考える。しかしながらAV VI 16,3の用例を念頭に置いていたのであれば，同詩節にはiptv. *avelaya*（*ava-ilaya*-）があるので，パーニニが*elayati*を立てることは考え難い（cf. FALK 1993: 210）。あるいは*elayati*（*ā-ilayati?*）という形が実在した可能性がある。いずれにせよ，パーニニが実例から離れて誤った語幹を挙げることは考えられず，何らかの言語事実に基づいていると考えられる。

以上のように，パーニニがAVを知っていた可能性は十分考えられるにも関わらず，確実な用例を示すことはできない。Weber 1862: 78は先ずAVŚがパーニニの時代にはまだ存在していなかったことを示し，パタンジャリ『マハーバーシャ』(Paspaśāhnika: 1,3)に*śaṃ no devīr abhiṣṭaye*がAVの冒頭（AVŚ I 6,1にあたる）として引用されていることから，これがAVŚ以外のテキストであることを示唆した。その後Thieme 1935: 66はAVPのKashmir写本がこの1節から始まっていることから，パタンジャリの引用についてAVPからの可能性を示唆した。後にOrissa写本もこの1節から始まることが判明するに及び，この推定が正しいことが証明された。従って少なくともパタンジャリがAVPを用いていたことは確実であり，仮にパーニニがAVを知っていたとすれば，従来の研究が指摘するように，AVPを知っていた可能性が高い。

2.1.4. Yajurveda

既にこれまでの研究によって，パーニニは*chandas-*の語によってRV, 黒YV（特にMS, KS）に特有な語法，語形を相当細かく記録していることが明らかにされている[18]。しかもマントラだけでなくYSの散文(Saṁhitā-Prosa)をも含む。このことは既にLiebich 1891: 26が指摘しているが，特にperiphrastic aorist語形が列挙されているPāṇ. III 1,42は決定的な根拠の一つとなる：

Pāṇ. III 1,42
abhyutsādayāṃ-prajanayāṃ-cikayāṃ-ramayām akaḥ pāvayāṃ kriyād vidām akarann iti cchandasi
ヴェーダ語では i. *abhyutsādayām akar,* ii. *prajanayāṃ akar,* iii. *ramayām akar,* iv. *pāvayāṃ kriyāt,* v. *vidām akran*という形が用いられる。

---

18 Cf. Schroeder 1879:195－201, 1895 : 161－171

abhyutsādayā́m akar MS I 6,5^{p} : 93,17

tád enaṃ dvayáṃ bhāgadhéyam abhyutsādayā́m akar grāmyáṃ cāraṇyáṃ ca

「それによって2重の分け前へと当のもの（火）をかけた，村落に属するものと原野に属するものとに」

prajanayā́m akar

MS I 6,10^{p} : 102,13

... tát sāyáṃ jyótiṣā réto madhyató hitáṃ // prātáḥ prajanayā́m akar

「... それによって，晩に光によって真ん中に置き定められた精液を朝に誕生させた」

MS I 8,5^{p} : 121,7

tát sauryā́ prātáḥ prajanayā́m akar

「Sūrya に属する［献供（āhuti)］によって，朝，それ（精子）を誕生させた」

cikāyām akar　用例なし

ramayām akar KS VII 7^{p}: 69,1

sva evainā goṣṭhe ramayām akar

「自らの牛小屋の中で，当のもの（家畜）たちを落ち着かせた」

pāvayā́ṃ kriyāt MS II 1,3^{p}: 4,12f.

náinaṃ dadhikrā́vā caná pāvayāṃ kriyād íti khálu vā́ ahuḥ

「‘当のものを Dadhikrāvan は清らかにさえしたくない’と周知のごとく人々は言う。」

vidā́m akran

MS I 4,7^{p}: 54,15

tā́ báijavāpayo vidā́m akran

「それら（śānti）を Baijavāpi たちは知った」

TS III 5,10,2p

jyeṣṭhā́ vā́ etā́n brāhmaṇā́ḥ purā́ vidā́m akran, tásmāt téṣāṁ sárvā díśo 'bhíjtā abhūvan

「高位のバラモンたちはこれら（graha）をかつて知ったのだ，それ故彼らによって一切の方角が勝ち得られることとなった」

TB I 3,10,3p

etád vái brā́hmaṇam purā́ vājaśravasā́ vidā́m akran

「これによってブラフマンに属するものをVājaśravasの後裔たちはかつて知ったのだ」

パーニニが挙げていない形：

+*svadayā́m*[19] *akar* MS I 8,4p: 120,19

yát samídham ādádhāti sárvā evā́smā óṣadhīḥ +*svadayā́m akaḥ*

「［祭官が］薪を［火中に］くべると，彼（祭主）のために全ての植物たちをおいしくしたことになる」

periphr.aor. はcaus. 等の2次的語幹から作られ，確認（Konstatierung）の機能を持つ[20]。ここに挙げられている形の殆どは黒YSpに用例がある。*cikayām akar*は，恐らくpf. *cikāya*から2次的に作られたredupl. pres. *cikay-*ti「気付いている」から作られたものと思われるが[21]，用例はない。従って散逸黒YSpから採られたものと思われる。ここに挙げられたものの他に+*svadayā́m akar*があるが，パーニニは見落としていたものと思われる。

precative *pāvayāṃ kriyāt*についてはHOFFMANN 1967b: 29（=Aufs. 469），

19 HOFFMANN 1967: 29 = Aufs. 469, fn. 6, GOTŌ 1987: 340, fn. 837

20 HOFFMANN ibid.

21 Cf. BÖHTLINGK 1898: 607, 2次的現在語幹*cikay-*tiについてはTHIEME 1929: 36, KÜMMEL 2000: 170

fn.6によれば，caus. 語幹，その他の2次語幹は*iṣ*-aor.[22] を作ることができるが，一般的にprecativeはact. の場合root.aor. から作られ，mid. の場合は*iṣ*-aor. から形成される。caus. *pāvayati*のaor.act. はperiphr.aor. *pāvayā́ṃ kriyāt*によって表現されたものと考えられる。

vidām akran MS, TS, TBに見られる。*ved^i* / *vid^i*「知る」はpf. *veda*が現在語幹の機能を担っており[23]，periphr.aor. *vidā́m akran* MS, TS, TBは*veda*に対するaor.として使用されている。Brāhmaṇa文献では*iṣ*-aor. が新たに用いられるようになる : *avediṣam* ŚB, *avedīt* ŚB, JUB, *avediṣṭa* AB, *avediṣur* ŚB, JB (Narten 1963: 242f.)。因みに*veda*のpf. としてperiphr.pf. *vidā́ṃ cakāra*はMS以来現れる。

以上のように，この規則が黒YS^pの言語事実を示していることは明白である。因みにThieme 1935: 16はperiphr.pf. の規則III 1,35の*amantre*がこの規則まで継承されると解釈し（伝統説によれば*amantre*は後続しない），[*amantre* 35] *chandasi*「ヴェーダ語のマントラ以外」= *brāhmaṇe*「ブラーフマナ部分」と解釈する。だがこれはanuvr̥ttiの原理に反する解釈である。*chandasi, mantre*等の*viṣayasptamī*「（適用）領域を示すloc.」は原則として当該規則のみに有効であり（Joshi/Bhate 1984: 131），後続する場合は通常*ca*によってそのことが示される（Joshi/Bhate 1984: 133，例外については133f.）。また一つの規則に二つの*viṣayasaptamī*が同時に適用される例は確認されない。従って新たな*viṣayasaptamī*が導入されると，以前のものは解消されることになる。パーニニはPāṇ. III 1,35-42の中でperiphr.pf. がヤジュルヴェーダ・サンヒターの散文（Saṁhitāprosa）からパーニニの時代まで広く用いられていたのに対し，periphr.aor. がサンヒターの散文に限られることを指摘したに過ぎず，*chandasi*の文言の

---

22 Narten 1963: 291f.,

23 pf. からの2次的現在語幹*vidmás* RVkh-AVP, *vidmasi* AVP-AB, *vitté* ŚBも見られる（Kümmel 2000: 61）。Pāṇ. III 4,83においてroot.pres. * *vetti*（DhP II 55 *vid jñāne*）とpf. *veda*が任意に用いられると規定されている：*vido laṭaḥ vā* [*dhātoḥ* 1,91, *paraś ca* 2, *pratyayaḥ* 1]「*vid*の後にpres.（*laṭ*）の代わりに，pf.（*liṭ*）が任意に生じる」。

みでサンヒターの散文を示し得たことは明らかである。

2.1.5. Śrautasūtra（OZONO 2011: 241-245）

上述のように*chandas-*がサンヒターのみを予定するとすれば，祭式綱要（Sūtra）文献の言語的特徴は含まれないことになる。*chandas-*がŚrautasūtra等を含むかどうかをめぐって，これまで問題となった規則はPāṇ. VII 2,33とPāṇ. VII 2,69である：

Pāṇ. VII 2,33 *some hvaritaḥ* [*chandasi* 31]
ヴェーダ語ではソーマについて［用いられる時］は，*hvarita-*が用いられる。

通常pp. *-tá-*（*kta*）の前では語根部分は弱い形になるので，*hvr̥ta-*となる。Pāṇ. VII 2,31によれば，ヴェーダ語では*hruta-*という形が用いられる[24]。次の規則ではそれに対する例外として*aparihvr̥ta-*という形がヴェーダに見られることが指摘されている[25]。そしてこの33も伝統的にヴェーダ語の規則と考えられる。同規則によると，ソーマについて使用される場合には*hvarita-*（caus. vadj.）というguṇa化し，*i*（*iṭ*）が挿入された形もヴェーダに見られる。Pāṇ. VII 2,33に一致する形はMānŚrSū II 5,4,24[m]のみに見られる[26]：*mā naḥ soma hvarito vihvaras tvam*「Somaよ，我々によって揺り動かされた君は揺れるのをやめろ」。THIEME 1935: 65はMSと近い関係にある散逸黒YSから引用された可能性を示唆するが，HOFFMANN 1980: 98 = Aufs. 760はこのマントラがMānŚrSūより古いものであることは証明できないことから，パーニニが祭式特有の語法とし

---

24 Pāṇ. VII 2,31 *hru hvareś chandasi* [*niṣṭhāyām* 18, *aṅgasya* VI 4,1]「ヴェーダ語では，*ta*と*tavat*（*niṣṭhā*）の前で，*hvr̥*（又は*hvari*）という語幹の代わりに，*hru*が生じる」

25 Pāṇ. VII 2,32 *aparihvr̥tāś ca* [*chandasi* 31]「ヴェーダ語では*aparihvr̥tāḥ*も用いられる」

26 Kaṭha派，Taittirīya派のvariantは*mā́ no gharma vyathitó vivyatho naḥ*となっている（HOFFMANN 1980: 96 = Aufs. 758）。

て *chandasi* の下，ŚrSū から引用したと推測する。仮に ŚrSū からの引用と考えるならば，それは祭式特有の語法というよりも寧ろ ŚrSū のマントラを *chandas-* の語形とパーニニが見なしていたと考えるべきである。つまり，パーニニは MānŚrSū II 5,4,24[m] にある pp. *hvarita-* をヴェーダの特徴を残した古風な形と見なし，標準語では用いられないと考えていたものと思われる。そこで問題となるのは Pāṇ. VII 2,69 である：

Pāṇ. VII 2,69 *saniṃ sasanivāṃsam*
saniṃ sasanivāsam［という表現］が［用いられる］。

san[i] の pf. part.act. として *sasāvāṃs-*（< **se-sn̥h₂-u̯os-*）が期待される。またパーニニ文法の規則に従えば，*senivāṃs-* が用いられる。ここでは例外として *saniṃ sasanivāṃsam* という表現も見られることをパーニニは教える。伝統的には（cf. Kāś. on Pāṇ. VII 2,69, Siddh.Kaum. 3583）この規則はヴェーダ語に関するものと考えるが，この規則には *chandasi* の文言はない。*saniṃ sasanivāṃsam* という一節は MānŚrSū I 3,4,2[m]~VārŚrSū I 3,5,16 のみに確認される（Hoffmann 1974: 73 = Aufs. 541f.）：*ājiṃ tvāgne sasr̥vāṁsaṁ saniṁ sasanivāṁsam...*「アグニよ，競走を走った，勝利を勝ち得た君を...」。Hoffmann はパーニニはこのマントラを彼自身が学んだテキストから引用したのではなく，祭式の実践からこの一節を知っていたとする。恐らく *saniṃ sasanivāṁs-* は，定型句として ŚrSū のみならず，日常的に用いられたものと考えられる。

また日常表現だけでなく，祭式特有の表現や術語も *chandas-* と見なされないことが，Pāṇ. II 3,61 から推測される（Ozono 2011: 242ff.）：

Pāṇ. II 3,61 *preṣyabruvor haviṣo devatāsaṃprādāne* [*karmaṇi* 52, *ṣaṣṭhī* 50, *anabhihite* 1]
神格への奉納の際，供物に関係する，*preṣya-*（*pra-iṣ*），*brū* の行為対象を示すために第6格（gen.）語尾が用いられるこの規則においてパーニニは，動物犠牲祭におけるAdhvaryuによる促し（*praiṣa-*と*saṃpraiṣa-*）の表現を教えている[27]。AdhvaryuはMaitrāvaruṇaにpuro'nuvākyāの指示を促し（*saṃpraiṣa-*），またHotṛに対してyājyāを促す。

e.g. ŚBM III 8,2,26-27~ŚBK IV 8,2,21

átha vapā́m avadyánn āhāgnī́ṣómābhyāṃ chā́gasya vapā́yai médasó ***'nubrūhī́****ti... agnī́ṣómābhyāṃ chā́gasya vapā́ṃ médaḥ* ***preṣyé****ti. ná prástitham íty āha prásute prásthitam íti váṣaṭkṛte juhoti*「次に［Adhvaryuは］大網膜を切り取りながら言う，‘君（Hotṛ）はAgniとSomaのために山羊の大網膜，脂肪の［ためのpuronuvākyā］を唱えよ’... ‘君（Maitrāvaruṇa）はAgniとSomaのために，［Hotṛに］山羊の大網膜，脂肪［のためのyājyā］を促せ’ 彼は‘［大網膜と脂肪が］供えられた’と言わない。［ソーマが］搾られた時には‘供えられた’といって*vaṣat*が発せられた時，献供する。」

ここではiptv. 2sg. act. *anubrūhi*がgen. をとっている[28]。*anubrūhi*がgen. をとる例はŚB, ŚrSū等に見られる（OERTEL 1942: 131-132 = Kl.Schr. 504-505）。また上の例ではiptv. 2sg. act. *preṣya*は供物をacc. にとるが，acc. が表示するのは供物そのものではなく，MaitrāvaruṇaがHotṛに供物のためのyājyāを促すことである。恐らくは祭式特有の語法であり，供物*vapā́ṃ médaḥ*（acc.）はAdhvaryuの指示によってHotṛがyājyāを唱えてから献供するまでの一連の動作を含むものかと思われる（cf. *nir-vap*, → 各論 1.4.1.1.）。

この規則によれば，*pra-eṣ / iṣ*,（*anu-*）*brav*^{i} */ brū*はいずれも「部分」の

27 動物犠牲祭における，*praiṣa-, saṃpraisa-*については，SCHWAB 1886: 119f., HILLEBRANDT 1897: 123, NAVATHE 1987: 645 − 651参照。

28 DELBRÜCK Ai.Synt. 160は部分属格（partitiver Genetiv）と考えるが，sg. acc. *anuvākyām*，又はpl. acc. *anuvākyāḥ*（Inhaltsakkusativ）の省略（elipsis）と判断される。用例については，OERTEL 1942: 131−134 = Kl.Schr. 504−507，またABの用例はLIEBICH 1887: 303.

gen. をとる。だがŚBにおいては*anubrūhi*は部分のgen.をとるが，*preṣya*についてはそうした用例は確認されない。他方MānŚrSū, ĀpŚrSūには，acc.ではなく「部分」のgen.で示される例が見られる（OERTEL 1942: 133 = KlSchr. 506）：

MānŚrSū I 8,4,34 ~ĀpŚrSū VII 21,1~KātyŚrSū VI 6,26（*vapāṃ medaḥ* for *vapāyā medasaḥ*）

indrāgnibhyāṃ chāgasya vapāyā medasaḥ preṣya

「インドラとアグニのために山羊の大網膜，脂肪［のためのyājyā］を促せ」

MānŚrSū I 8,5,6 ~ĀpŚrSū VII 22,12

indrāgnibhyāṃ puroḍāśasya preṣya

「インドラとアグニのためにパンケーキ［のためのyājyā］を促せ」

MāsŚrSū I 8,5,27 ~ĀpŚrSū VII 25,9

indrāgnibhyāṃ chāgasya haviṣaḥ preṣya

「インドラとアグニのために供物［のためのyājyā］を促せ」

『カーシカー』はこの規則を標準語の規則として解している。JOSHI/ROODBERGEN 1981: 101, fn. 331は*brāhmaṇe* 60が継承されるとし[29]，BRONKHORST 1991: 91もこれに従う。だが領域を示すloc.は当該規則のみに有効であるという原則に従うならば(→ 総論2.1.4.),『カーシカー』の解釈の方が望ましい。実際ŚBにおいて*preṣya*がacc.をとるという事実は規則に反しており，一致する例はMānŚrSū, ĀpŚrSūに限られる。恐らくパーニニはŚrautasūtraに見られる語法，又は当時の祭式において用いられる言い回しについて言及したものと思われる。いずれにせよ，この規則はブラーフマナ散文の言語事実に言及したものではない。

尚，カーティヤーヤナによれば，この規則の*haviṣaḥ*という文言は，

29 但しJOSHI/ROODBERGEN 1998: 104f.では『カーシカー』に従っている。

prasthitaではない供物（*haviṣ-*）を意味するとする。つまり*prasthita-*の語を伴う時にはacc.が，伴わない時にはgen.が用いられる。パタンジャリは例として*indrāgnibhyāṃ chāgaṃ vapāṃ medaḥ prasthitaṃ preṣya*を挙げる。恐らくパタンジャリはKātyŚrSū VI 6,26を基にしてこの例を提供したと思われる[30]：*indrāgnibhyāṃ chāgasya vapāṃ medaḥ preṣyeti prasthitam iti ca prasute*「'君（Maitrāvaruṇa）は［Hotṛ に］IndraとAgniのために山羊の大網膜と脂肪［のための*yājyā*］を促せ'と［Adhvaryuは唱える］。そしてソーマが搾り始められた時には*prasthitam*の語を［付け加える］。」

2.2. *brāhmaṇe* の範囲

brāhmaṇa- n. はPāṇ. II 3,60, IV,2,66, IV 3,105, V 1,62に見られるが，これらは一貫してAB, ŚB等の「ブラーフマナ」の名を関する文献を指すと考えられる。Pāṇ. IV 2,66, IV 3,105, V 1,62に規定されるtaddhita-suffixはBrāhmaṇa文献の名前を示す：

> Pāṇ. IV 2,66 *chandobrāhmaṇāni ca tadviṣayāni* [*proktād luk* 64, *tad adhīte tad veda* 59, *taddhitāḥ* 1,76, *ṇyāp-prātipādikāt* 1,1, *paraś ca* III 1,2, *pratyayaḥ* III 1,1]
> ［その人によって］公言されたこと（*prokta-*[31]）を示すtaddhita接辞で終わるヴェーダ（*chandas-*）・ブラーフマナ文献は，それ（＝それを学ぶ者，知っている者）を［表示］対象とする。
>
> e.g. *kaṭhena proktam adhīte*「カタによって公言された［ヴェーダとブラーフマナ］を学ぶ人」= *kaṭhaḥ*

30 Cf. Rau 1985: no. 146；パタンジャリはしばしばヴェーダの一節を基に例を提供したことが推測される（→2.2. Pāṇ. II 3,60,【Pāṇiniと伝統説】）。

31 Pāṇ. IV 3,101 *tena proktam* [*taddhitāḥ* 1,76, *ṇyāp-prātipādikāt* 1,1, *paraś ca* III 1,2, *pratyayaḥ* III 1,1]「Pāṇ. IV 1,83以降のtaddhita接辞はその人によって公言されたことを表すために名詞語幹の後に用いられる」

Pāṇ. IV 3,105 *purāṇaprokteṣu brāhmaṇakalpeṣu* [*ṇiniḥ* 103, *tena proktam* 101, *taddhitāḥ* 1,76, *prātipādikāt* 1,1, *paraś ca* III 1,2, *pratyayaḥ* III 1,1]
古の人によって公言された，諸々のブラーフマナ，手引き（*kalpa-*）を示す時，名詞語幹の後にtaddhita接辞 *in*（*ṇini*）が生じる。

e.g. *bhāllavin-*「Bhallavaによって公言されたブラーフマナ」, *aitareyin-*「Aitareyaによって公言されたブラーフマナ」

Pāṇ. V 1,62 *triṃśac-catvāriṃśator brāhmaṇe saṃjñāyāṃ ḍaṇ* [*tad asya parimāṇam* 57, *taddhitāḥ* 1,76]
ブラーフマナの名前の意味で,「これには（gen.）それ（nom.）ほどの分量がある」ことを示す場合，*triṃśat-*「30」，*catvāriśat-*「40」という名詞語幹の後にtaddhita接辞 *a*（*ḍaṇ*）が用いられる。

e.g. *triṃśadadhyāyāḥ parimāṇam eṣāṃ brāhmaṇānām*
「これらのブラーフマナには30課という分量がある＝これらのブラーフマナは30課からなる」＝ *traiṃśāṇi brāhmaṇāni*

Kāś. on Pāṇ. V 1,62によれば，この規則において *brāhmaṇe* とloc.で述べられているのは，*brāhmaṇa-* という語の意味を表示するため（*abhidheyasaptamī*）である。だが『カーシカー』は *traiṃśāṇi brāhmaṇāni* を例として挙げる。あるいは *triṃśat-* に *a*（*ḍaṇ*）がついた *traiṃśa-* は中性単数でブラーフマナ文献の名前を表す可能性も考えられる（i.e. *traiṃśam*「30課からなる［ブラーフマナ］」, cf. Joshi/Bhate 1984: 68f.）。いずれにせよ，この場合の *brāhamaṇa-* とは，ブラーフマナの名を冠する文献ということになる。他方，『カーシカー』はPāṇ. II 3,60の *brāhmaṇe* については *viṣayasaptamī-*「（適用）領域を示すloc.」，つまり *brāhmaṇaviṣaye prayoge*「brāhmaṇa部分（＝ヴェーダ散文）の用法」を示すと考えている。この解釈は，パタンジャリがPāṇ. II 3,60に一致する例としてMS I 6,11[p]: 104,6を引用していることに基づいている。

以上の3つのsūtraにある*brāhmaṇa-*が「ブラーフマナ」の名を冠する文献を指すことは明白である。そこで問題となるのが，Pāṇ. II 3,60に現れる*brāhmaṇe*である：

> Pāṇ. II 3,60 *dvitīyā brāhmaṇe* [*divas tadarthasya* 58, *karmaṇi* 52]
> Brāhmaṇaでは，その意味（= *vy-ava-hṛ*「取引きを行う」, *paṇ*「交換する」と同じ意味）を示す時，*dīv*（DhP IV 1）の行為対象を示すために，第2格（acc.）語尾が用いられる。

【ヴェーダの用例】cf. KULIKOV 2012: 556-560

simplex

without acc.

pres.ind.3sg.act. *dīvyati* VādhAnv IV 35,2 = ed. CALAND IV 59a (= Kl.Schr. 469), VādhAnv IV 49,1 = ed. CALAND IV 75 (= Kl.Schr. 490), pres. opt.3sg.act. +*dīvyet* VādhAnv IV 35,2 = ed. CALAND IV 59a (= Kl.Schr. 469), pres.inj.2sg.act. *dīvyaḥ* RV X 34,13, pres.part.act. m.sg. nom. *á-dīvyan* AVŚ VI 119,1, aor. subj. 1sg. act. *daviṣāni* RV X 34,5, fut.1du.act. *deviṣyāvas* VādhAnv IV 49,1 = ed. CALAND IV 75 (= Kl.Schr. 490)

with acc.

act.: pres.ind.1pl. *dīvyāmas* VādhAnv IV 49,2 = ed. CALAND IV 75, pres. iptv.2pl. *dīvyata* ĀpŚrSū V 19,4[m]~BharŚrSū V 12,5~HirŚrSū III 5,8

mid.: pres. ind. 3pl. *dīvyante* ŚBK VII 1,4,11, VII 3,4,22, pres. iptv. 2pl. *dīvyadhvam* ŚBM V 4,4,23[m]~KātyŚrSū IV 19,9[m]~KātyŚrSū XV 17,7[m], pres.part. *dī́vyamāna-* ŚBM I 8,3,6 (~*vi-dī́vyamāna-* ŚBK II 8,1,5) *prati-*

pres. 3sg. *pratidī́vyati* AVŚ VII 109,4

vi-

act. (reciprocal) : pres. ind. 3pl. *vidīvyanti* MānŚrSū IX 1,4,22, VādhŚrSū XI 19,21 = ed. CALAND III 91(partitive gen.), pres.opt.3pl. ⁺*vidīvyeyus* MS I 6,11^P: 104,6~VārŚrSū I 4,4,12

mid. (reciprocal) : pres. 3pl. *vídīvyante* MS IV 4,6^P:57,10~VārŚrSū III,3,3,24~ HirŚrSū XIII 6,29(*vidīvyanti*)~ ĀpŚrSū XVIII 19,2; KS VIII 7: 90,11 (~*vidīvayanti* KpS VII 4), pres. part. *vidī́vyamāna-* ŚBK II 8,1,5 (~*dī́vyamāna-* ŚBM I 8,3,6)

dīv（*dī́vya-*$^{ti/-te}$「賭ける」）はRVでは*iṣ*-aor.subj. *dāviṣāṇi* と pres.inj. *dīvyas* が見出され，絶対用法として用いられている：

RV X 34,5

yád ādī́dhye ná ***daviṣāṇ̥ᵢy*** *ebhiḥ* | *parāyádbhyó 'ₐva hīye sákhibhyaḥ*

「‘これら（サイコロ）によって賭博をすまい[32]’と私が決心していると，去りつつある同僚たちから置き去られる。」

RV X 34,13

akṣáir mā́ ***dīvyaḥ*** *kr̥ṣím ít kr̥ṣasva*

「賽の目で賭博することをやめろ。耕地を耕せ。」

AVŚではpf. *dideva*（simplex）, *pratidī́vyati*が見出され，いずれも「acc.に対して賭けに挑む，賭博を持ちかける」の意味で用いられる（KULIKOV 2012: 557）：

---

32 ここでは意思表明を示している（堂山2005: 280f.）

AVŚ V 29,2~AVP-Kashm XIII 9,4[33]

yó no didéva yatamó jaghā́sa | *yáthā só asyá paridhíṣ pátāti*

「我々に賭けを挑んだ者，［我々を］食べた方，その者の囲いが崩れ落ちることになるように」

AVŚ VII 109,4

vr̥kṣám ivāśányā jahi | *yó asmā́n pratidī́vyati*

「木をのように雷によって打て，我々に対して賭けを挑む者を」

黒YV（MS^{p}, KS^{p}, ŚrSū）では*vi-dī́vya-*$^{ti\,/\,-te}$がact., mid. 共に「互いにacc.を賭けて賭博する」（reciprocal）で用いられる（Kulikov 2012: 557f.）：

MS I 6,11^{p}: 104,6~VārŚrSū I 4,4,12

gā́m asya tád áhaḥ sabhā́yāṃ $^{+}$***vidīvyeyuḥ***

「その日，集会所において彼らは互いに当の者の牛を賭けるべきである」

MS IV 4,6^{p}:57,10, VārŚrSū III,3,3,24~ĀpŚrSū XVIII 19,2~*paṣṭhauhīṃ vidīvyanti* HirŚrSū XIII 6,29

tátra paṣṭhauhī́ṁ ***vídīvyante***

「その場所で彼らは互いに5歳の牝牛を賭ける」

KS VIII 7: 90,11~*vidīvayanti* KpS VII 4

gāṃ ghnanti tāṃ ***vidīvyante*** *sabhāsadbhya upaharanti*

「人々は牛を殺す。人々は互いにその牛を賭ける。集会所に座っている者たちにもたらす」

ŚBのマントラと散文部分，及びĀpŚrSū^{m}-BhārŚrSū-HirŚrSūではsimplexが*vi-dī́vya-*$^{ti\,/\,-te}$と同じ意味（reciprocal）で用いられることが注目される：

33 AVP XIII 9,4ab : *yo 'sya dideva*...

ŚBM V 4,4,23m~KātyŚrSū IV19,9m~KātyŚrSū XV17,7m

*gā́ṃ **dīvyadhvam***

「互いに牛を懸けて賭博せよ」

ŚBK VII 1,4,11, VII 3,4,22

*rudró ha vā́ etā́m abhí manyate yā́m etā́ṁ sabhā́yāṃ **dī́vyante***

「Rudraはこの牛を狙っているのだ，人々が集会所において互いに賭けるこの牛を」

ĀpŚrSū V19,4~BhārŚrSū V12,5~HirŚrSū III 5,8

*vrīhibhyo gāṃ **dīvyatā**hiṁsantaḥ parūṃṣi viśasata*

「君たちは米をもって牛を賭けよ。君たちは傷つけるとことなく身体部位を解体しろ」

【パーニニと伝統説】

Pāṇ. II 3,52-61は行為目的（*karmaṇ-*）を示すためにgen.が用いられる場合について規定している[34]。Pāṇ. II 3,57では*vy-ava-hṛ*「取引を行なう」と*paṇ*「交換する」はgen.を取り，同義的に用いられることが規定され，次の58では*dīv*は両者と同じ意味で用いられる場合はgen.をとることが規定されている[35]。更に次の59では*dīv*が前接辞を伴う場合はacc.もとることができるとする。次の60では*brāhmaṇe*の下，*dīv*がacc.を取ることを規定する。パタンジャリが考えるように，この規則はsimplexに適用される：

Pat. on Pāṇ. II 3,60: 466,2-3

【問】

kim udāharaṇam /

どんな用例があるのか？

34 Cf. LIEBICH 1886: 229f.

35 VādhŚrSū XI 19,21 = Ed. CALAND III 91には「部分」のgen.と解される例が見られる：*sukṛtakalānāṁ ha vā amuṣmin loke yamasya sabhāyāṃ vidīvyanti*「よい行いの部分たちの［一部］をあの世において，ヤマの集会所において，人々は互いに賭けるのだ」。

【答】

gāṃ ghnanti gāṃ pradīvyanti gāṃ sabhāsadbhya upaharanti /

［これが用例である：］*gāṃ ghnanti gāṃ pradīvyanti gāṃ sabhāsadbhya upaharanti*（cf. KS VIII 7: 90,1~KpS VII 4）

「人々は牛を殺す。人々は牛を賭ける。人々は集会所に座っている者たちに牛を連れてくる」。

【反論】

naitad asti / pūrveṇāpy etat siddham //

これが［用例］ではない。前の規則によってこのこと（前接辞を伴う*dīv*がaccをとること）は確立している。

【答】

idaṃ tarhi / gām asya tad ahaḥ sabhāyāṃ dīvyeyuḥ /

それならこれ［が用例］である：*tad ahaḥ sabhāyāṃ dīvyeyuḥ*

「その日人々は　集会所において当の者の牛を賭けるべきである」

ここでパタンジャリが最初に挙げる例はKpSの一節と酷似しており[35]，この一節に改変を加えたものを挙げた可能性が高い。次に適切な例，つまりsimplexの例として*tád áhaḥ sabhā́yāṃ dīvyeyuḥ* MS I 6,11ᵖ: 104,6~VārŚrSū I 4,4,12を挙げる。このことからパタンジャリは当該規則の文言*brāhmaṇe*をサンヒターの散文部分と理解していることが分かる。

【MS I 6,11ᵖ : 104,6の例について】

写本には*dīvyeyuḥ*とあるものと⁺*vidīvyeyuḥ*とあるものとがあり，Schroeder，Wackernagel, Thiemeはパタンジャリが引用していることを根拠にsimplex *dīvyeyuḥ*の読みを採る[37]。これに対し，Caland,

---

36 Cf. Thieme 1935:11

37 Ed. Schroeder Maitrāyāṇī Saṁhitā S. 104, Thieme 1936: 702f, Wackernagel 1942: 178f. = Kl.Schr. I 394f.

OERTEL, KULIKOVはvidīvyeyuḥを 採 る[38]。KULIKOV 2012: 558, fn. 1799が指摘するように，simplexがacc. を伴う例はŚB以降であることから本来はvidīvyeyuḥであった可能性が高い。仮にパーニニの知っていたMSにはvidīvyeyuḥと伝えられていた，又はこの規則が同所を念頭に置いていなかったとすれば，ŚBの例を視野に入れていたことになる。確かにパタンジャリはsimplex dīvyeyuḥを引用するが，パーニニが知っていたテキストが必ずしもパタンジャリが知っていたものと同じとは限らない。そもそも，この規則がMSの用例を念頭に置いていたものなのかは，決定しがたい。もしTHIEMEが主張するようにパーニニがMSの例を念頭に置いていたとすれば，chandasiの下に言及した可能性の方が高い。chandas-の文言が黒YS[p]の言語事実をも指すことが明らかである以上（→ 総論2.1.4.），brāhmaṇa-がSaṁhitāprosaではなくŚB等の「ブラーフマナ」の名を冠する文献を指すことはほぼ明白である。従ってPāṇ. II 3,60がSaṁhitāprosa ではなくŚB（独自のマントラをも含む）の言語事実を指摘した可能性は十分考えられる。

2.3. ***nigame*** の範囲

2.3.0 総論2.1. で述べたように，パーニニは*chandasi*「ヴェーダ語では」という表現以外に，*mantre*「マントラでは」，*brāhmaṇe*「ブラーフマナでは」，*ṛci*「ṛcでは」，*yajuṣi*「ヤジュス（祝詞）では」，*nigame*「ヴェーダの用例（又は伝統）では」という制限を用いてヴェーダ語形を指摘することもある。ヴェーダの語形や語法は*nigame*（Pāṇ. VI 3,113, VI 4,9, VII 2,64, VII 3,81, VII 4,74）という用語によっても教えられる。これらの規則に一致する実例からは*chandasi*の下に教えられる語形と区別することはできない。

*ni-gam*からの派生名詞*nigama-*は，元来「[然るべき場所に] 入ること」(*nomen actionis*) を意味する。*nigama-*の語はシュラウタスートラに

---

38 CALAND 1909: 52 = Kl.Schr. 173, OERTEL 1934: 66–67 = Kl.Schr. I 697–698.

現れ[39]，神格の名前がマントラに挿入されることがnigama-と呼ばれる（西村2006: 138, fn.391）。或いは「入る場所」（*nomen loci*）の可能性も考えられる。Pāṇ. III 3,119によれば[40]，*nigama-*は手段（*karaṇa-*）又は場所（*adhikaraṇa-*）を表示する*a*（*gha*）を付して作られたものである。Kāś. on Pāṇ. III 3,119は*nigama-*を「場所」（*adhikaraṇa-*）と理解する（*nigacchanti tasminn iti nigamaḥ*）。『ニルクタ』では，「語句」，「語が入るべき箇所」，「用例，引用」等の意味で使用される（PW IV 137）。

2.3.1. *nigame* の規則に挙げられるヴェーダ語形

Pāṇ. VI 3,113には*nigame*という表現の下，*sah*「打ち勝つ」から作られる語形が挙げられている：

Pāṇ. VI 3,113 *sāḍhyai sāḍhvā sāḍheti nigame*

これらの語形はinf. *sā́ḍhyai* MS I 6,3^p^:89,12, absol. *sāḍhvā́* MS III 8,5^p^:100,14-16, *sā́ḍhar-* RV VII 56,23に限られる。標準語ではPāṇ. VI 3,112によりinf. *soḍhum*, absol, *soḍhvā́, soḍhr̥-*が導き出されるが[41]，次のPāṇ. VI 3,113において，*sāḍhyai*等が見られることが指摘されている。ここで注目されるのは，inf. *sā́ḍhyai*とabsol. *sāḍhvā́* は何れもMS^p^のみに見られることである。*chandas-*「ヴェーダ語」もヤジュルヴェーダ・サンヒター散文を含むので，パーニニがこの箇所を念頭に置いていたとすれば，*chandas-*と*nigama-*は同義的に用いられていたことになる。但し他の*nigama-*の規則に一致する形の殆どはマントラに見られ，従って今日伝わっていないマントラから引用された可能性もある。

---

39 具体的な箇所はMYLIUS 1995: 83を参照。

40 Pāṇ. III 3,119 *gocara-saṃcara-vaha-vraja-vyajāpaṇa-nigamāś ca.*

41 Pāṇ. VI 3,112 *sahivahor od avarṇasya* [*ḍhralope* 111]「*ḍh,r*のlopaの前で，*sah-*, *vah-*の*a*という音の代わりに*o*が生じる」。

Pāṇ. VI 4,9においてパーニニは*nigama-*の文言の下, *-an-*語幹名詞の活用について言及する：

Pāṇ. VI 4,9 *vā ṣapūrvasya nigame* [*sarvanāmasthāne, asaṃbuddhau* 8, *na, upadhāyāḥ* 7, *aṅgasya* 1, *dīrghaḥ* 3,111]

nigama, voc.sg.以外の，強語幹をとる語尾（sarvanāmasthāna[42]）：*-i*（n.pl.nom./acc.）, *-s*（mf.sg. nom.）, *-au*（mf. du. nom.）, *-as*（mf. pl.nom.）, *-am*（mf. sg. acc.）, *-au*（mf.du.acc.）の前で，*ṣ*を前に持ち，*n*で終わる語幹の最後から2番の音（=*a*）に代わって，長母音が任意に用いられる。

この規則によれば，*-an-*語幹名詞の中，*tákṣan-*, *r̥bhukṣán-*のように*-an-*の前に*ṣ*が来る名詞の強語幹では長母音化は任意である。これは*-an-*語幹名詞が複数の活用タイプ（amphidynamic **-ón-*, hysterodynamic **-én-*, possessiv **-$h_3$en-*, etc.）に遡ることに対応しているが，幾つかの名詞については同一のparadigmの中で，長短が見られる（e.g. sg.acc. *vr̥ṣáṇam* :: *vr̥ṣā́ṇam*）。

amphidynamic *-an-*（**-ón-*）語幹名詞の強語幹はBRUGMANNの法則により*a*が長母音となる（cf. sg. acc. *tákṣāṇam* < **tekp̑-on-m̥* < ***tetk̑-on-m̥*, 古アヴェスタ語 *tašānəm*）：

tákṣan-（短母音の用例なし）cf. sg. acc. *tákṣāṇam* YV[m], pl.nom. *tákṣāṇas* AVP III 13,7, GB I 2,21, BaudhŚrSū XV 13

これに対して，hysterodynamic *-an-*（**-én-*）語幹名詞の強語幹における*a*は原則として短母音である（sg.acc. *ukṣáṇam* < **$h_2$uks-én-m̥*）。但し，このタイプに属する*ukṣán-*, *vŕ̥ṣan-*はRVにおいて短母音となっているもの（*ukṣáṇam*, *vŕ̥ṣaṇam*, etc.）と長母音となっているもの（*ukṣā́ṇam*, *vŕ̥ṣāṇam*,

---

42 Pāṇ. I 1, 42 *śi sarvanāmasthānam*「n.pl.nom., acc.の語尾*i*(śi)はsarvanāmasthānaと呼ばれる」, Pāṇ. I 1, 43 *suḍ anapuṃsakasya*(ed. BÖHTLINGK: *anapuṃsakam*)「中性以外の*-s*(sg. nom.), *-au*(du. nom.), *-as*(pl.nom.),*-am*(sg. acc.),*-au*(du.acc.)もsarvanāmasthānaと呼ばれる」

etc.）の両方が見られ，YV, Br. 以降は全て長母音となっており，原則は貫徹されない：

ukṣán-「去勢牛（ox）」

sg. acc. *ukṣáṇam* RV, AVŚ III 11,8~AVP I 61,2 :: *ukṣā́ṇam* RV I 164,3, AV, YV, AB JB,

ŚB etc.

pl.nom. or acc. *ukṣáṇas* RV, AV :: *ukṣā́ṇas* YV, JB, PB, ŚrSū etc.

r̥bhukṣán-「リブの支配者」

sg. acc. *r̥bhukṣáṇam* RV（4x）

pl.nom. *r̥bhkṣáṇas* RV X 92,11

voc. pl. *r̥bhukṣaṇas* RV（11x）

vŕ̥ṣan-「雄々しい」

sg. acc. *vŕ̥ṣaṇam* RV, AV, YV[m] :: *vŕ̥ṣāṇam* RV, AV, YV, ŚB, BaudhŚrSū, PB

du.nom. *vŕ̥ṣaṇau* RV X 66,77, YV[m] :: *vŕ̥ṣāṇau* AVŚ XIX 13,1~AVP VII 4,1~GB II 1,18, TaitĀ I 26,3

du.acc. *vŕ̥ṣaṇā* RV I 10,3~SV II 696~VS VIII 34~ŚB IV 5,3,10

du.voc. *vr̥ṣaṇā* RV, *vr̥ṣaṇau* RV I 108,10

pl.nom. *vŕ̥ṣaṇas* RV, ĀpM II 16,10~BhārGr̥Sū II 7~ HirGr̥Sū II 7,2, KauśS XL 14[m], cf. AVŚ IV 4,1 :: *vr̥ṣā́ṇas* AVP XI 1,12

pl.acc. *vŕ̥ṣaṇas* RV IV 1,2

yóṣan-（?）「少女」

pl.nom. *yóṣaṇas* RV（8x）

また，いわゆる Hoffmanns Possessivsuffix *$*$-*h*$_3$*en*-（-*h*$_3$*on*-）/ -*h*$_3$*n*- に遡る語幹は長短いずれも現れる（i.e. *-*h*$_3$*on*-（*o*-grade）:: -*h*$_3$*on*-（< *-*h*$_3$*en*-）[43], cf. *yuvā́nam* < *h*$_2$*i̯eu̯*-*h*$_3$*on*-*m̥*, 新アヴェスタ語 *yuuuānəm*）。神名 *pūṣán*- はギリシア語 *Πάν*「牧羊神」（アルカディア方言 *Πάον*-）と共通の起源を有する

とされるが，*Πάν* は，Oettinger 2000によれば，このタイプに遡る（sg. nom. _*peh$_2$u̯s-h$_3$ōn_, sg. gen. _*ph$_2$u̯s-h$_3$n-és_）：

sg.acc. *pūṣáṇam*
du.voc. *pūṣáṇau* TaitĀ I 10,2: *bhadrā́ vāṃ pūṣaṇāv ihá rātír astu*
「ここにめでたく君たち二人に好意あれ，プーシャンよ」[44]

ṛbhukṣán-, *pūṣán-*, *yóṣan-* の強語幹の用例は全て短母音である。また *tákṣan-* は全て長母音であり，短母音の用例はヴェーダにはない。この規則に一致する語形の圧倒的多くはRV, AV, YV^{m} に現れる。

Pāṇ. VII 2,64 には pf. 2sg.act. *babhūtha, ātatantha, vavartha*, pf.1pl.act. *jagṛbhma* が挙げられている。子音で終る語根は通常pf.ind. の子音で始まる語尾の前に語根部分が重音節（= *V̆CC-*, *V̄C-*, *V̄CC-*）の場合は *i* が挿入される[45]。Pāṇ. VII 2,35 によれば，*y* 以外の子音で始まる pf. の語尾等の前では *iṭ* が挿入されるので，*babhūvitha*, *ātenitha*, *vavaritha*, *jagṛhima* が通常の形として導き出される[46]。因みに *grabh* の pf. はDhP IX 61 *grah* から作られるので，標準語形は *jagṛhima* となる[47]。*babhūtha* という形はRV, AV, KS^{m}-TS-BaudhŚrSū-KauśS に現れるが，*babhūvitha* も既にRV以来見られる。*ātatantha* はRV, VS-MS-KS-ŚB, MānŚrSū III 4,10^{m} [48] に見られる。これに対して標準語形の3pl.mid. *tenire* はŚB に3回現れる。*jagṛbhma* はRV I 139,10, RV X 47,1 に見られるが，通常の規則から想定される *jagṛhima* の例は見出されない。*var / vṛ*「覆う」の pf.2.sg.act. *vavartha* はRV I 91,22（*ví...vavartha*），RV III 43,7（*ápa...vavártha*）に限られる。

---

43 新アヴェスタ語acc. sg. *ka^{i}nīnəm*（_*kaniyanam < *kani-h$_3$ón-m̥ < *kani-h$_3$én-m̥_）, nom.pl. *ka^{i}ninō*（_*kaniyanas < *kani-h$_3$ón-es < *kani-h$_3$én-es_），古アヴェスタ語 nom.pl. *mąϑranas-cā* における短い *a* は，h_3 の影響により生じた _*o_ にはBrugmannの法則が働かないことを前提としていることになるが，larnygeal により _*e_ が染まるのは確実に印欧祖語の段階で起こっており，従って h_3 に染まった _*o_ と ablaut による _*o_ との区別は困難である（Gotō 2013: 42, fn.121）。*a* の長短には別の要因が存在したことも考えられる（Gotō 2013: 42, fn.121）。

44 ~*bhdrā́ te pūṣann ihá rātír astu* RV VI 58,1

Pāṇ. VII 3,81では*nigame*の下，*mināti*（< *may*^{i}/*mī*「損なう」）に言及するが[49]，用例はRV, AV, YS^{m}に限られる。またこの規則において，パーニニは語根部分が2次的に長母音となっている*mīnāti*を標準語形と解している。ŚBMに*pramīṇāti*（6x）が見られることが注目される（ŚBK *pramināti*）[50]。

Pāṇ. VII 4,74では*sav*^{i} / *sū*「（母が）子を産む」のpf. *sasūva*が用いられることが指摘されている：

Pāṇ. VII 4,74 *sasūveti nigame*

nigamaでは，*sasūva*が起こる

用例はRVに3回，AVに1回（*sasūva*の他にAVP IV 11,6にdu. *sasūvatur*）見出される（see Gotō 1991: 698）。*a*で重複した, zero-gr. pf. *sasūva*は*bhav*^{i} / *bhū* のpf. 3sg *babhūva* に倣って形成されたものと考えられる[51]。まさしくこのことをこの規則は指摘している。*babhūva*は次のような派生となる：

bhū (DhP I 1) - l^{IT} III 2,115 > *bhū-ti*^{P} III 4,78 > *bhū*-$^{N}a^{L}$ III 4,82 > *bhū*-v_{u}^{K}-*a* VI 4,88 > *bhūv-bhūv-a* VI 1,8 > *bhū-bhūv-a* VII 4,60 > *bhu-bhūv-a*

---

45 Macdonell 1910: 356, §384,4. 例外として*vettha*, 及び*ah*（インド・イラン祖語 **ad*^{h}）のpf. *āttha*には*i*が挿入されない。また軽音節であっても*dadhima*のように*i*が現れることがあるが，これは*dhā*の語根部分に属するlaryngealに由来する（i.e. * $d^{h}e$-$d^{h}h_{1}$-*me*, Kümmel 2000: 43）。

46 Pāṇ. VII 2,35 *ārdhadhātukasyeḍ valādeḥ*「子音，及び*y*以外の半母音で始まるārdhadhātukaに*i*（*iṭ*）が付加される」。pf. の語尾はPāṇ. III ,4115により，ārdhadhātukaに分類されるのでこの規則が適用される。

47 Vārt. on Pāṇ. VIII 2,32:404,10によれば，ヴェーダ語では*grah*の代わりに*grabh*が用いられるとする（→ 各論1.5.2 *bharibhrat*）。

48 ~*ātatāna* TB I 4,4,10, ĀśvŚrSū III 10,6, ĀpŚrSū XI 10,17

49 Pāṇ. VII 3,81 *mīnāter nigame*［*hrasvaḥ* 80, *śiti* 75, *aṅgasya* VI 4,1］「nigamaでは，*ś*をitとして持つ〔接辞〕の前で，*mī*の語幹の［最終音の］代わりに短母音が生じる」。

50 Strunk 1967: 122.

51 pf. *sasūva*についてはStrunk 1972を参照。またaor. *asūt*についてはGotō 1991: 698，*bhav*^{i} / *bhū*のaor.subj. *bhuva*-についてはGotō 1987: 229f.，Doyama 2005: 2f. 参照。

VII 4,59 > *babhūva* VII 4,73

この派生においてPāṇ. VI 4,88による付加音*v*（*vuk*）の挿入，及びPāṇ. VII 4,73によって重複音節の母音が*a*となることは本来*bhū*のみに適用される。ヴェーダでは例外的に*sū*にも適用され，*sasūva*が作られることを指摘した*nipātana*-sūtraである。『カーシカー』によれば，標準語形は*suṣuve*である。*sūte*「生む」のpf. mid. *suṣuve*はヴェーダに用例はなく[52]，古典期，Epic，Purāṇa文献に，またact. *suṣāva*はEpic, Purāṇa文献に現れる（Gotō ibid.）。

2.3.2. Nirukta I 1

以上のように，パーニニ文典における*nigama-*はヴェーダの言語事実を予定しており，*chandas-*が予定する言語と変わらない。そこで，*nigama-*の語義について検討する必要がある。先ず，『ニルクタ』ではヴェーダの語句，用例が*nigama-*と呼ばれることが知られている：

Nir. I 1

samāmnāyaḥ samāmnātaḥ / sa vyākhyātavyaḥ / tam imaṃ samāmnāyaṃ nighaṇṭhava ity ācakṣate / nighaṇṭhavaḥ kasmāt / nigamā ime bhavanti / chandobhyo samāhr̥tya-samāhr̥tya samāmnātāḥ / te nigantava eva santo nigamanān nighaṇṭava ucyante ity aupamanyavaḥ / api vā hananād eva syuḥ / samāhatā bhavanti / yad vā samāhr̥tā bhavanti /

伝承されるべきもの（*nighaṇṭavas*「語彙集」）が伝承されている。それ（*nighaṇṭu-*）が解説されるべきである。そういうこの伝承されるべきものを*nighaṇṭavas*「語彙集」と人々は呼んでいる。*nigahṇṭavas*は何に由来するのか。これらは*nigama-*として生じる［から］。［数々の*nigama-*は］諸聖典からその都度集められて，伝承されている。「そ

52 AVŚ XIV 1,43には*sav*[i]（*suváti*）「駆り立てる，動かすの」のpf. *suṣuve*が確認される。

れらは中に入るもの（*nigantu-*）であるから，*ni-gam*から［派生して］*nighaṇṭavas*と言われる」[53]とAupamanyavaは［言う］。或いは又，*han*から［派生するもの］かもしれない。打ち合わされた（一体となった）［語句］たちが用いられる［から］。或いは，集めてこられた（*samāhṛta-*）［語句］が用いられるから。

ヤースカによれば，諸聖典から（*chandobhyaḥ*）集められて伝承されている語句が*nigama-*であるとする。ちなみにDurga on Nir. I 1によれば，マントラの意味を明らかにするために伝えられている語句が*nigama-*であるとする：*niścayenādhikaṃ vā nigūḍhārthā ete parijñātāḥ santo mantrārthān gamayanti tato nigamasaṃjñā ime bhavanti*「明確に，或いは追加して，隠された意味を持つこれら（= *nigama-*）が完全に認識されると，マントラの意味たちを理解させる。そこから，これらは*nigama-*の名を持つものとなる」。

2.3.3. パーニニ文法学

『ニルクタ』では，*nigama-*はヴェーダの語句，詩節，引用を意味する。パーニニ文典では，ヴェーダあるいはヴェーダの伝統を指す可能性も考えられる（cf. THIEME 1935: 71）。*chandasi*と同じくSaṁhitāの言語事実に基づいていることは明らかである。パーニニが*nigame*の下に言及する語形は，Pāṇ. VI 3,113に挙げられるinf. *sā́ḍhyai*, absol. *sāḍhvā́* MS^{p}を除けば，RV, AV, YV^{m}に現れるという傾向を指摘することができる。特にPāṇ. VI 4,9に一致する例から判断すると，*nigame*の下に教えられる語形はYS^{p}よりも幾分古い言語事実が前提となっているように思われる。

WACKERNAGEL 1896: LXVは，*ṛci*, *yajuṣi*, *nigame*等の様々な用語を持つ規則はパーニニが様々なところからそのまま借用したものとする。この推測に従うならば，*chandas-*と*nigama-*とが共にサンヒターの言語を予

53 *ni-gam*という現実にある語（*pratyakṣa-*）から理論的に作られる**nigantu-*（*parokṣa-*）を*nighaṇṭu-*という理論的に説明できない語幹（*atiparokṣa-*）に当てはめることを意味する（cf. PW IV 568）。

定しており，両者はパーニニ以前から続く文法学の伝統多様性を反映した結果と考えることができる。これに対して THIEME 1935: 71f. は LIEBICH 1891: 26f. の仮説をさらに推し進め，これらの用語は，言語の発展に従って現れる細かい差を適確に捉えるために用いられたと主張する。即ち *chandasi* と *nigame* との間に何らかの違いがあることになる。違いを認める立場によれば, *nigama-* はヴェーダに由来する，又はヴェーダの中で「伝統」として確立されていた，ヴェーダ的語形，語法，文体を意味する[54]。或いは *chandas-* がヴェーダの用法一般を指すのに対し，*nigama-* は実際の使用を意図しない個々の語形収録を意図すると考えることもできる。

3. ***nipātana-sūtra***

3.1. パーニニがヴェーダ語形を挙げる動機

パーニニは約160の規則において形成法を教えずに活用した形（名詞の場合は語幹）をそのまま挙げるに留める（RENOU 1955: 103）。このようなスートラは *nipātana*-sūtra と呼ばれる。*ni-pata-*[ti]「中に（又は下に）落ちる」は『ニルクタ』では，「[語の使用が] 起こる」，「[用例が] 見られる」という意味で現れる。E.g. Nir. I 11 *evam uccāvaceṣv artheṣu nipatanti*「このように [諸々の語は] あれやこれやの意味で起こる」。Nir. II 20, VII 31 では，*nipāta-* が「（語の使用が）起こること，[用例が] 見られること」の意味で用いられる[55]。また RVPrāt. XII 25-26（no. 708）では *nipātana-* が「（語の）使用」の意味で用いられている[56]。*nipatati* が「[用例が] 見られる」を意味するのに対し，caus. *nipātayati* は恐らく「[語の使用，用例を] 提示する」を意味していたものと判断される。

パーニニ文法学における *nipātana-* とは，規則によって説明できない現象を語の使用に基づいて確立することである（本稿では「直接例示」と

---

54 Cf. ABHYANKHAR 1961: 218, AGRAWALA 1963: 318, JOSHI/ROODBERGEN 2002: 17.

55 Cf. *paśuvannipāta-*「動物犠牲祭 [で使用する] ような語を使用すること」ĀśvŚrSū VI 14,14.

訳す)。原則として*nipātana*-sūtraに挙げられる語形は規則によって説明できない現象を含んでいいる。また規則では説明できない語形だけでなく，特にヴェーダ語の規則においては通常の規則から説明できる形もしばしば挙げられる。例えば，Pāṇ. VII 4,65に挙げられるintens. *dardharti* 等である(→ 各論1.5.2.)[57]。仮にパーニニが通常の規則によって説明可能な語形をnipātanaとして挙げたと仮定するならば，ヴェーダにだけ見られる形を，日常の使用とはかけ離れた古風なものと意識してしていたものと考えられる(OZONO 2008: 3)。同規則には18のintens.(その他redpul.pres. *dādharti*)の形が列挙されているが，これらは全てathematic intens.である[58]。パーニニの時代においてもathematic intens.は，用いられていたであろうが，-*yá*-intens.の方が優勢であったことが推測される(→ 各論1.1.2.)。

3.2. ***nipātana*-** に関するパーニニ文法学の見解

3.2.1. Pat. on I 1,27

Pat. on I 1,27:86,9−87,6. では，始めに *nipātana* は例外事項であると述べられている。またパーニニが挙げる形は常に正しいとされる以上，規則的な形といえども，nipātana語形と競合する場合は排除されることになる。そこで如何にしてnipātanaが競合する他の形を排除することに

---

56 RVPrāt. XII 25-26 (= MÜLLER's editon, no. 708) は*nipāta*-「不変化辞」を次のように説明する：*nipātānām arthavaśān nipātanād anarthakānām itare ca sārthakāḥ / neyaṃta ity asti saṃkhyeha vāṅmaye mitākṣare cāpy amitākṣare ca ye //*「幾つかの不変化辞は意味を持つから(*arthavaśād*)，使用するのであるから(*nipātanād*)，意味を持たない[不変化辞]たちとは別に，意味を伴う「不変化辞」たちもある。それらはここ，つまり言語の総体(*vāṅmaya*-)において'これだけ'という数はない；音節が測られるもの(=韻文)であろうと，音節が測られないもの(=散文)であろうと」。

57 但し，intens. *dardharti*が*dhāri*という2音節語基か作られたと解釈するならば，Pāṇ. III 1,22の*ekājjhalādi*-「子音で始まる単音節語基」に反するので不規則である(→ 各論1.5.2. [ii]. *dardhari*)。

58 同規則に挙げられる*marmṛjya*はBÖHTLINGKが考えるように*marmṛjma*が誤って伝えられた可能性が高い(→ 各論1.5.2.)。

なるかについて議論が展開されている：

Pat. on Pāṇ. I 1,27: 9－10

iha sarvanāmānīti pūrvapadasaṃjñāyām agaḥ (Pāṇ. VIII 4,3) *iti ṇatvaṃ prāpnoti tasya pratiṣedho vaktavyaḥ /*

ここでは*sarvānāmāni*は*pūrvapadasaṃjñāyām agaḥ* (Pāṇ. VIII 4,3) と［いう規則から］，*ṇ*となることが［理論的妥当性を］得る。それに対する禁止が言われるべきである。

Pāṇ. I 1,27に現れるpl. *sarvanāmāni*「諸々の代名詞」という形はPāṇ. VIII 4,3[59]にしたがって反舌化した*sarvanāmāṇi*が用いられるはずである。だがパーニニが自らのスートラにおいて飽くまでも反舌化しない形*saravanāmāni*を用いる以上，これこそが正しい形であり，反舌化した形は使用されるべきではないということになる。そこでPāṇ. VIII 4,3から得られる*sarvanāmāṇi*を禁止する必要がある。

Pat. on Pāṇ I 1,27:86,11－16

Vārt. 1

sarvanāmasaṃjñāyāṃ nipātanāṇ ṇatvābhāvaḥ

*sarvanāman-*という用語の場合はnipātanaであるから，*ṇ*となることが起こらない

Bhāṣya

sarvanāmasaṃjñāyāṃ nipātanāṇ ṇatvaṃ na bhaviṣyati /

*sarvānāman-*という用語の場合は，nipātanaであるから*ṇ*となること

---

59 Pāṇ. VIII 4,3 *pūrvapadāt saṃjñāyām agaḥ* [*aṭ-ku-pv-āṅ-numyavāye 'pi* 2, *raṣābhyāṃ no ṇaḥ* 1, *saṃhitāyām* 2,108]「固有名を表示する時，*r*と*ṣ*を含み，*g*で終わらない前分の後で，母音と半母音 (*aṭ*)，*ka*列，*pa*列，不変化辞*ā* (*āṅ*)，付加音*n* (*num*) によって分割された場合でも，*n*の代わりに*ṇ*が生じる」。

が起こらないであろう。

【問】

kim etan nipātanaṃ nāma / atha kaḥ pratiṣedho nāma /

何故これがnipātanaと呼ばれるのか。それから何が禁止と呼ばれるのか。

【答え】

aviśeṣeṇa kiṃcid uktvā viśeṣeṇa nety ucyate /

tatra vyaktam ācāryasyābhiprāyo gamyata idaṃ na bhavatīti / nipātanam apy evaṃjātīyakam eva / aviśeṣeṇa ṇatvam uktvā viśeṣeṇa nipātanam kriyate / tatra vyaktam ācāryasābhiprāyo gamyata na idaṃ bhavatīti //

特殊でないこと（原則）によって或ることを述べてから，特殊なこと（例外）によって「起こらない」と述べられる。その場合はっきりと先生の意図は理解される，「これは起こらない」と。nipātanaもこの種のものに他ならない。［即ち］特殊でないこと（原則）によってṇとなることを述べてから，特殊なことによって［語の］使用による確立（*nipātana-*）がなされる。その場合はっきりと先生の意図は理解される，「これ（*ṇatva-*）は起こらない」と。

パーニニが挙げる語形そのものが例外規定の役割を果たす。例外規定に位置づけられる以上，他の規則から得られる競合する形を禁止する。パーニニが挙げる*sarvanāmāni*とPāṇ. VIII 4,3に一致した*sarvanāmāṇi*は両方正しいのではなく，パーニニが挙げる形のみが正しく，後者は排除されるべきであると考える。

Pat. on Pāṇ. I 1,27: 86,16－18

【反論】

nanu ca nipātanāc cāṇatvaṃ syād yathāprāptaṃ ca ṇatvam / kim anye 'py evaṃ vidhayo

だがnipātanaであるから，*ṇ*とならないこともあり得るし，また［Pāṇ. VIII 4,3から］得られるように*ṇ*となることも［あり得るのではない］ないか。他の諸規定も同様なのか？

【答え】

bhavanti /

［然り，同様に］用いられる。

【反論】

iheko yaṇ aci（Pāṇ. VI 1,77）*iti vacanāc ca yaṇ syād yathāprāptaś cek śrūyeta /*

ここで［例えば］*iko yaṇ aci*「母音の前で*i, u, r̥*の代わりに*y, v, r*が用いられる」（Pāṇ. VI 1,77）という陳述から*y, v, r*（*yaṇ*）も生じ得るし，また［妥当性が］得られるように*i, u, r̥*（*ik*）も聞かれ得る。

【答え】

naiṣa doṣaḥ / asty atra viśeṣaḥ / ṣaṣṭyātra nirdeśaḥ kriyate ṣaṣṭhī ca punaḥ sthāninaṃ nivartayati /

こうした瑕疵はない。この場合（Pāṇ. V 1,77）は区別がある。この場合，gen. によって指示が為され，そしてgen. は改めて元要素［の使用を］を停止させる（＝代置・被代置の関係である）。

ここで反論者はnipātanaは規則から独立しているので，規則に適ったものも，不規則なものも認められると考える。同様の例として，母音の前で*i, u, r̥*（*ik*）から*y, v, r̥*（*yaṇ*）への代置を定めるPāṇ. VI 1,77において，*i,* *u*, *ṛ* という元要素（*sthānin-*）も実現し得るのではないかという疑問を投げかける[60]。これに対して両者は代置物と元要素の関係がそれぞれnom. とgen. によって明示されているので母音の前で *i*, *u*, *ṛ* は実現しないと答える。

Pat. on Pāṇ. I 1,27: 86,19－25

【反論】

iha tarhi 'kartari śap（Pāṇ. III 1,68）, *divādibhyaḥ śyan*（Pāṇ. III 1,69）' *iti vacanāc ca śyan syād yathāprāptaś ca śap śrūyeta /*

それなら［例えば］ここで *kartari śap*（Pāṇ. III 1,68）, *divādibhyaḥ śyan*（Pāṇ. III 1,69）という陳述から，*yá*（*śyan*）も用いられ得るし，［Pāṇ. III 1,68から理論的妥当性が］得られるように，*a*（*śap*）も聞かれ得る（つまり *śap* も *śyan* も nom. で示されているから区別はない）。

【答え】

naiṣa doṣaḥ / śabādeśāḥ śyannādayaḥ kariṣyante /

こうした瑕疵はない。*ya*（*śyan*）等は代置物となされることになる。

【反論】

tat tarhi śapo grahaṇaṃ kartavyam /

それならそこで *śap* の文言が［新たに］設けられるべきである。

【答え】

na kartavyam / prakṛtam anuvartate /

［否］設けられるべきではない。前に設けられた［文言］が後続する。

---

60 元要素（*sthānin-*）が実現可能なもの（*prasaṅga-*）であるという認識が背景にあるものと考えられる。岩崎2005: 18f. は，競合関係は，実現しないという点に重きを置くのに対し，代置物・元要素の関係は元要素の実現可能性（*prasaṅga-*）に重点が置かれていることを指摘している。

【問】

kva prakr̥tam /

前に設けられた［文言］はどこにあるのか？

【答え】

'kartari śab (Pāṇ. III 1,68)' *iti*

kartari śap (Pāṇ. III 1,68) にある。

【反論】

tad vai prathamānirdiṣṭaṃ ṣaṣṭhīnirdiṣṭena cehārthaḥ /

それ (*śap*) はnom.で示されている。だが，ここ［Pāṇ. III 1,69］では，［*śap*は］gen.で示される必要がある[61]。

【答え】

divādibhya ity eṣā pañcamī śab iti prathamāyāḥ ṣaṣṭhīṃ prakalpayiṣyati 'tasmād ity uttarasya (Pāṇ. I 1,67)'

*divādibhyas*というこのabl.［で終わる語］が*śap*というnom.の代わりにgen.を立てる (nom.をgen.に読み替える) ことになる。*tasmād iti uttarasya* (Pāṇ. I 1,67) に従って (つまり「*div*で始まる［動詞語基］に後続する*śap*の代わりに［*śyan*が起こる］」と読み替える)。

【反論】

pratyayavidhir ayaṃ. na ca pratyayavidhau pañcamyaḥ prakalpikā bhavati /

これ (Pāṇ. III 1,69) は接辞 (*pratyaya-*) の規定である。そして接辞の規定においてはabl.［で終わる語たち］が［gen.を］立てるものとはならない。

---

61 Cf. *artho bhavati* (Instr.)「それが (instr.) 必要となる」(Ai.Synt. 135)。

【答え】

nāyaṃ pratyayavidhiḥ / vihitaḥ pratyayaḥ prakr̥taś cānuvartate //

［否］これ（Pāṇ. III 1,69）は接辞の規定ではない。接辞（=*śap*）は［既にPāṇ. III 1,68において導入が］定められている。そして前に設けられた［接辞（= *śap*）］が［Pāṇ. III 1,69へと］後続する。

次に反論者は，Pāṇ. III 1,68 *kartari śap*[62]とPāṇ. III 1,69 *divādibhyaḥ śyan*[63]において，*śap*と*śyan*はともにnom. で示されており，このような場合は*śap*と*śyan*の両方が用いられるのではないかと言う（Pat. on Pāṇ. II 2,3:407,21-408,5 にパラレルあり）。ここで注目されるのは，一般にPāṇ. III 1,68とPāṇ. III 1,69以降の規則とは通則（*utsarga-*）と排除規定（*apavāda-*）の関係にあるとされるが，ここでは代置物と元要素の関係（*sthānyādeśabhāva-*）で捉えられていることである。つまりPāṇ. III 1,68のnom. *śap*をPāṇ. III 1,69以降においてgen. *śapaḥ*「*śap*の代わりに」に変えて継承することにより[64]，*śap*から*śyan*への代置が可能になる。従ってPāṇ. VI 1,77の場合と同様に元要素*śap*が実現することはない。

Pat. on Pāṇ. I 1,27: 86,25－87,6

【反論】

iha tarhy 'avyayasarvanāmnām akacprākṭeḥ（Pāṇ. V 3,71）*' iti vacanāc cākac syād yathāprāptaś ca kaḥ śrūyate /*

---

62 Pāṇ. III 1,68 *kartari śap* [*sārvadhātuke* 67, *dhātoḥ* 22, *paraś ca* 2, *pratyayaḥ* 1]「行為者を示す時，sārvadhātuka接辞の前で，動詞語基の後に*a*（*śap*）が生じる」。

63 Pāṇ. III 1,69 *divādibhyaḥ śyan* [*kartari* 68, *sārvadhātuke* 67, *dhātoḥ* 22, *paraś ca* 2, *pratyayaḥ* 1]「行為者を示す時，sārvadhātuka接辞の前で，*div*で始まる動詞語基群の後に*ya*（*śyan*）が生じる」。

64 このような解釈法はいわゆる*vibhaktivpariṇāma-*「格語尾の改変」と呼ばれる（JOSHI/ROODBERGEN 1975: 26, fn.85）。これは，anuvr̥ttiにおいて前の規則の文言は原則として数・格をそのまま継承するが，例外的に数・格が変化して次の規則に継承されると見なして規則を解釈することである。vibhaktivipariṇāmaの例についてはJOSHI/BHATE 1984: 220ff. を参照。

それならここで［例えば］*avyayasarvanāmnām akac prāk ṭeḥ*（Pāṇ. V 3,71）という陳述から[65]，*ak*（*akac*）も用いられるし，［Pāṇ. V 3,70から］得られるように*ka*も聞かれる。

【答え】

naiṣa doṣaḥ / nāprāpte hi ke 'kaj ārabhyate sa bādhako bhaviṣyati / nipātanam apy evaṃjātīyakam eva / nāprāpte ṇatve nipātanam ārabhyate. tad bādhakaṃ bhaviṣyati //

こうした瑕疵はない。何故なら［そもそも］*ka*が［規則から］得られないのであれば，*ak*（*akac*）［の導入］はとりかかられない（考慮に入らない）。それ（*akac*）は［*ka*を］排除するものとなろう。直接例示（*nipātana-*）もその種のもの（排除するもの）に他ならない。［そもそも］*ṇ*となることが［規則から］得られないのであれば，直接例示はとりかかられない。それ（*nipātana-*）は［*ṇ*となることに対する］排除を持つものとして用いられることになる。

次に問題となるのは，通則（*utsarga-*）と排除規則（*apavāda-*）の関係が明瞭な場合である。Pāṇ. V 3,70－96は語幹に*ka*が挿入されることを規定している[66]。Pāṇ. VI 1,70（adhikāra）とそれ以降の規則は通則と排除規則の関係にある。そこで反論者は，こうした関係にある場合は，通則Pāṇ. V 3,70に規定される*ka*も次の規則で規定される*akac*と並んで用いられるのではないかと言う。これに対し，そもそも*akac*は*ka*の導入を前提としており，*ka*が導入される時は*akac*は常に*ka*を排除する（つまり*akac*は導入の際に*ka*を排除することを予定している）ので，このような問題

65 Pāṇ. V 3,71 *avyayasarvanāmnām akac prāk ṭeḥ* [*prāg ivāt* 70, *supaḥ* 68, *tiṅaḥ* 56, *taddhitāḥ* IV 1,76, *prātipādikāt* IV 1,1, *paraś ca* III 1,2, *pratyayaḥ* III 1,1]「副詞と代名詞の語幹の後又は格語尾の後，及び人称語尾で終る語の後に，最終音節の母音の前で，［70－95において規定されている接辞の意味で］，taddhita接辞 *ak*（*akac*）が生じる」。

66 Pāṇ. V 3,70 *prāg ivāt kaḥ* [*supaḥ* 68, *taddhitāḥ* IV 1,76, *prātipādikāt* IV 1,1, *paraś ca* III 1,2, *pratyayaḥ* III 1,1]「*ive prakṛtau*（Pāṇ.V 3,96）の前まで，taddhita接辞 *-ka-* が支配する」。

は起こらないと答える。

yadi tarhi nipātanāny apy evaṃjātiyakāni bhavanti samas tate doṣo bhavati / ihānye vaiyākaraṇāḥ samas tate vibhāṣā lopam ārabhante: samo hita-tatayor veti / satatam saṃtatam sahitam iti / iha punar bhavān nipātanāc ca malopam icchaty aparasparāḥ kriyāsātatye (Pāṇ. VI 1,44) *iti yathāprāptaṃ cālopaṃ saṃtatam ity etan na sidhyati / kartavyo 'tra yatnaḥ / bādhakāny eva hi nipātanāni bhavanti /*

【反論】

それならもしnipātanaたちもその種のもの（排除をもつもの）として用いられるとしたら，*tata-*の前では*sam*［の使用］に瑕疵が生じる。ここで他の文法学者たちは*tata-*の前で任意に*sam*［の*m*］の脱落（*lopa-*）を捉える（考慮に入れる）。'*hita*と*tata-*の前では［*m*の脱落は］任意である（Vārt. 1 on Pāṇ. VI 1,144）'と。［例えば］*satatam, saṃtatam, sahitam, saṃhitam*が［用いられる］。だがここでは用いられているもの（語）は，nipātanaでもあるから，*m*の脱落を要求する。*aparasparāḥ kriyāsātatye*（Pāṇ. VI 1,144）というように。また［規則から］得られるように*saṃtatam*という*m*が脱落しないものが［用いられる］という，このことは実現しない。

【答え】

この場合［特別な］努力がなされるべきである[67]。何故ならばnipātanaたちは排除を持つものとしてだけ用いられるから。

---

67 Kaiyaṭaによれば，Kārikā: *lumped avaśyamaḥ kṛtye tuṃ kāmamanasor api / samo vā hitatatayor māṃsasya paci yuḍghañoḥ //*「gerundive（*kṛtya-*）の前で*avaśyam*の［*m*］が，*kāma-*, *manas-*の前でinf. *-tum*［の*m*］も脱落するべきである。*sam*の［*m*］は*hita-*, *tata-*の前で，*māṃsa-*の［*m*］は接辞*yu*（*yuṭ*），*a*（*ghañ*）がついた*pac*の前で任意に［脱落すべきである］」によって任意に*m*が脱落することを確立させることを指す。

反論者は今度は任意規則における問題を取り上げる。他の文法学者たちによれば，*tan* の vadj. *tata-* の前にある *sam* の *m* は任意に脱落する[68]。従って *satatam* のように *m* が脱落した形と *saṃtatam* のように脱落しない形の両方が用いられることになる。だが Pāṇ. VI 1,144 に現れる *kriyāsātatye* という文言は vadj. *satata-* からの vr̥ddhi 形であり[69]，nipātana であれば，*saṃtata-* を排除することになる。従って *sam* の *m* の脱落が任意とする見解と矛盾する，と反論する。これに対しては，nipātana は他の形を排除するものであるから，この場合は適用されず，他の陳述から *sam* の *m* が任意に脱落することを引き出す必要がある，と答える。

3.2.2. Pat. on VII 4,65

上の議論では，nipātana 語形は常に何らかの例外を含むものであり，しかも nipātana は競合する形を排除すると考えられている。このように nipātana は常に例外を示すという考えは，Pat. on VII 4,65 にも見られる（Ozono 2008）。Pāṇ. VII 4,65 は 18 のヴェーダ語の reduplicated present と intensive を挙げたいわゆる nipātana-sūtra である（→ 各論 1.5.2.）：

> Pāṇ. VII 4,65 *dādharti dardharti dardharṣi bobhūtu tetikte 'larṣy āpanīphaṇat saṃsaniṣyadat karikrat kanikradad bharibhrad davidhvato davidyutat taritrataḥ sarīsr̥pataṃ varīvr̥jan mamr̥jyāganīgantīti ca* [*chandasi 64*]
>
> ヴェーダ語では，[i.]*dādharti,* [ii.]*dardharti,* [iii.]*dardharṣi,* [iv.]*bobhūtu,* [v.]*tetikte,* [vi.]*alarṣi,* [vii.]*āpanīphaṇat,* [viii.]*saṃsaniṣyadat,* [ix.]*karikrat,* [x.]*kanikradat,* [xi.]*bharibhrat,* [xii.]*davidhvataḥ,* [xiii.]*davidyutat,* [xiv.]*taritrataḥ,* [xv.]*sarīsr̥patam,* [xvi.]*varīvr̥jat,* [xvii.]*marmr̥jya*（*marmr̥jma?*）, [xviii.]*āganīganti* も〔用いられる〕

---

68 後分が vadj. で，前分 *sam-* にアクセントがある時，*sam-* と *sa-*（< **sm̥*）の両方が起り得る（Ai.Gr. II 1,74f.）。*saṃtata-* はブラーフマナ以降，*satata-* は BaudhGr̥Sū II 9,7, Karmapradīpa II 3,1;10 等に確認される。

69 Cf. Ai.Gr. II 1,74f.

Pat. on Pāṇ. VII 4,65: 354,24-355,9

【問い】

dādhartīti kiṃ nipātyate /

dādharti において何が直接例示されるのか？

【答え】

dhārayateḥ ślāv abhyāsasya dīrghatvaṃ ṇiluk ca //

dhārayati（= *dhṛñ* DhP I 948 + *ṇi*）の redupl.pres.（*ślu*）において，重複音節の長母音化，そして *i*（*ṇi*）の脱落（*luk*）が［直接例示される］。

【反論】

anipātyam / tūtujānavad abhyāsasya dīrghatvaṃ parṇaśuṣivaṇ ṇilug bhaviṣyati //

［重複音節の長母音化，そして *ṇi* の脱落は］直接例示されるべきではない。

tūtujāna- のように重複音節の長母音化が[70]，*parṇa-śuṣ-*（°*śuṣi*）のように *ṇi* の脱落（*ṇiluk*）が生じることになる。

【答え】

dhṛṅo vābhyāsasya dīrghatvaṃ parasmaipadaṃ ca //

或いは *dhṛṅ*（DhP VI 119）に重複音節の長母音化，そして act. が［直接例示される］。

【反論】

anipātyam / tūtujānavad abhyasasya dīrghatvaṃ yudhyativat parasmaipadaṃ bhaviṣyati //

70 Pāṇ. VI 1,7 *tujādīnāṃ dīrgho' bhyāsasya*「*tuj* などの［動詞の］重複音節の母音の代わりに長母音が生じる」。

［この二つも］直接例示されるべきではない。*tūtujāna-* のように重複音節の長母音化が，*yudhyati* のように act. が生じることになる。

【問い】

dardhartīti kiṃ nipātyate /

dardharti において何が直接例示されるのか？

【答え】

dhārayeteḥ ślāv abhyāsasya rug ṇiluk ca //

dhārayati の redupl.pres.（*ślu*）において，重複音節に *r*（*ruk*）が，そして *i* の脱落（*ṇiluk*）が［直接例示される］。

【反論】

anipātyam / devā aduhravad ruṭ parṇaśuṣivaṇ ṇiluk ca bhaviṣyati //

直接例示されるべきではない。*devā aduhra* のように *r*（*ruṭ*）が[71]，そして *parṇa-śuṣ-*（*parṇa-śuṣi-*）のように *i* の脱落（ṇiluk）が生じることになる。

【答え】

dhr̥ṅo vābhyāsasya ruk parasmaipadaṃ ca //

或いは *dhr̥ṅ* の重複音節に *r*（*ruk*）が，そして act. の語尾が［直接例示される］。

【反論】

anipātyam / devā-aduhravad ruḍ yudhyativat parasmaipadaṃ ca bhaviṣyati //

71 Pāṇ. VII 1,8 *bahulaṃ chandasi* [*ruṭ* 6, *aṅgasya* VI 4,1]「ヴェーダ語では，［*jh* の代置物である at の前だけでなく］様々に付加音 *r*（*ruṭ*）が生じる」。

直接例示されるべきではない。*devā aduhra* のように *r*(*ruṭ*)が，そして *yudhyati* のように act. の語尾が生じることになる。

dādharti は *dhārayati*（*dhr̥* + *ṇic*）から作られた redpl.pres.（*ślu*）と見なされている。その際，重複音節が長いことと -*aya*- 語幹を作る *i*（*ṇic*）が脱落しているが，これらは標準語の規則では説明できない。重複音節の長母音化は Pāṇ. VI 1,7 *tujādīnāṃ dīrgho 'bhyāsasya* によって説明されるので[72]，nipātana ではないとする。また *i*（*ṇi*）の脱落は規則では説明できない。これについてパタンジャリは，例えば *parṇa-śuṣ*-「羽を乾かす」は °*śuṣ*-「乾かす」の後ろにある *i*（*ṇi*）が脱落したものであり[73]，*dādharti* においても同じことが起こっていると見なす。このような場合は nipātana とはならないとする。また *dhriyate*（*dhr̥ṅ* DhP VI 119）から作られたと考えた場合は，act. で活用していることが説明できない。だが例えば *yudh*（DhP IV 64 *yudha*）は Pāṇ. I 3,12 に従って mid. *yudhyate* と用いられるはずであるが，act. *yudhyati* という形はヴェーダ語の規則 Pāṇ. III 1,85 によって説明される[74]。同様に *dādharti* における act. の語尾もこの規則から説明されるので nipātana 語形ではないとする。

また *dardharti*, *dardharṣi* は通常の規則から説明できる（→ 各論 1.5.2. ii.

---

72 Pāṇ. VI 1,7 はヴェーダ語の規則ではないが，pf.part.mid. *tūtujāna*- のように，重複音節の長母音化はヴェーダ語の完了語幹において起こる（cf. Kümmel 2000: 19f.）。伝統的解釈もヴェーダ語において特定の接辞が後続する場合に起こると理解する。Cf. Vārt. 1 on Pāṇ. VI 1,7：*tujādiṣu cchandaḥpratyayagrahaṇam*「*tuj* などに対しては，*chandas*- と *pratyaya*- の文言が［設けられるべきである］」。

73 Ujjvaladatta on Uṇādi-Sūtra II 22 によると，固有名とヴェーダ語では *i* の脱落（*ṇi-luk*）が様々な語根，及び suffix の前で起こるとする。彼は *parṇa-śuṣ*- を Pāṇ. III 2,178 に従って *v*（*kvip*）がついた形とし，その前にあった *i*（*ṇI*）が脱落（*luk*）した形と解釈している：*parṇāni śoṣayanti* = *parṇa-śuṣ-ṇi-v* III 2,178 > *parṇa-śuṣ*-***luk***(> Ø I 1,61)-*v* UṇSū II 22 > *parṇa-śuṣ*-Ø VI 1,67

74 Pāṇ. III 1,85 *vyatyayo bahulam* [*chandasi* 84]「ヴェーダ語では［動詞語幹形成接辞（*vikaraṇa*-）の］交替が様々に起こる」。パタンジャリは，ヴェーダ語では vikaraṇa だけでなく，格語尾，人称語尾など様々な要素が交替するとし，その中の parasmaipada-vyatyaya の例として *yudhyati* を挙げる。

dardharti)。だがパタンジャリによれば，重複音節に挿入される *r*（*ruk*）は通常の規則からではなく，ヴェーダ語の規則Pāṇ. VII 1,8から推測されるものである。このような場合も，不規則と認められない。従って nipātana語形とは如何なる規則からも得られない，又は推測されない形である。*dardharti* は nipātanaではないが，ヴェーダ語の規則から導き出されるので，*chandasi* の下に挙げられた，とパタンジャリは考える。

Pat. on VII 4,65 : 355,9 − 16

【問い】

bobhūtv iti kiṃ nipātyate /

bobhūtu においては何が直接例示されるのか？

【答え】

bhavater yaṅlugantasyāguṇatvaṃ nipātyate /

yaṅluk で終る *bhavati* は *guṇa* とならないことが直接例示される。

【反論】

naitad asti prayojanam / siddham atrāguṇatvaṃ 'bhū-suvos tiṅ （Pāṇ VII 3,88）' *iti /*

これが目的ではない。この場合,「sārvadhātuka-suffix の *tiP* の直前では, *bhū*, *sū* の *ū* の代わりに guṇa は用いられない（Pāṇ VII 3,88）」というように guṇa にならないことが実現している。

【答え】

evaṃ tarhi niyamārthaṃ bhaviṣyati / atraiva yaṅlugantasya guṇo na bhavati nānyatreti /

それなら，次のように[Pāṇ. VII 3,88 の適用の]制限のために[nipātana が] 用いられることになる：この場合（*bobhūtu*）に限り，*yaṅluk* で終る語に guṇa は生じない（= *yaṅluk* の時，Pāṇ. VII 3,88 は *bobhūtu* の場合だけに制限される)，その他についてはそうではない。

【問い】
kva mā bhūt /
どういう場合に［VII 3,88（guṇaの禁止）が］用いられてはならないのか。

【答え】
bobhavītīti //
［つまり］*bobhavīti*が［用いられる］。

【問い】
tetikte iti kiṃ nipātyate /
*tetikte*においては何が直接例示されるのか？

【答え】
tijer yaṅlugantasyātmanepadaṃ nipātyate /
*yaṅluk*で終る*tij*にはmid. の語尾［が生じること］が直接例示される。

【反論】
naitad asti prayojanam / siddham atrātmanepadam anudāttaṅita ātmanepadam（Pāṇ I 3,12）*iti /*
これが目的ではない。この場合「anudāttaの母音，及び*ṅ*をitとする［動詞語基］にはmid. の語尾が用いられる（Pāṇ I 3,12)」というように，mid. の語尾「が生じること］が確立している。

【答え】
niyamārthaṃ tarhi bhaviṣyati / atraiva yaṅlugantasyātmanepadaṃ bhavati nānyatreti /

それなら［Pāṇ. I 3,12の適用の］制限のために［nipātanaが］用いられることになる：この場合（*tetikte*）に限り，*yaṅluk*で終る語には，mid.の語尾が生じる，他の場合には生じない。

【問い】
kva mā bhūt /
どういう場合に［mid. の語尾が］生じてはならないのか。

【答え】
bebhidīti cecchidīti //
［例えば］*bebhidīti*, *cecchidīti*［という場合］。

*bhū*はPāṇ. VII 3,88によりguṇa化が禁止されるので，*bobhūtu*はこの規則に適った形である。また*tij*（DhP I 1020 *tija*）はPāṇ. I 3,12によりmid.の活用をとるので，これも不規則な形ではない[75]。だがnipātana語形は飽くまでも例外事項を示す働きを持つ以上，この2つのように規則に背馳しない語形が挙げられると問題が生じる。そこでパタンジャリはこの二つについては特別な役割を持つnipātanaであるとする。*bobhūtu*, *tetikte*というヴェーダ語形が挙げられているのは，intensiveにおいては，Pāṇ. VIII 3,88によるguṇa化の禁止を*bobhūtu*だけに，そしてPāṇ. I 3,12によるmid. の語尾の導入を*tetikte*だけに制限するため（*niyamārtha-*）であるとする。このnipātanaを通じて通常athematic intens.（*yaṅluk*）は*bobhavīti*のように語根部分がguṇa化し（→ 総論3.2.3.），*bebhidīti*, *cecchidīti*のようにact. の語尾が用いられること[76]が説明される。

---

75 パーニニ文法学においてはathematic intens.（*yaṅluk*）は常にact.の活用を示すことが確立している（→1.2.3.）。

76 パタンジャリはPāṇ. I 1,62によって*yaṅ*が脱落した後も*ṅ*が継承されると考える。だがJOSHI/ROODBERGENが解するように，この場合Pāṇ. I 1,62ではなくPāṇ. I 1,63によって*ṅ*の効力が失われるのでact. の語尾が用いられると解される（→ Intensive 1.2.2.）。

以上の議論をまとめると，*dādharti*などのように通常の規則から説明されないものでも，ヴェーダ語の規則から説明されるものはnipātanaではない。また*bobhūtu, tetikte*という規則に適った形がnipātanaとして挙げられる場合，実際に用いられる形からnipātana語形に特別な役割を認める。*bobhūtu*は*bhū*のintens.のguṇa化をiptv.3sg.act. だけに認めることを示し，同様にathematic intens. mid.を*tetikte*だけに認めることを示す。これら二つの形は少なくとも標準語には例がなく，これらの語形自体がその場限り（ad hoc）の規定の役割を担う[77]とパタンジャリは説明する（→ 総論3.2.3.）。

3.2.3. *iṣṭi-*「望ましさ」と *prāpti-*「理論的妥当性，適用可能性」[78]

『マハーバーシャ』において議論される語形は，実際の（*śiṣṭa-*「教養人」の）語法に照らして望ましいもの（*iṣṭi-*）と理論的に得られるが実際には用いられないもの（*prāpti-*）という関係からも語られる（Ogawa 2005: 270f.）。**ādtiyadarśa-*「太陽を見る者」という複合語はPāṇ. III 2,1から導き出されるが，現実には「太陽を見る者」を意味する語として存在しないので（*anabhidhāna-*），用いられない（*prāpti-*）。これに対し，*pṛṣodara-*「斑の腹を持つ」は規則から導き出せないが，実際に用いられる（*iṣṭı-*）。このように規則から導き出せないが，実際に用いられる語形が本来のnipātana語形である。

上述の*bobhūtu, tetikte*は規則から導きだされるにも関わらず，パーニニが*nipātana-sūtra*（Pāṇ. VII 4,65）に挙げる特殊な語形である。このように規則的な形をnipātana語形と見なすのは，（パタンジャリによれば）規則によって明言されていない現象（*bobhūtu*の語基の部分がguṇa化しないこと，*tetikte*のようなathem.intens. がmid. の活用をとること）が確立しているからである。**ādityadarśa-*，*pṛṣodara-*とPaṇ. VII 4,65に挙げられる*bobhūtu, tetikte*との関係は次のように表すことができる：

---

77 Cf. Iwasaki 2003: 11－45

78 *pra-āp*「［規則に基づいて］妥当性を得る（“in folge einer Regel Geltung erhalten”），［規則から］結果する（“sich aus einer Regel ergeben”）」（PW I 653）。

	用いられる（*iṣṭi*）	用いられない（*prāpti*）
規則的	*bobhūtu, tetikte*（*niyamārtha-nipātana*）	**ādtiyadarśa-*（anabhidhāna）
不規則	*pṛṣadara-*（nipātana）	

*bobhavīti*や*cecchidīti*のように標準的であるが，規則によって説明できない語形は，カーティヤーヤナの補足（*upasaṃkhyāna-*），又はそれに代わる陳述によって確立される：

Pat. on VII 3,88:338,1－7

Vārt. 1 *bhūsuvoḥ pratiṣedha ekājgrahaṇaṃ bobhavītyartham*
*bhū*と*sū*に対する［guṇa化の］禁止の際，*bobhavīti*［を確立する］ために「単音節」の文言が［設けられる］。

Bhāṣya
bhūsuvoḥ pratiṣedha ekājgrahaṇaṃ kartavyam /
*bhū*と*sū*の禁止の際，「単音節」の文言が設けられるべきである。

【問い】
kiṃ prayojanam /
何の為に？

【答え】
bobhavītyartham / iha mā bhūt / bobhavīti //
bobhavīti［を確立する］ために。この場合［guṇa化の禁止は］用いられてはならない。*bobhavīti*が［用いられるから］。

【反論】
yady ekājgrahaṇaṃ kriyate, 'abhūt' atra na prāpnoti /

「単音節」の文言が設けられるとしたら，*abhūt*は［2音節なので］この場合［妥当性を］得ることはない。

【問い】

kva tarhi syāt /

それならどういう場合に［guṇa化の禁止が］生じ得るのか？

【答え】

'mā bhūt' / tasmān nārtha ekājgrahaṇena /

*mā bhūt*が［用いられる場合］[79]。それ故「単音節」の文言は必要ない。

【問い】

kasmān na bhavati /

何に基づいて［guṇaの禁止は］生じないのか？

【答え】

bobhavītīti / bobhūtv iti nyamārtham bhaviṣyati / atraiva yaṅ-lug-antasya guṇo na bhavati, nānyatreti / kva mā bhūt / bobhavītīti /

*bobhavīti*が［用いられるから］。*bobhūtu*は制限の為に用いられるであろう。この場合（*bobhūtu*）だけにguṇaは生じず，それ以外についてはそうではない（→ Pat. on Pāṇ. VII 4,65）。どういう場合に［guṇa化が］生じてはならないのか？ *bobhavīti*が［用いられる場合］。

カーティヤーヤナは*bobhavīti*が確立するためには，*ekāc*-「単音節」の文言を設ける必要があると考える。動詞語基に*yaṅ*がつくintens. は一つの動詞語基と見なされるので（→ 各論1.1.1.），2音節の動詞語基となる

79 Pradīpa: *na māṅyoga*（Pāṇ. VI 4,74）*ity aṭpratiṣedhād ekāctvam*「'禁止辞*mā*と結びつく際は付加音a, āは用いられない（Pāṇ. VI 4,74）' という付加音aの禁止に基づいて［*bhūt*は］一音節となる」

(→ 各論1.1.1.)。従って「単音節」の文言を設けることで*bobhavīti*と語根部分がguṇa化することを根拠づけようとする。これに対しパタンジャリは飽くまでも*bobhūtu*の直接例示(*nipātana-*)を通じて*bobhavīti*を確立しようとする(→ 総論3.2.2. Pat. on VII 4,65)。Pāṇ. VII 3,88に一致する*bobhūtu*がnipātanaとして挙げられるのは，それ以外の形では語根部分がguṇa化することを示すためとする。即ち，*bobhūtu*というnipātana語形自体が，通常*bhū*のintens.の語根部分がguṇa化するという内容の規定と見なされ，また同様に*tetikte*は，athematic intens. が通常act.で活用するという規定と見なされる。

4. パーニニ文法の動詞形成法

4.1. パーニニ文法の動詞組織

パーニニ文法はDhPの分類に基づき，現在語幹を10種類に分類すると同時に，動詞語基に10の*l*-suffixを付けて定動詞形を作る：

laṭ（pres.），*liṭ*（pf.），*luṭ*（periphr. fut.），*lr̥ṭ*（fut.），*leṭ*（subj.），
loṭ（iptv.），*laṅ*（impf.），*liṅ*（opt.），*luṅ*（aor.），*lr̥ṅ*（cond.）

パーニニがこのように時制（tense）と法（mood）を同一平面上で扱った結果，当然ヴェーダに見られる動詞語形のかなりの部分は説明できないという事態が起こる。つまり，pf., impf., aor. の話法形（modal form）を作ることができない：

	ind.	inj.	ipf.	iptv.	opt.	subj.
pres.	*laṭ*	*laṅ*	*laṅ*	*loṭ*	*liṅ*	*leṭ*
aor.	*luṅ*	*luṅ*	–	Ø	Ø	*leṭ*
pf.	*liṭ*	Ø	–	Ø	Ø	Ø

但し，このことはパーニニ文法の動詞組織の不備に着せられるべきではない。寧ろこれはパーニニの時代には現在語幹以外の語幹の話法形は廃れており，当時の言語を基準にとるならば，新たに*l*を立てる必要がなかったことを示している。ヴェーダにしか見られない動詞語形は個別に規則を立てる方が，合理的であったと推測される。そこで動詞組織から導き出せないヴェーダ語の動詞語形の救済を図る為に，幾つかの規則が設けられる：

Pāṇ. III 1,85 *vyatyayo bahulam*［*chandasi* 84］
ヴェーダ語では，［動詞語幹形成接辞（*vikaraṇa-*）の］逸脱は様々に［見られる］。

パーニニはヴェーダ語ではDhPの分類から逸脱した現在語幹が見られると教える。『カーシカー』は異例な現在語幹としてaor.subj. *bhedati, maranti*, aor.iptv. *neṣatu*, pres.opt. *taruṣema*を挙げる[80]。*bhid*と*mr̥* はそれぞれDhP VII 2, VI 110に登録されているので，*bhinatti*, *mriyate*となるが，ヴェーダ語では*bhedati*, *maranti*という1類動詞として用いられていると考えている。また*neṣatu*, *taruṣema*（通常*nayatu*, *tarema*が期待される）は，語幹に挿入されている*s*が説明できない。そこで『カーシカー』は*neṣatu*は*nī*に*s*（*sip*）と*a*（*śap*）の二つのvikaraṇaが生じたものと解釈する（i.e. *nī-s-a-ti*）[81]。また*taruṣema*は3つのvikaraṇaが用いられていると解釈する（i.e. *tr̥-u-s-a-ma*）。

またPāṇ. II 4,76ではヴェーダ語では3類動詞以外にもredupl.pres.（*ślu*）が用いられることを指摘している：

Pāṇ. II 4,76 *bahulaṃ chandasi*［*śluḥ* 75, *śapaḥ*］
ヴェーダ語では様々な場合に *a*（*śap*）の代わりにredupl. pres.（*ślu*）が生じる

『カーシカー』は例として*vivaṣṭi*, *vivakti*, *dāti*, *dhāti*を挙げる。*vaś*の現在語幹には本来root.pres. *váṣṭi*が用いられるが，redupl.pres. *vavakṣi* RV, またRV VII 16,11には即席造語（Augenblicksbildung）としてredupl.pres.

---

80 Aor.subj. *bhedati*, *maranti*についてはHOFFMANN 1955: 91f. = Aufs.II 385f., NARTEN 1968: 125 f.（= Kl.Schr. 87f.）。RVに現れる*taruṣ-*という現在語幹は休止（break）の後で2短音 ⏑⏑ を保持するための人工形（GOTŌ 1987: 164）。

81 Cf. Pāṇ. III 1,34 *sip bahulaṃ leṭi*［*paraś ca* 2, *pratyayaḥ* 1］「*si*（*sip*）はsubj.のsuffix（*leṭ*）の前で様々な場合に生じる」

*vivaṣṭi*が見られる[82]。*vac*のredupl.pres. *vívakti*はRV, AVに現れる。それ以降はpres. *bravīti / āha* :: pf. *uvāca*という補完活用(suppletive paradigm)を形成するようになる[83]。Pāṇ. II 4,53では*brū*のpf.として*vac*が用いられることを教え，またPāṇ. III 4,84では「3人称，及び2人称の単数と両数の時は任意に*brū*に代置要素の*āh*が生じる」と教えることで*brū*と*ah*のsuppletionを記述する。従って*vac*の現在形として*bravīti / āha*が用いられるという事実にほぼ対応している。因みに*vac*はDhP II 54に記載されているが，後代の注釈者が挙げる **vakti*という形が導き出されることを意味するものではなく，現在語幹が*brū*に還元されることを前提としているという推測も成り立つ(→ 各論2.3.【補説】)。

さらに『カーシカー』によればaor.subj. *dāti*, *dhāti*をも現在語幹として挙げる。『カーシカー』は*bahulam*の文言により，ヴェーダ語では3類動詞であってもredupl.pres. (*ślu*) 以外が用いられることを示すと解釈する(cf. IWASAKI 2003: 21)。

またこの解釈に従えば，例えば，pf.iptv. やpf.subj. を導き出すために，この規則が適用されることになるが，*jan*, *dhan*については既にDhPにおいてヴェーダ語でredupl.pres.が用いられることが規定されている(→ 各論 2.2.)。

4.2. 法 (mood) に関する規則

4.2.1.. Injunctive

上述の*l*(*lakāra-*) の分類から分かるように，パーニニは言及法(injunctive)を独立のカテゴリーとしてではなく(cf. HOFFMANN 1967 : 29f.)，オーグメントを伴わないimpf. (*laṅ*)，aor. (*luṅ*) として規定する。Pāṇ. VI 4,74において否定辞*mā́*と共に用いられる*laṅ*, *luṅ*, *lr̥ṅ* (cond.) と

82 JOACHIM 1978: 150ff.

83 *ah*のpf. 3rd. と2sg. はpres. として用いられ，その他の現在形については*bráv^i^ / brū*をもって補完する(KÜMMEL 2000: 116)。

いう指摘が禁止を表す言及法 (prohibitve inj.) に対応する。標準語では *mā́* を伴う場合は *luṅ* (aor.inj.) が用いられ, *mā́* と *sma* を伴う場合は *luṅ* (aor.inj.) と *laṅ* (pres.inj.) の両方が任意に用いられるとする。*mā́ sma* を伴う pres.inj. の例は AV, TĀ, JB に確認される (HOFFMANN 1967a: 79, fn. 147)[84]。さらにパーニニはヴェーダ語の規則 Pāṇ. VI 4,75 において *mā́* を伴わない (non-prohibitive) inj. に言及する。HOFFMANN 1967a: 107f. はヴェーダ散文では prohibitive inj. だけが生き残っており, ヴェーダ散文において, 形の上からは non-prohibitive inj. と見做し得る用例は, 誤って形成された接続法か, 又はオーグメントが失われた impf. と考える。この規則は RV, AV, YV^m の時代の語法を念頭に置いたものかと思われる。

4.2.2. Subjunctive

接続法 (subj.) の 1 人称の形は iptv. 1st の中に取り込まれて古典期まで残っているが, 2 人称, 3 人称は RV 以降急速に衰え姿を消した。RV においては 2 人称, 3 人称は接続法語形の 85% を占めていたが[85], 例えば TS では 112 の用例中 67, AB では 78 の中 13, ŚBM では 654 中 217 と次第に生産性が低下し, ブラーフマナより後になると姿を消す (see WITZEL 1989: 217ff.)。従って, 接続法語形はパーニニの時代には生き残っていなかった可能性が高い[86]。パーニニはヴェーダ語規則 Pāṇ. III 4,8 と 9 において接続法の用法を規定している：

> Pāṇ. III 4,7 *liṅarthe leṭ* [*chandasi* 6, *anyastarām* 3, *dhātoḥ* 1,91, *paraś ca* 1,2, *pratyayaḥ* 1,1]
> ヴェーダ語では, *liṅ* (optative) の意味を示す時, 動詞語基の後に任意に *leṭ* (subjunctive) 接辞が生じる

---

84 Pañcatantra, Kathāsāritsāgara には *mā́ sma* + iptv. の例が見られる (SPEIJER 1886: 274)。
85 堂山 2005a: vii f.
86 Cf. RENOU 1937: 43f.

Pāṇ. III 4,8 *upasaṃvādāśaṅkayoś ca*［*leṭ* 7, *chandasi* 6, *anyastarām* 3, *dhātoḥ* 1,91, *paraś ca* 1,2, *pratyayaḥ* 1,1］
ヴェーダ語では，合意や懸念を示す時にも，動詞語基の後に任意に *leṭ*（subjunctive）接辞が生じる

上述のように接続法（*leṭ*）は独立のカテゴリーとして立てられている。*leṭ*の導入後に導入される語尾や付加音*aṭ*, *āṭ*に関する規則には*chandas-*の文言はないが，*leṭ*は飽くまでもヴェーダ語の規則Pāṇ. III 4,7と8に基づいて導入される以上は，*leṭ*に関する規則はヴェーダ語形を規定していると考えられる。パーニニがどの程度まで接続法の機能を把握していたかは判らないが，Pāṇ. III 4,7によれば，標準語において願望法（*liṅ*）によって表現されることがヴェーダ語では，接続法によっても表現される。これはパーニニの時代には用いられなくなっていた接続法の機能を部分的又は大部分願望法が担っていたことを示すものと理解し得る。Pāṇ. III 4,8によれば，接続法特有の意味として*upasaṃvāda-*「合意」，*āśaṅkā-*「懸念」を表す。Tichy 2006: 25は，『カーシカー』の例から，規則中の*upasaṃvāda-*「合意」は選び取りの場面における「許可」を表す接続法に，また*ā́śaṅkā-*「懸念」は*néd*節で用いられる接続法にあたると考える。カーティヤーヤナは両者の意味は既にopt.（*liṅ*）の中に含まれるので，この規則は無意味だとする。

形成法上の幾つかの点を確認すると，Pāṇ. III 4,7と8により，*leṭ*が導入された後，語尾が導入され，それから語尾の前に付加音*a*（*aṭ*）または*ā*（*āṭ*）が挿入される。例えばsubj. *patāti*の場合は次のような派生が想定される：

pat-l^{ET} III 4,7 > *pat-ti*^{P} III 4,78 > *pat-*^{Ś}*a*^{P}*-ti* III 1,68 > *pat-a-ā*^{T}*-ti* III 4,94 > *pat-ā-ti* VI 1,101

接続法の語尾はPāṇ. III 4,95-98において規定されている[87]。上述のように接続法1人称 の語尾は古典サンスクリットでは命令法1人称の中に取り込まれている。またPāṇ. III 4,89において1st sg. *-ni*, は命令法の語尾として規定されている。1人称単数においては命令法と接続法は同形となる。接続法1人称双数複数の語尾は，Pāṇ. III 4,98により，du. *-va* / *-vas*, pl. *-ma* / *-mas*が起こる。つまり接続法は1次語尾又は2次語尾を伴うという事実に対応している[88]。

通常接続法は語根部分がfull-gradeとなるが，どの規則を経由してguṇaを導き出すかについてはパーニニ文法学の間で意見が分かれている。SCHARF 2005は*kar* / *kr̥*のpres. subj. 3rd du. act. *kr̥ṇaváite*(full-gr.)と異例形*kr̥ṇváite*(zero-gr.)を取り上げ，この問題を論じている。バットージディークシタ等の後代の文法学者のように，Pāṇ. III 4,94に規定されている*leṭ*の語幹に挿入される付加音*aṭ*, *āṭ*（厳密には付加音を伴った人称語尾）を*p*をitとするもの（*pit*）として扱うならば（つまり*pit* 92が*anuvr̥tti*ならば），Pāṇ. VII 3,84が適用可能となり接続法の語幹部分はfull-gr.となる[89]。

他方ハラダッタ，ナーゲーシャ等によれば，付加音*aṭ*, *āṭ*は*pit*ではない[90]。*pit*ではないsārvadhātukaはPāṇ. I 2,4により*ṅ*をitとする（*ṅit*）と見なされる。*ṅit*の前ではPāṇ. I 1,5によりguṇa化が禁止される（e.g. *kr̥n-u-a-*）。だが当然接続法の語幹部分はfull-gr.が原則であるから，別のプロセスからguṇa化を導き出すことになる。即ちPāṇ. III 4,117を適用して，本来*apit*のsārvadhātukaであるものをārdhadhātukaとして扱うならば，付加音*aṭ*は最早*ṅit*ではないので，Pāṇ. I 1,5は適用されない。従ってguṇa化（Pāṇ. VII 3,84）が認められる（e.g. *kr̥n-o-a-*）。またsārvadhātukaとして扱う場合は，zero-gr. *kr̥ṇváite*という異例形をも導き出すことができる。

---

87 Cf. RENOU 1937: 42, CARDONA 1997: 275f.

88 1人称双数・複数は能動態（act.）において第2語尾，中動態において第1語尾をとることについては堂山2005: 17ff. を見よ。

89 SCHARF 2005: 84f.

90 SCHARF 2005: 84f.

いずれにせよ，パーニニがどのような接続法語形を念頭においてどのようなプロセスを意図していたのかは明らかではない。

またPāṇ. III 4,88 は，PALSULE 1972 : 28によれば，*si*-imperative（aor. subj. 2nd sg.act. -*sasi* の haplology[91]）について指摘したものとする：

> Pāṇ. III 4,88 *vā cchndasi* [*seḥ*, *hi*, *apit* 87, *loṭaḥ* 85]「ヴェーダ語では，*l*, 即ち *sip* の代置物である -*hi* は，iptv.（*loṭ*）の代わりに，任意に *p* を it としないものとして用いられる」。

上のように伝統的には *p* を it としないこと（*apit*）が任意と解されているが，PALSULE は，命令法において 2nd sg. -*si* から -*hi* への代置が任意であると解釈する。

4.3. Dhātupāṭha

4.3.1. Dhātupāṭha の意味記載

パーニニ文法の動詞組織と並んで問題となるのがパーニニが前提とするDhātupāṭhaである。これまで大きな問題として取り上げられてきたのが，動詞語基に記載される意味である。カイヤタが指摘するように，伝統的に意味記載は後代に追加されたものと考えられてきた[92]。LIEBICH 1919: 49f. も伝統解釈に従う。他方，BRONKHORST 1981はパーニニ文典の中に現れる意味記載とDhPを比較し，DhPが意味記載を伴わなかったという明白な証拠はないとする。だが，Vārt. 1-2 on Pāṇ. I 3,1から，カーティヤーヤナ，パタンジャリが知っていたDhPが意味記載を伴わなかったことは明らかである（cf. OGAWA 2005: 95）。Vārt. 1-2によれば，Dhātupāṭha中

91 CARDONA1965, SZEMERÉNYI 1966.
92 Cf. OGAWA 2005: 96f.

で唱えられることを以て「動詞語基(*dhātu-*)」と呼ばれるならば，同音異義語が禁止されねばならず（Vārt. 1 *pāṭhena dhātusaṃjñāyāṃ samānaśabda-pratiṣedhaḥ*），また個々の語形において動詞語基の範囲が言及されねばならない（Vārt. 2 *parimāṇagrahaṇaṃ ca*）。つまりVārt. 2 はDhātupāṭhaの動詞語基を唱える際の*bhveda...*という音連続の区切りの問題を前提としており，仮に*bhū sattāyām edha vr̥ddhau....*と意味を伴って唱えられていたのであれば，こうした問題は起こらないことが指摘されてきた。Bronkhorst 1981: 346はVārt. 1-2についてパタンジャリとは異なった解釈を提示するが，彼のVārt. の解釈が成り立たないことはCardona 1984: 81, fn.13が指摘する通りである。Vārt. 1-2は*dhātu-*「動詞語基」がDhātupāṭhaの中で唱えられる要素という定義に対する反論であり，その後のVārt. において「行為を表示する要素が動詞語基である」等の定義がなされる（Cardona 1984: 81）。

尚，今日伝えられているDhPの意味記載は部分的には言語事実を正確に反映している。例えば，*vic*（DhP VII 5）と*vij*（DhP III 12）は共に*pr̥thagbhāva-*「区別する」の意味で用いられるが，これは*vic*と*vij*との間に交差が見られるという事実と一致する（→ 各論2.3.）。だが例えばDhP III 25 *gā*（pres. *jigāti*「行く」）とDhP I 998 *gāṅ*（pres. *gāye*「歌い讃える」）は，それぞれ*stutau*と*gatau*というように意味記載が誤って逆転している。仮にDhPの意味記載がパーニニ以前まで遡るとしたら，このような誤りが起こることは考え難い。

4.3.2. **Dhātupāṭha** と補完活用（**suppletive paradigm**）[93]

こうしたDhPの伝承の問題と関連して，今後パーニニ文法から想定される補充法（suppletion）又は補完活用（suppletive paradigm）とDhPによる分類との関係も検証する必要がある。動詞補充法（verb suppletion）

---

93 パーニニ文法におけるsuppletionについてはPalsule 1961: 194ff., Deshpande 1992, Ozono 2016: 267－271 参照。

は一つの動詞に属する活用表（paradigm）や派生語を複数の異なる動詞が担う現象である。この現象をパーニニはあくまでも一つの動詞とその異形態（allomorph）が一つの活用表を担うと教える。異形態とは即ち代置物（*ādeśa-*）のことである。Pāṇ. II 4,36-57においては*ad, i, as, brū*等のroot.pres.（*adādi*）は完了，アオリスト語幹等において代置が起こることを定める。Pāṇ. VII 3,78においては*paśy-a-ti, dhāv-a-ti*等の現在語幹を代置物として扱うことでsuppletionを記述する（→ 各論2.1. *sr̥*）。これらの現在語幹はあくまでも代置物であるから，例えば，*dhā́vati*は，派生の最初の段階で，元要素にあたる*sr̥*を設定する：

sr̥（DhP I 982）-***l***^{AT} III 2,123 > *sr̥*-***ti***^{P} III 4,78 > *sr̥*-$^{\$}$***a***^{P}-*ti* III 1,68 > ***dhau***-*a-ti* VII 3,78 > *dh**āv**-a-ti* VI 1,78

*sr̥*から*dhāv*への代置は現在語幹を形成する接辞（*śit*）の前であることを条件とするので，*sr̥*は*śap*の前で*dhau*に代置され，*dhāvati*が導き出される。従って*sr̥*がDhP I 982に登録されているのは，一部の文献に在証される*sarati*を予定したものではなく，*sr̥* > *dhau*の代置を経由して*dhāvati*が導き出されることを予定したものと考えることができる（→ 各論2.3. *sr̥*）。このことはまだ仮説の段階に留まるが，上述のroot.pres.を持つ動詞の補充法（suppletion）にも部分的に妥当する。例えば，*vac*は通常の規則から現在語幹を導き出せないにもかかわらず，DhP II 54に登録されており，*vac*のpres.として*bravīti*が用いられることを予定して2類に登録された可能性がある（→ 総論4.1.）。但し，僅かではあるが，妥当しないものもある。例えば本来現在語幹を持たない*ghas*は，Pāṇ. II 4,37によりaor.とdesid.の時に*ad*の代わりに用いられる。*ghas*のpres.として*atti*（DhP II 1 *ad*）が用いられるので，*ad* > *ghas*の代置を予定しているのであれば，DhP IIに登録されるはずであるが，DhP I 747に登録されている。

またDhPに登録されている動詞語基の中，現在語幹が見出せないものもある。例えば，*ah*という動詞語基（DhP V 26 *chandasy ahá vyāptau*）

が5類として登録されており，後代の註釈家は*ahnoti*を挙げる。このような語形はヴェーダにはない。ヴェーダに在証されるのは*nah*のpf. *anāha*であり，*naś*（*aśnoti*）のpf. *ānaṁś*- / *ānaś*- と同じ重複の仕方を示している。*anāha* は, **ānāha*（< **He-Hnod-e*）が韻律上短くなった結果，生まれたものと推測される（Kümmel 2000 : 289）。従って, *naś*「到達する」のpres. *aśnoti* :: pf. *ānāśa*の対応をもとにpf. *anāha*から類推的に現在語幹*ahnoti*が抽出され登録された可能性がある。だが*aśnoti*（DhP V 16 *áśū vyāptau*）のpf. *ānaśe*はPāṇ. VII 4,72から導き出されるが，*anāha*に関係する言及は見出されず，導き出せない。

II．各論

1．強意語幹（Intensive）

1. 0. 強意語幹（intensive stem）はインド・イラン，さらにはインド・ヨーロッパ祖語に遡る可能性のある語幹形成法であり，その主たる機能は「反復」である（→ 各論1.4.）。

Schaefer 1994: 15によれば，intensiveはRVにおいて83の動詞語根から計423の形が作られ，RV以降のヴェーダ文献になると新たに26の動詞語根からのintens.が加わる。intensiveは古典および叙事詩サンスクリットにおいてもよく用いられ，Whitney 1885: 232によれば新たに41の語根からのintens.語形が現れる。

intens.語幹の形成法には二つのタイプがある。一つはアクセントを持つ重音節（heavy syllable）で重複（reduplication）し，無幹母音型（athematic）の活用をとるタイプである。語根階梯（root vocalism）はpres. ind.の場合，act.では標準階梯（*-o-grade, Schaefer 1994: 48f.）となり（e.g. *dardharṣi*），mid.ではゼロ階梯となる（*tétikte*, *dédiṣṭe* etc.）。もう一つのタイプとしてintens.の弱語幹（zero-grade）に *-yá-* をつけてmiddleで活用するものがある（e.g. *marmr̥jyáte*）[94]。

---

94 Jamison 1983: 69 は *-yáte*-intens. は文学的・文体的人工形であり，カテゴリーとして生きていたのではないと主張する。しかしながら，例えば，古アヴェスタ語 *r*r_a*ā-rəš-iiə-ⁱn̩tī* < **h₂re- h₂r̥s-i̯e-*（cf. Kellens 1984: 193, Schaefer 1994: 51, Hoffmann/Forsmann 1996: 186, Gotō 203: 127），ヒッタイト語 *lellipāi* < **lei̯-lip-i̯e-*（cf. Schaefer 1994: 48），さらには *o*-gradeの語幹に古代教会スラヴ語 *glagolję*（< **gol-gol-i̯e-*，cf. ギリシア語 *καρκαίρω*, Stang 1942: 38）等の語形が在証されている。また Klingenschmitt 1982: 209, fn. 63はリトアニア語 *liežiù*（スラヴ祖語 **lei̯ǵ-i̯é/ó-*）のような異例なアクセント位置を伴う標準階梯（*e*-full grade）語幹は，重複語幹（**lei̯-liǵ-i̯é/ó-*, cf. 古インドアーリヤ語 *rerihyáte*）に遡る可能性を指摘する。これらはいずれも act. ではあるが，こうした語幹形成法と *-yá*-intens. とが起源を同じくする可能性も考えられる。

1.1. **athematic intensive と *-yá*-intensive**

RVでは，圧倒的にathematic intensiveの数が多く，athematic intensiveは80の動詞語根から作られるのに対し，*-yá*-intensiveは9つの動詞語根に限られる（SCHAEFER 1994: 20）。*-yá-* intens.は特にブラーフマナ以降，生産的になる。例えばVS XI 46に現れるathematic intens.の現在分詞（m. sg. nom.）*kánikradat*はŚB VI 4,4,7で*kanikrdyámāṇaḥ*と言い換えられて註釈されている。古典期においてもathematic intens.と*-yá*-intens.の両方が現れるが，*-yá*-intens.の方が優勢となる[95]。

1.1.1. ***-yá*-intensive（*yaṅ*）に関する規則**

パーニニは*-yá-*を伴う形を通常の形として設定している。Pāṇ. III 1,22-24に定められる条件の下，intensive語幹を形成するsuffix *ya*（*yaṅ*）は導入される：

> Pāṇ. III 1,22 *dhātor ekāco halādeḥ kriyāsamabhihāre yaṅ*［*vā* 7, *paraḥ* 2, *pratyayaḥ* 1］
> 行為の反復（*kriyāsamabhihāra-*「［複数回の］行為をとりまとめること」→ 各論 1.4.1.1.）を示す時，子音で始まる単音節の動詞語基の後に任意に*ya*（*yaṅ*）が生じる。

パタンジャリによると，*halādi-*「子音で始まる」という文言は，*īkṣ*のような母音で始まる動詞からintens.語幹を作ることが除外されていることを示すためであり，*ekāc-*「1音節の」は，例えば*jāgarti*からintens.語幹を作ることを排除するためである：

> Pat. on Pāṇ. III 1,22 : 29,5
> Bhāṣya

---

95 WHITNEY 1885: 232.

athaikājjhalādigrahaṇaṃ kimartham / iha mā bhūt / jāgarti bhṛśam / īkṣate bhṛśam //

次に *ekājjhalādi-*「単音節で子音で始まる動詞語基」という文言は何の為に［言われるのか］？この場合（多音節，母音で始まる動詞語基の場合），［intens. *-ya-*（*yaṅ*）は］用いられてはならない。［例えば］*jāgarti bhṛśam*「強く目覚めている」。*īkṣate bhṛśam*「強く望んでいる」［が用いられる］。

jāgarti は pf. *jāgāra* から作られた redupl.pres. であるが，パーニニ文典においては *jāgṛ*（DhP II 63 *jā́gṛ*）という2音節語基から作られた形と見なされる（→ 各論2.4.2.）。

この見解に対して，Vārt. 2において *ekājjhalādi-*「単音節，且つ子音で始まる動詞語基」という文言は言われているものと見なされるので，不要であるという反論が提起される：

Vārt.

ekājjhalādigrahaṇe ca // 2 //

［*yaṅ* の導入規定において］*ekājjhalādi-*「単音節，且つ子音で始まる動詞語基」という文言についても［言われたことになる］。

Bhāṣya

ekājjhalādigrahaṇe coktam / kim uktam / tatra tāvad uktaṃ "karmasamānakartṛkagrahaṇānarthakyaṃ cecchābhidhāne pratyayavidhānād (Vārt. 6 on Pāṇ. III 1,7)", "*akarmaṇo hy asamānakartṛkād vānabhidhānam* (Vārt 7 on Pāṇ. III 1,7)" *iti / ihapy ekājjhalādigrahaṇānarthakyaṃ kriyāsamabhihāre / yaṅvacanād anekāco 'halāder hy anabhidhānam iti //*

［*yaṅ* の導入規定において］*ekājjhalādi-*「子音で始まる単音節語基」という文言についても言われたことになる。

【問】何が言われたことになるのか？

【答】それについて，先ず言われている：「［欲求行為の］目的となり，行為者を同じくする［動詞語基］」という文言は無意味である，欲求の意味を表示する時には，接辞の導入規定に基づいて［意味の表示が起こる］（Vārt. 6 on Pāṇ. III 1,7）。［欲求行為の］目的とならない，又は同じ行為者を持たない［表現］から，意味の表示が［起こることは］ない（Vārt. 7 on Pāṇ. III 1,7）」。ここでも［同様に言われている］：「行為をまとめて表す」の意味の時，「子音で始まる単音節語基」の文言には意味がない。「何故なら多音節，母音で始まる［動詞語基の］intens. の表現から，意味の表示［が起こること］はない」と。

多音節語基又は母音で始まる動詞語基から *kriyāsamabhihāra-*「行為の反復」を表示するケース自体が，そもそも存在しない，或いは想定されないので *ekāj-jhalādi-*「単音節で子音で始まる」という文言は無意味である[96]。

この見解に対して，別の立場から，*yaṅ* が用いられるかどうかは「行為の反復（*kriyāsamabhihāra-*）」を表示するかどうかによって決定されるべきものであるから，多音節で母音で始まる動詞語基であっても，「行為の

---

96 この見解はdesid. 語幹を形成する接辞 *sa*（*san*）の導入規定（Pāṇ. III 1,7）に関する議論（Vārt. 6-7, cf. 尾園2015: (102)－(105)）とパラレルな関係にある。同規則によれば，接辞 *sa*（*san*）は欲求（*icchā-*）を表示するが，それだけなく動詞語基が欲求行為の対象（*karmaṇ-*）となる行為を表示し，かつその行為の主体（*kartṛ-*）と欲求する主体とが同じ場合に導入される（Pāṇ. III 1,7 *dhātoḥ karmaṇaḥ samānakartṛkād icchāyāṃ vā*［*san* 5, *paraś ca* 2, *pratyayaḥ* 1］）。例えば，*bhoktum icchati*「享受することを欲する」という分析表現において，「欲求する（*icchati*）」という行為（V_1）の主体と欲求行為の対象（*karman-*）となる行為（V_2）の主体は同じであり，その場合はdesid.（*san*）による統合表現に置き換えることができる。しかしVārt. 7によれば，V_1 の主体と V_2 のそれが異なるような構文（i.e. *accusativus cum infinitivo*）自体が存在しないので，［動詞語基が示す行為が］*karman-*「行為対象」であり，*samānakartṛka-*「同じ行為主体を持つ」という文言は無意味である。

反復（*kriyāsamabhihāra-*）」の意味が起こるところでは，多音節語基，母音で始まる動詞語基でも intens. が使用されることがあるから，文言が無意味であるという主張が為される：

> *tac cāvaśyam anabhidhānam āśrayitavyam / kriyamāṇe 'pi hy ekājjhalādigrahaṇe yatraikāco halādeś cotpadyamānena yaṅārthasyābhidhānaṃ na bhavati, na bhavati tatrotpattiḥ / tad yathā / bhṛśaṃ śobhate / bhṛśaṃ rocate / yatra cānekāco 'halāder votpadyamānena yaṅārthasyābhidhānaṃ bhavati, bhavati tatrotpattiḥ / tad yathā / aṭāṭyate arāryate aśāśyate sosūcyate sosūtryate momūtryate //*

【反論】だがそれ（*yaṅ* が生じない）は必然的に意味の表示がないことに依拠しているべきである。「子音で始まる単音節語基」という文言が設けられていても，子音で始まる単音節語基に *ya*（*yaṅ*）が生じることによっても意味の表示が起こらないところには，［*yaṅ* が］生じることは起こらない。例えば，*bhṛśam śobhate*「極めて美しい」，*bhṛśam rocate*「激しく光る」［のように *yaṅ* は起こらない］。他方，多音節語基，又は子音で始まらない語基に *ya*（*yaṅ*）が生じることによって，意味の表示が起こるところには［*yaṅ* が］生じることが起こる。例えば，*aṭāṭyate*（DhP I 317 *aṭ*）「何度も彷徨い歩く」，*arāryate*（DhP III 16 *ṛ*）「あちこち動く」，*aśāśyate*（DhP V 18 *aś*）「何度も到達する」，*sosūcyate*（DhP X 327 *sūca*）「何度も明らかにする」，*sosūtryate*（DhP X 360 *sūtra*）「何度も *Sūtra* を作る」，*momūtryate*（DhP X 361 *mūtra*）「何度も小便をする」

つまりここでは *ya*（*yaṅ*）は接辞（*pratyaya-*）であるから，「行為の反復」という意味表示の機能を担うという原則が貫徹されべきであると述べられている[97]。従って後者の立場によれば，「行為の反復」以外の意味を表す場合にはintens.を用いることはない。その例として*bhṛśaṃ śobhate*と*bhṛśaṃ rocate*を挙げる。この例から判断すると，パタンジャリは*kriyāsamabhihāra-*には「強意」の意味は含まれていないと考えている。『カーシカー』においては「強意」を含むことが確立している（→ 各論1.4.1.1.)。逆に，*kriyāsamabhihāra-*を表示しているのであれば，パタンジャリによれば，多音節語基，母音で始まる語基であってもintens.を作ることができる。例として*aṭāṭyate*を挙げる。従って，いずれの立場に立つとしても*ekāj-jhalādi-*「単音節で子音で始まる」という文言は無意味ということになる。当然この規則はPāṇ. III 1,32に定められる語基から作ることを禁止していると考えられる[98]。つまりcausative, desiderative, intensive等の2次活用の語幹（suffixが動詞語基についた形）が一つの動詞語基として扱われるので，これらの語幹からさらにintensive語幹を形成することは禁止されることになる。例えば*dhṛ*（DhP I 948）に使役語幹等を形成する*i*（*ṇic*）がついた*dhār-i*は一つの独立した動詞語基として扱われる[99]。その場合2音節語基になるので，この規則に従うならば，*dhārayati*からintens.を作ることはできない（→ 各論1.5.2. ii. *dardharti*）。

パーニニが -*yá*-intens. を通常の形に設定しているのは，*ya*（*yaṅ*）という接辞に「行為の反復(*kriyāsamabhihāra-*)」を表示する機能を与えていたからであり，*yaṅ*の導入はintens. 語幹形成の根拠（*nimitta-*）となる。このようにパーニニ文典では形成法上の要請から，-*yá*-intens. が通常の形に設定されている。一方，intens. 語形の歴史的推移に目を向けると，パーニニの時代には無幹母音型（athematic）のintens. は幾分古風な形となっ

97「行為の反復」という意味表示が起こる場合には*ya*（*yaṅ*）という接辞（*pratyaya-*）が起こり，ないところには*ya*（*yaṅ*）は起こらないという*anvaya-vyatireka-*の関係にあると解し得る。文法学における*anvaya-vyatireka-*については，Scharfe 1961: 93ff., Cardona 1967－1968: 314－352，パタンジャリの議論についてはOgawa 2005:114ff. 参照。

98 Pāṇ. III 1,32 *sanādyantā dhātavaḥ*「*sa*（*san*）などで終るものは動詞語基［として扱われる］」

99 Sūtrapāṭhaには*dhṛ*ではなく，一貫して*dhāri*という語基として現れる。

ており，-*yá*-intens. が日常的な形として使用されていたことが推測される（→ 各論1.1.2.）。従って -*yá*-intens. を通常の形にすることは彼にとっては寧ろ自然であったとも考えられる。

1.1.2. **athematic intensive**（***yaṅluk***）に関する規則

athematic intensiveはII 4,74に基づいて，*ya*（*yaṅ*）が脱落（*luk*）することによって形成される。『カーシカー』はこの規則はintens. 語幹に *á*（*ac*）がついた名詞とathematic intens. の定動詞の二つの形成法を述べたものと考える：

Pāṇ. II 4,74 *yaṅo 'ci ca*［*bahulaṃ* 73, *luk* 58］
á（*ac*）の前でも *ya*（*yaṅ*）の代わりに様々に脱落（*luk*）が生じる

Kāś. on II 4,74
yaṅo lug bhavati aci pratyaye parataḥ / cakāreṇa bahulagrahaṇam anukṛṣyate, na tu chandasi iti / chandasi bhāṣāyāṃ ca yaṅo lug bhavati / loluvaḥ / popuvaḥ / sanīsrasaḥ / danīdhvaṃsaḥ / bahulagrahaṇad anacy apy bhavati / śākuniko lālapīti / dundubhir vāvadīti /
接辞 *á*（*ac*）が後に来る時，*ya*（*yaṅ*）の代わりに脱落（*luk*）が生じる。*ca* の発語によって，*bahula*-「様々な」の文言が［前の規則に］従って引きずられるが，他方，*chandasi* は［引きずられ］ない。ヴェーダ語と口語では *ya*（*yaṅ*）の代わりに脱落（*luk*）が用いられる。［例えば］*loluvaḥ, popuvaḥ, sanīsrasaḥ, danīdhvasaḥ*。*bahula*- の文言に基づいて -*á*- の前以外でも［*yaṅ* の代わりに *luk* が］用いられる。［例えば］*śākuniko lālapīti*「鳥占い師はあれこれつぶやく」，*dundubhir vādadīti*「太鼓は何度も音を出す」。

『カーシカー』によれば，*bahulam* 73のみが74に継承されるので，この規則は標準語，ヴェーダ語両方に適用され，従ってこの規則は先ず

kr̥t 接辞 *a*（*ac*）の前で *ya*（*yaṅ*）の脱落が起こることを定めたものである。intens. の弱語幹に *-á-* がつけられた名詞が作られる。『カーシカー』は *loluv-a-ḥ*（< *lū*），*popuv-a-ḥ*（< *pū*），*sanīsras-a-ḥ*（< *sraṁs*），*danīdhvas-a-ḥ*（< *dhvaṁs*）を例に挙げる。

Dervational proccess of *loluvaḥ* m.sg.nom.：
lū (DhP IX 13)-***ya***^{Ṅ} III 1,22 > ***lū-lū-****ya* VI 1,9 > *lo-lū-ya* VII 4,82 > *lo-lū-ya-**a***^{C} III 1,134 > *lo-lū-**lu***^{K}*-a-* II 4,74 > *lo-**luv**-a-* VI 4,77 > *lo-luv-a-s* II4,36, IV 1,2.

さらに『カーシカー』はintens. の定動詞の形もこの規則によって作られるとして，athematic intens. *lālapīti, vāvadīti*を挙げる。これは*bahulam* 73の文言に基づいて，名詞以外の様々な場合に（つまり定動詞の場合）*ya*の脱落（*yaṅluk*）が起こることによって，athematic intens. が導き出されるという解釈である：

Derivational proccess of *lālapīti*:
*lap-**ya***^{Ṅ} III 1,22 > ***lap-lap-****ya* VI 1,9 > ***la****-lap-ya* VII 4,60 > ***lā****-lap-ya* VII 4,83 > *lā-lap-ya-**l***^{AṬ} III 2,123 > *lā-lap-**lu***^{K}-l II 4,74 > *lā-lap-**ti***^{P} III 4,78 > *lā-lap-*^{Ś}***a***^{P}*-ti* III 1,68 > *lā-lap-**lu***^{K}*-ti* II 4,72 > *lā-lap-**ī***^{Ṭ}*-ti* VII 3,94

パーニニ文法学の伝統的立場によれば，athematic intens.（*yaṅluk*）の定動詞が標準語でも用いられる。例えばパタンジャリは，Pāṇ. VI 4,87によってpl. *juhvati, sunvanti*のように，*hu*と5類動詞を形成する接辞 *-nu-*（*śnu*）の*u*は半母音の*v*に代置されることについて[100]，こうした代置を*hu*と5類の現在語幹に限定するのはathematic intens. への適用を排除するため（つまり*yoyvati*とはならずに*yoyuvati*となる）であるとは説明している。そしてこの制限はathematic intens. が口語（*bhāṣā-*）でも用いられることを示唆していると考えている：

Pat. on Pāṇ. VI 4,87 : 211,11

yad dhu-śnugrahaṇaṃ karoti taj jñāpayaty ācāryo yaṅlug bhāṣāyāṃ bhavatīti

"*hu* と *-nu-* " という文言を設ける，それによって "*yaṅluk* で終わる語（athematic intens.）は口語で用いられる" ということを先生（パーニニ）は理解させる。

Pradīpa on Pat. ad Pāṇ. VI 4,19 はこれに従って athematic intens. が口語でも用いられるとしながらも，本来ヴェーダ語で用いられるものと考える：

...ūṭhi sati dedyoti iti bhavati / asati tu dedeti iti / naiṣa doṣaḥ / chāndaso yaṅluk / na caite chandasi prayogā dṛśyanti /bhāṣāyāṃ tu "huśnuvoḥ sārvadhātuke (Pāṇ. VI 4,87)" *ity atra huśnugrahaṇāj jñāpakāt kva cid eva yaṅlug bhavati, na sarvatra. anyathā "yaṅo aci ca* (Pāṇ. II 4,74)" *ity atra chandograhaṇānuvṛttir anarthikaiva syād iti bhāṣyakārasya darśanam*

［athematic intens. において］*ū*（*ūṭh*）［の使用］があるとすれば，*dedyoti* が用いられる[101]。他方ないとすれば，*dedeti* が用いられる[102]。こうした瑕疵はない。*ya* の脱落（*yaṅluk* ＝ athematic intens.）はヴェー

---

100 Pāṇ. VI 4,87 *huśnuvoḥ sārvadhātuke* ［*anekācaṇ asṃyogpūrvasya* 82, *yaṇ* 81, *aci* 77, *aṅgasya* VI 4,1］「母音で始まる sārvadhātuka の前で，*hu* の語幹の母音（= *u*）の代わりに，および，前の子音と結合していない *nu*（*śnu*）で終わる多音節語幹の *u* の代わりに，半母音（= *v*）が用いられる」。e.g. *juhvatai, sunvanti*，また *āpnuvanti* は *-nu-* の前に子音があるので（*asaṃyogapūrva*），*u* > *v* とはならず，Pāṇ. VI 4,77 により，*u* > *uv* となっている。

101 Yagi 1984: 120, fn. 1 : " *dedyoti : div- (4.1) > div-ya- (3.1.22) > div- (2.4.74, antaraṅga... anaimittika...«bahulam» 73) > div.div (6.1.9 conf. à 1.1.62) > di.div (7.4.60) > de.div (7.4.82) > de.div-l (3.2.123) > de.div-ti (3.4.78) > de.div-a-ti (3.1.68) > de.div°-ti (2.4.72 conf. à dh. 2.71«carkarītaṃ ca») > de.diū-ti (6.4.19) > de.dyū-ti (6.1.77) > de.dyo-ti (7.3.84)".

102 Yagi 1984: 120, fn. 2 : " *dedeti: ...> de.div°-ti (2.4.72) > de.dev-ti (7.3.86) > de.de°-ti (6.1.66)".

ダ語に属する。だが，これら（*dedyoti, dedeti*）の使用はヴェーダ語には見られない。しかし，口語では，“sārvadhātuka の前で，*hu* と *nu*（*śnu*）の母音の代わりに半母音が代置する（Pāṇ. VI 4,87）” と［言われるが］，この場合 *huśnvoḥ* という文言は［athematic intens.（*yaṅluk*）の使用を間接的に］理解させるものなので，*ya* の脱落は場合によっては用いられる。［だが］あらゆる場合に［用いられるのでは］ない。「そうでなければ，“*yaṅo aci ca*（Pāṇ. II 4,74）” というこれ（規則）において *chandas-* の文言の anuvṛtti は無意味になりかねない」と言うのが Bhāṣya の作者の見解である。

ここで注目されるのは，Pat. on Pāṇ. VI 4,87 において athematic intens.（*yaṅluk*）が口語で用いられることを示唆すると明言されているにも関わらず，カイヤタによれば，パタンジャリは *chandasi* 73 が 74 に後続する，つまり *yaṅluk* はヴェーダの語形であるという見解であるということである。少なくともカイヤタはこの見解に立ちながらも , *dedeti, dedyoti* はヴェーダには知られていなかったため，口語で用いられると考えている。

Joshi/Roodbergen 2000: 130f. はこの規則を yogavibhāga をもって解釈し，Pāṇ. II 4,74a *yaṅaḥ*［*bahulaṃ chandasi* 73, *luk* 58］と Pāṇ. II 4,74b *aci ca*［*luk* 58］に分割する。この解釈に従うならば，パーニニは athematic intensive（*yaṅluk*）をヴェーダ語形と考えていたということになる[103]。従って *yaṅluk* の適用がヴェーダ語に限定される以上，理論上は *yaṅluk* の規則は全てヴェーダ語を予定していることになる。既に述べたようにパーニニは -*yá*-intens. を通常の形に設定して intensive 形成法を記述する。この背景には -*yá*-intens. がブラーフマナ以降に生産的になったという事情も関係していると考えられる。athematic intens. がパーニニの時代に用

103 但し，この解釈は anuvṛtti の点において問題がある。原則として *bahulaṃ chandasi* という表現が継承される場合は，そのことが *ca* によって示される。従って，Pāṇ. II 4, 74 を *yaṅaḥ* と *aci ca* に分割すると，*yaṅaḥ* の規則には *ca* がないことになるので，原則に従うならば，*bahulaṃ chandasi* 73 は Pāṇ. II 4,74 に継承されないことになる。Joshi/Roodbergen 2000: 131 は言明効力（*sāmarthya-*）の原理によってこの問題の解決を図る。

いられなくなっていたかは分からないが，恐らくパーニニの時代にはathematic intens. より -*yá*-intens. の方が一般的であったことは確実である。例えばPāṇ. VII 4,65に挙げるヴェーダ語形の殆ど全てはathematic intens.であり，その中には通常の規則から導き出されるものもあるが，このことはathematic intens. が古風な形として意識されていたことを反映したものと考えられる。

1.1.3. athematic intensive に関するパーニニ文法学の見解

-*yá*-intens. が常にmid.（*ātmanepada*-）で活用することを個別に定めた規則はないが，*yaṅ*は*ṅ*をitとする（*ṅit*）のでI 3,12により，mid.の活用をとると説明される[104]。他方athematic intens.（*yaṅluk*）は，パーニニ文法学に従えば，常にact.（*parasmaipada*-）が用いられる。従ってPāṇ. VII 4,65に挙がっている*tetikte*のようなathematicのmid.の形は異例形ということになる。パタンジャリ，『カーシカー』は，athematic intens. がact. に活用することは用例から推測されるものにすぎないと考えている（→ 各論1.5.2. ^{v}*tetikte*）。例えば，カイヤタは，athematic intens. のact.（*carkarīta*-[105]）を*adādi*-「2類動詞」（DhP II 71）として扱う：

> Pradīpa on Pat. ad Pāṇ. VII 4,65
> *evaṃ cādādiṣu carkarītaṃ parasmaipadam iti liṅgasiddhānuvādaḥ parasmaipadagrahaṇam / bhāvakarmaṇor cedam ātmanepadaṃ niyamyata iti bhāvakarmaṇor yaṅlugantād ātmanepadaṃ bhavaty eva /*
> そしてこのように2類動詞（*adādi*-）の中で「athematic intens.（*carkarīta*-）はact.として［用いられる］（cf. Kṣīrat. II 71）」と［言われるが］，*parasmaipada*- の文言は［act. で用いられることを間接

104 Pāṇ. I 3,12 *anudāttaṅita ātmanepadam*「anudāttaの母音をitとする動詞語基，及び*ṅ*を*it*とする動詞語基の後にはātmanepadaの人称語尾が生じる」。

105 Sūtrapāṭhaには現れない。*carkarīta*- Pat. on Pāṇ. VI 1,6: 11,15, *carkarītānta*- Pat. on Pāṇ. VII 4,92: 359,16, *carkarīta- vṛtta*- Nir. II 28, VI 22に見られる。Cf. LIEBICH 1920: 28.

的に示す］印が確立していることの追認である。また「[人称語尾が］行為者を示す時（＝能動の時）には，この mid. は制限される」と［言われるように］，状態，対象を示す時（＝非人称，受動の時）には，athematic intens. の語幹（*yaṅluganta-*）の後ろに mid. が用いられる。

LIEBICH 1920: 28は，Pāṇ. II 4,74によってathematic intens. が説明されるので，DhP II 71 *carkarītaṃ ca*は後代に加えられたものと推測する。仮にDhP II 71が後に加えられたとしても，athematic intens. をPāṇ. II 4,74のみによって説明することは困難である。伝統的解釈に従えば，pres. act. の定動詞を作る場合，必ず人称語尾の前に*a*（*śap*）等の動詞語幹形成接辞（*vikaraṇa-*）を導入し（Pāṇ. III 1,68[106]），さらにathematicの現在語幹を作るためには*a*（*śap*）の脱落（*luk*）を経由しなければならない（→ 各論1.1.2. Derivation of *lālapīti*）。そこで後代の説は*a*（*śap*）の脱落をPāṇ. II 4,72によって導き出すために[107]，2類動詞（*adādi-*）として扱ったと説明され得る。athematic intens. の語幹を2類の動詞語基として扱うならば，非人称，受動等のPāṇ. I 3,12-77に定められる条件に該当しない限りにおいて，athematic intens. は，Pāṇ. I 3,78[108]によりact. に活用する。さらにJOSHI/ROODBERGEN 2000: 131の指摘によれば，Pāṇ. II 4,74に基づいて*ya*が脱落（*yaṅluk*）した時は，Pāṇ. I 1,63により*yaṅ*は*ṅ*の効力を失う[109]。従ってPāṇ. I 3,12は適用されず，Pāṇ. I 3,78によりact. の語尾が導入される。但し，パタンジャリ，『カーシカー』のathematic intens. *tetikte*（Pāṇ. VII 4,65）に対する註釈ではPāṇ. I 1,63は採り上げられていない（→ 各論

106 Pāṇ. III 1,68 *kartari śap* [*sārvadhātuke* 67, *dhātoḥ* 22, *paraḥ* 2, *pratyayaḥ* 1]「行為者を示す時，*sārvadhātuka*接辞の前で，動詞語基の後に *a*（*śap*）が生じる」

107 Pāṇ. II 4,72 *adiprabhṛtibhyaḥ śapaḥ.* [*luk* 58]「*ad*から始まる動詞語基の後で*a*（*śap*）の代わりに脱落（*luk*）が起こる」。

108 Pāṇ. I 3,78 *śeṣāt kartari parasmaipadam*「[先行規則によって ātmanepadaが用いられることが定められている］の動詞語基以外の語基の後には，行為者を示す時，parasmaipadaの語尾が生じる」。

1.5.2. $^{\text{v.}}$*tetikte*)。いずれの説明を採るにせよ，athematic intens. には常にact. の語尾が導入されることになる。

109 Pān. I 1,62によれば，接辞は脱落（*lopa*）した後も存在するものと見なされ，それに基づいて文法規則が適用される。一方 *lu*（*luk, ślu, lup*）による脱落には，この規則は適用されないことが，Pāṇ. I 1,63に規定されている。従って，接辞が脱落（*lu*）すれば，接辞が持っている性質も解消されるので，*ya* が脱落（*yaṅluk*）した時は，*yaṅ* が *ṅ* を *it* とするということも解消される。

1.2. **Intensive** の重複音節（SCHAEFER 1994: 23 – 25.）

1.2.1. 重複音節のタイプとパーニニ文法の規定

Type I ***Cā-***

$C_1ā\text{-}C_1aC_2\text{-} < C_1aC_2, C_1RaC_2, C_1āC_2$

E.g.

C_1aC_2	: *rap*「内密に話す，不明瞭に話す」	>	*rārap-*
C_1RaC_2	: *śvas / śuṣ*「息をはずませる」	>	*śā́śvas-*
$C_1āC_2$	: *kāś*「現れる」	>	*cā́kaś*

Type II ***Ce/o-***

$C_1e\text{-}C_1iC_2\text{-}, C_1o\text{-}C_1uC_2\text{-}$ < $C_1eC_2, C_1oC_2,$

Ce-Ci- ,*Co-Cu-* < *Cay*[(i)] /*Cĭ̄*, *Cav*[(i)] /*Cu*

E.g.

C_1eC_2 :	*cet / cit*「認識する」	>	*cékit-*
C_1oC_2 :	*roc / ruc*「輝く」	>	*róruc-*
Cay[(i)] :	*nay*[i] */ nī*「導く」	>	*nenīyá-*
Cav[(i)] :	*yav /yu*「遠ざける」	>	*yóyu-*
(s)Cav :	*skav / sku*「つつき回す」	>	*coṣkū-*
CRoC :	*proth / pruth*「息をはずませる」	>	*pópruth-*

Type III ***CaR-***

$C_1aR\text{-}C_1aR(C_2)$ - (*R* = *r, l, n, m*) < *(s)CaR / (s)Cr̥*, C_1RaR_2, C_1aRC_2

E.g.	*(s)CaR / (s)Cr̥* : *kar*[i] */ kir*「称える」	>	*carkar-*
	C_1aRC_2 : *marj / mr̥j*「拭う」	>	*marmr̥j-*
	C_1RaR_2 : *nam*「曲げる」	>	*ánamnamat*

Type IV ***CaRĭ̄-***, R = *r, l, n, v*

CaRī̆-CaR(C)- < *CaR, CRaR, (s)CRaRC, (s)CaRC*

E.g. *CaR* : *kar* / *kr̥*「つくる，なす」 > *kárikr-*

gam「行く」 > *ganīgam-* / *ganigm-*

tav「強くなる」 > *tavītu-*

CRaR : *svan*「音を立てる」 > *saniṣvan-*

(s)CarC : *varj* / *vr̥j* > *varīvr̥j-*

(s)CRaRC : *krand* / *krad*「鳴く」 > *kanikrad-*

その他

aR : *ar* / *r̥*「動かす」 > *alar-*

vaC / *uC* : *vah*「運ぶ」 > *ūhyá-*

CaC : *bādh*「押しのける」 > *badbadh-*

Type I

子音で始まり，母音が*a*であり，阻害音（obstruent）で終わる語根C_1aC_2（C_2 = obstruent), C_1RaC_2, $C_1\bar{a}C_2$の場合は 重複音節の母音*a*は延長される。この重複の仕方はPāṇ. VII 4,83 において定められている：

> Pāṇ. VII 4,83 *dīrgho' kitaḥ*［*yaṅlukoḥ* 82, *abhyāsasya* 58, *aṅgasya* VI 4,1］*ya*（*yaṅ*）と［*ya* の］脱落（*yaṅluk*）の前で，語幹の，*k* を it としない重複音節の［母音の］代わりに長母音が生じる。 e.g. *pāpacyate*, *pāpacīti*

*k*をitとしない（*akit*）重複音節とはintens. の重複音節に*n*（*nuk*），*r*（*ruk*）等の付加音（*āgama-*）が挿入されない場合ということを意味している。つまりtype IIIとIVのように語根の母音の後に共鳴音（resonant）が来るものの場合にはこの規則は適用されない。

Type II

語根部分の母音が*i, u*を含む場合，重複音節は一音節で，語根の最初の子音と*e, o*から成る。*CiC , Cu , CuC, CRuC, Cī, (s)Cū*という構造の語根はこのタイプの重複音節を持つ。このタイプの重複はPāṇ. VII 4,82に規定されている：

> Pāṇ. VII 4,82 *guṇo yaṅlukoḥ*［*abhyāsasya* 58, *aṅgasya* VI 4,1］
> *ya*（*yaṅ*）と*ya*の脱落（*yaṅluk*）の前で，語幹の*i, u, ṛ, ḷ*で終わる重複音節の［母音の］代わりにguṇaが生じる。e.g. *cecīyate (yaṅ), lolūyate (yaṅ), johavīti (yaṅ-luk), cokruśīti (yaṅ-luk)*

『カーシカー』は*i, u, ṛ*で終る（*iganta-*）語幹と述べているが[110]，*ṛ*で終る動詞語根の重複音節にはこの規則は適用されない。重複音節の*ṛ*はPāṇ. VII 4,66に基づいて，*a*に代置される[111]。

Type III

重複音節は1音節であり，語根の最初の子音と*a*とresonantから成る。語根構造が*(s)CaR / (s)Cṛ (R= r, l), CaR (R= m, n), CRaR, CaRC*の場合はこのタイプの重複音節をもつ。

Type IV

重複音節は2音節で，語根の最初の子音と*a*と鳴音（resonant）と*ĭ*から成る。原則として語根構造が*CaR,CRaR,* (s)*CRaRC,* (s)*CaRC*の場合はこ

110 Pāṇ. I 1,3 *iko guṇavṛddhī*「guṇaとvṛddhiという用語によってguṇaとvṛddhiが教えられる時は*i, u, ṛ, ḷ*（*ik*）の代わりに生じることが理解される」。

111 通常はPāṇ. I 4,2に従って後の規則Pāṇ. VII 4,82が優先されるが，そうなるとPāṇ. VII 4,66は無意味な規則になる。従って『カーシカー』（on Pāṇ. VII 4,66）はここではVyādi-Paribhāṣā 23に基づき，通則Pāṇ. VII 4,66が例外規定Pāṇ. VII 4,82に優先すると説明する：*abhyāsavikāreṣu apavādā notsargān vidhīn bādhate*「重複音節の変化に関しては，例外規定は一般的な諸規定を退けない」。

のタイプの重複音節をもつ(SCHAEFER 1994: 55−71)。SCHAEFER 1994: 62 はBEEKES 1981: 22ff. の仮説を補強して, laryngealで始まる語根が重複した結果に遡ると推測する(PIE *HCer-HCoR- > Skt. CaRi-CaR-)。例として *varj / vr̥̥j*（< *h_2u̯erg）の intens. *varīvr̥̥j-*（h_2u̯er-h_2u̯r̥̥g-）を提示している。だがlaryngealで始まる語根(*marj* < *$h_2$melǵ)であっても重複音節が1音節の場合がある。SCHAEFER 1994: 64は, laryngealの後にresonantが続く語根（*HRe(R) K*）の場合は語根が*o*-gradeの時（*HRo(R) K*）にlaryngealが脱落することにより(SAUSSURE-HIRTの法則, SAUSSURE effect), 重複音節が1音節になるとの説明を試みる。しかしながら, laryngealで始まる語根の標準階梯（*o*-grade）の intens. 語幹の例が示されず, 証明不可能である。また*mar-mr̥̥ǵ-*（< *Hmer-Hmr̥̥ǵ-*)においてlaryngealが母音化しないことが説明できない。さらに*varī-varjáyantī-* AV が *Hu̯er-Hu̯orǵ-éi̯e/o- に遡ると考えるならば, laryngealの脱落が起こっていないことになり矛盾する。従って, SAUSSURE-HIRTの法則を支持する根拠はない。2音節の重複音節を持つ語幹の中には, 2次口蓋化が起こっていないもの（e.g. *káni-krand-, ganī-gam-*)やGRASSMANNの法則が起こっていないものも（*ghání-ghn-, bhári-bhr-*）あり, 2音節の重複音節はインド内部で新たに起こった可能性も考えられる。

type IV の重複は例外的に*CaC*という語根にも見られる：*jap*の intens. *jañjapya-* ŚB（cf. Pāṇ. VII 4,86）は*jambh*の intens. *jañjabhyate*から類推形成されたものである(SCHAEFER 1994: 54)。*agaṅgūyat*という形がPB XIV 3,18−19に現れるが, SCHAEFER 1994: 115はこの形を*gav*[i] / *gū*の intens. と推測し, Gauṅgava（サーマンの名）の語源説明のために起こった即席造語（Augenblicksbildung）と考える : *yad annaṃ vittvāgardad yad agaṅgūyat tad gauṅgavasya gauṅgatvam*「食べ物を見つけてから, 歓声をあげ, 呼びかけたこと, それがGauṅgavaのGauṅgavaたる所以である」。NARTEN 1981: 3−5 = Kl.Schr. 235−237によれば, *dūdhot, nūnot*（< *dodhot, *nonot）は重複音節が異化されたintensiveであるが（→ 各論1.5.2.[xii.] *davidhvataḥ*),「振るわせる」,「鳴き声を出す」を意味することからredupl.Aor. とする

説もある[112]。*bhar*/*bhr̥*の intens. *vijarbhr̥tás* RV I 28,7 は pf. *jabhā́ra*に由来する形であり，さらに*vi-jarbhr̥tás*に倣って作られた***bhur* / *bhar***^{i}の intens. *jarbhurīti*が見られる（→ 各論1.5.2. $^{xi.}$*bharibhrat*）。また*jáṅgahe* RV I 126,6, *vi-jáṅgahe* AVŚ V 19,4の解釈については意見が分かれており[113]，SCHAEFER 1994: 122ff. は*jaṁh*の intens. とするが，LUBOTSKY 1997: 562f. は*gandh*「匂う」からつくられたと解釈する[114]。パーニニはこうした語形を不規則形（*nipātana-*）として挙げておらず，また規則から導き出すこともできない。

パーニニ文法においては，type III とIVのように語根の母音の後ろにresonantが来る語根の場合には，重複音節の後ろに付加音（*āgama-*）：*r*（*ruk*），*ri*（*rik*），*rī*（*rīk*），*n*（*nuk*），*nī*（*nīk*）が挿入されると説明される。語根部に *r̥* を含む動詞の場合，重複音節の *r̥* はPāṇ. VII 4,66 によって*a*に代置された後，*r*（*ruk*）, *ri*（*rik*）, *rī*（*rīk*）が挿入される：

> Pāṇ. VII 4,90 *rīg r̥dupadhasya ca*［*yaṅlukoḥ* 82, *abhyāsasya* 58, *aṅgasya* VI 4,1］
> *ya*（*yaṅ*）と［*ya* の］脱落（*yaṅluk*）の前で，最後から2番目に短母音 *r̥* を持つ語幹（*i.e. Cr̥C, C* = 子音）の重複音節の後に[115]，付加音*rī*（*rīk*）が生じる。
> e.g. *varī-vr̥t-ya-te, varī-vr̥t-īti*

rī（*rīk*）は *-yá-* intens.（*yaṅ*），athematic intens.（*yaṅluk*）のいずれの重複音節にも挿入できるが，*r*（*ruk*），*ri*（*rik*）は athematic intens.（*yaṅluk*）の重複音節のみに挿入される：

---

112 SCHAEFER 1994: 139, 147.

113 GRASSMANN Nachträge 1760 : *gah*「隠れる（sich verstecken）」，PW : *jaṁh*「ばたつく（zappeln）」，WHITNEY Atharvaveda, p.253 は *vi-jáṅgahe* AVŚ V 19,4 を *gāh*「踏み込む」から作られたと考える。

114 母音に挟まれた *dh* が *h* になる例については，Ai.Gr. I, p.250ff., LUBOTSKY 1995: 124 – 144.

115 Pāṇ. I 1,46 *ādyantau ṭakitau*「*ṭ* を it とする［付加音］，*k* を it とする［付加音］はそれぞれ［第6格語尾（gen.）で示されたものの］最初と最後に用いられる。」

Pāṇ. VII 4,91 *rugrikau ca luki*［*rīk, r̥dupadhasya* 90, *abhyāsasya* 58, *aṅgasya* VI 4,1］
［*ya* の］脱落（*yaṅluk*）の前で[116]，付加音 *rī*（*rīk*），および *r*（*ruk*），*ri*（*rik*）が最後から2番目の音が短母音となっている動詞語幹の重複音節の後に生じる。
e.g. *nar-nart-ti, nari-nart-ti*

Pāṇ. VII 4,92 *r̥taś ca*［*rugrikau luki* 91, *rīk* 90, *abhyāsasya* 58, *aṅgasya* VI 4,1］
［*ya* の］脱落（*yaṅluk*）の前で，短母音 *r̥* で終る語幹の重複音節の後にも付加音 *r*（*ruk*），*ri*（*rik*）が生じる。
e.g. *varvarti / varivarti,* etc.

『カーシカー』は当該規則に *r̥taḥ* という文言があるのは，*kr̥̄*（DhP VI 116）「称える（*kirati*）」の intens. は付加音 *r*（*ruk*）を伴わない，*cākarti* が用いられるからであると説明する。そして『カーシカー』が引用する Mahābhāṣya の Kārikā によれば，athem.intens.（*carkarītānta-*）の *kr̥̄*（*kirati*）等を導く者がいれば，その者は適用結果だけを知る者（*prāptijña-*）だと見なされる[117]。ここで言われる *prāpti-* とは，『カーシカー』によれば，*r̥taḥ* における *t* の効力に基づいて，*r̥taḥ* は *aṅgasya*「語幹の」を限定しているということであり（*tatreyaṃ prāptiḥ taparakaraṇasarthyād aṅgaviśeṣanam r̥taḥ ity etat*）。それによって，付加音 *r*（*ruk*），*ri*（*rik*）は適用されないことになる（*tayā cāprtiḥ kirater rugrigādīnām*）。しかしながら，ヴェーダ語では *kar*[i] / *kr̥̄* の intens. は無幹母音型（athematic）*car-kar-* のみが在証されている。した

116『カーシカー』はカーティヤーヤナによる *marmr̥jyate, marmr̥jyamānāsaḥ* の追加（*upaṃkhyāna-*）に基づき，*r*（*ruk*）の挿入が *yá*-intens.（*yaṅ*）においても起こるとし，*yaṅlukoḥ* 82 を anuvr̥tti させる（→ 各論15.2.）。

117 Kārikā（Pat. on Pāṇ. vol. VII 4, 9: 359, 16－17）: *kiratiṃ carkarītāntaṃ pacatīty atra yo nayet / prāptijñaṃ tam ahaṃ manye*「*carkarītānta-* で終わる *kr̥̄*（*kirati*）を *pacati*［と同じ形成法へと］導くことがあれば，そういう者を私は適用結果を知る者と考える。

がって，この規則に従うならば，*car-kar-*（< *kṝ*）のような語幹はパーニニの時代には用いられなかったことになる。

鼻音でおわる動詞には，重複音節の後ろに *n*（*nuk*）が挿入されることが Pāṇ. VII 4,85 に規定されている：

Pāṇ. VII 4,85 *nug ato 'nunāsikāntasya*［*yaṅlukoḥ* 82, *abhyāsaysa* 58, *aṅgasya* VI 4,1］

yaṅ と［*yaṅ* の］脱落が後続する時，鼻音で終る動詞語幹の重複音節が *a* で終る時，その後に付加音 *n*（*nuk*）が生じる。

e.g. *tan-tan-ya-te / tan-tan-īti*

また Pāṇ. VII 4,84 に挙げられた動詞については *nī*（*nīk*）が挿入される：

Pāṇ. VII 4,84 *nīg vañcu-sraṃsu-dhvaṃśu-bhraśṃśu-kasa-pata-pada-skandām*［*yaṅlukoḥ* 82, *abhyāsasya* 58］

ya（*yaṅ*）と［*ya* の］脱落の前で，*vañc*（DhP I 204 *váncú*），*sraṃs*（DhP I 790 *sránsu*），*dhvaṃs*（DhP I 791 *dhvánsu*），*bhraṃś*（DhP I 792 *bhránśu*）[118]，*kas*（DhP I 913 *kásá*），*pat*（DhP I 898 *páṭḷ*, DhP X 350 *pata*），*pad*（DhP IV 60 *pada*, DhP X 315 *pada*），*skand*（DhP I 1028 *skandír*）の語幹の重複音節の後に *nī*（*nīk*）が生じる。

e.g. *vanīvañcyate, sanīsraṃsyate*, etc.

この規則に一致した実例はヴェーダ文献には見出せないが[119]，上の例のような intens. 語形はパーニニの時代において用いられていたと推

---

118 *bhrans* とする伝承もあるが，BÖHTLINGK 1887, Kṣīrat. I 792 にしたがい，*bhranśu* とする。MādhDh は *bhraṃs* を挙げながらも，*bhraṃś* と唱えられることもあるとする（*atra kva cit bhraśir api paṭhyate*）。

119 ヴェーダには *pāpatīti, kaniṣkadan* RV VII 103,4, *pári-caniṣkadat* RV VII 69,9~AVŚ XX 92,6 が見出される。

測される。ヴェーダ語以外では*panīpadyate*が見出される[120]。ここに列挙された動詞以外には*nī*（*nīk*）は用いられないことになる。例えばPāṇ. VII 4,65に挙がっている*phan*のintens.part. *āpánīphanat* RV（→ 各論1.5.2.），及び同所に挙がっていないが，*vanīvāhyéta* ŚBM VI 8,1,1が見出される[121]。これらは異例形ということになる。

重複音節が*Can-*（*C* = consonant），*Canī-*となっている形はパーニニの規則によって導き出すことができるが，*kánikradat* VS XI 46のように*Cani-*となっている形（Cf. SCHAEFER 1994: 34f.）を作ることはできない。従ってこのような形の幾つかはPāṇ. VII 4,65にヴェーダ語形として挙げられている。因みに伝統説はこうしたヴェーダ語形についてはパーニニ文典には規定されていない付加音*ni*（*nik*）が用いられていると解釈する。

1.2.2. **Pāṇ. VII 4,86-87**

上述のように鼻音でおわる動詞には，重複音節の後ろに*n*（*nuk*）が挿入されることが規定されているが，それ以外の幾つかの動詞にも特別に*n*（*nuk*）が挿入されることが規定されている：

> Pāṇ. VII 4,86 *japa-jabha-daha-daśa-bhañja-paśāṃ ca*［*nuk* 85, *yaṅlukoḥ* 82, *abhyāsasya* 58, *aṅgasya* VI 4,1］
> *ya*（*yaṅ*）と［*ya*の］脱落（*yaṅluk*）の前で，i.*jap*（*jápá* DhP I 424），ii.*jambh*（*jábhí* DhP I 415），iii.*dah*（*dahá* DhP I 1040），iv.*daṁś*（*danśá* DhP I 1038[122]），v.*bhañj*（*bhanjó* DhP VII 16），vi.*páś*（*paśa* DhP X 179）の語幹の重複音節の後にも付加音*n*（*nuk*）が生じる。

---

120 RENOU 1930: 481.

121 *vah*のcaus.語幹のintens.opt.（後藤2007: 223, n.2）

122 *daṃś*（*danśá* DhP I 1038）はPāṇ.VI 4,24により，pass. とintens. の時，語根の*n*が脱落するので，ここでは*daś*として扱われる。そこでこの規則によって重複音節に改めて*n*が挿入される。

この規則に基づいて『カーシカー』が挙げるような語幹*jañjapyate / jañjapīti, jañjabhyate / jañjabhīti*, *dandahyate / dandahīti, dandaśyate / dandaśīti, bambhajyate / bambhajīti*が用いられる。これらの中にはヴェーダ文献に例が見出せないが，文学，叙事詩に見られるものもある（e.g. *dandahyate* Śiśupālavadha, *dandahyamāna-* Hariv., BhāgPur., iptv. act. *dandagdhi* BhāgPur. VI 8,21[123]）。こうした形も，恐らくはパーニニの時代にも用いられていたものと思われる。*jañjap- / jañjapya-, jañjabh- / jañjabhya-, dandaś-* は，以下に挙げるようにかなり古い時代から現れる：

i.***jap***「囁く」

jañjapyámāna- ŚB XI 5,5,10

śanáir ítaro jañjapyámāna ivā́nvāha「もう一人（Maitrāvaruṇa 祭官）は絶えず囁いているかのようにそっと唱えている。」

vi-jañjapa- Nir. V 22 on RV VI 59,4

atha yo 'yaṃ joṣavākam vadati vijañjapaḥ prārjitahoṣiṇau na devau tasyāśnīthaḥ「だが，この人が楽しい言葉（おしゃべり）を口にし，あれこれ囁く者ならば，供物が差し出された両神（Indra と Agni）はその人の［供物を］食べない。」

既に述べたように*jañjapya-* は*jambh* の intens. *jañjabhyáte*から *CaNC / CaC*（*C* = consonant）の語根への類推である。パーニニが ŚB のこの箇所を知っていたかは分からないが，Nir. にも例があることから，恐らく *jañjapya-, jañjap-* はパーニニの時代においても用いられたものかと思われる。

---

123 語形は全て PW III 561 に記載されているものを挙げた。

ii. *jambh*「口を開く」

jañjabhyáte TS VII 5,25,2[p]

yáj jañjabhyáte tád ví dyotate「[馬が] 口をぱくぱく開けている時，その時稲光わたる」

jañjabhyámāna- TS II 5,2,4[p]~ĀpŚrSū IV 3,12~ HirGṛSū I 16,2

tásmāj jañjabhyámānād agnī́ṣómau nír akrāmatām…tásmāj jañjabhyámāno brūyānt. máyi dakṣakratū́ íti

「彼（ヴリトラ）が［暑さと寒さに喘いで］口をぱくぱくさせていると，アグニとソーマとが歩み出た…それ故，口をぱくぱくさせて言うべきである“能力と意志力とが私の中に”と」

jáñjabhāna-

AVŚ V 20,6~AVP-kashm. XI 24,6（Or. IX 27, 6）

amitrasenā́m abhijáñjabhāno dyumád vada dundubhe sūnṛ́tāvat「敵軍に向かって何度も口を開けて，高らかに音を出せ，太鼓よ，良い男であるかのごとく」

KauśS XCVI 3[m]

yad gomāyū vadato jātavedo 'nyayā vācābhijañjabhānaḥ「2匹の牛蛙が声を出す時，ジャータヴェーダスよ，他の言葉によって，［他のものに］向かって口を開けながら…」

KauśS CXIV 2[m]

indrāgnibhyāṃ preṣite jañjabhāne「インドラとアグニによって差し向けられた［二頭の乳牛が］口を開けている時」

jañjabhat-

ŚāṅkhŚrSū IV 20,1[m]

yāv araṇye patayato vṛkau jañjabhatāv iva「狼のように口を開けて，原野を跳び回る二人（Bhava と Śarva）」

ヴェーダ文献において *jambh* 2「口を開ける」[124] の現在語幹は intens. の

みが知られている。aor.subj. *jambhiṣat*「食らいつく」が瞬間的（punktuell）な時間的性質（Aktionsart）を示しているのに対し，intens. *jañjabh- / jañajbhyá-* は「口をぱくぱくさせる」という反復（iterativ）を表していると理解される（NARTEN 1965: 255 = Kl.Schr.: 34）。NARTEN 1965: 264 = Kl.Schr: 43は*jámbha-*「歯列」に基づき，*jambh* 2に対し，「口を開ける」（＜「歯をむき出しにする（Zahn fletschen）」）という意味を推定するが，元々の意味は「歯をむく」というよりも寧ろ，顎を動かすことに関係しているように思われる。「口を開ける」という意味もその中に含めることができる（cf. オセット語*zæmbyn*「欠伸をする」[125]）。

TS VII 5,25,2ᴾ の 例（Aśvamedha） は*vijŕ̥mbhate* ŚB X 6,4,1, *jr̥mbhitvā* ĀśGr̥Sū III 6,7と言い換えられており，後に*jr̥mbh*「口を大きく開ける，あくびをする」が*jambh*に取って代わったものと推測される。またNARTEN 1965: 257 = Kl.Schr. 36 によればŚāṅkhŚrSū, KauśSの例は擬古的な詩節に由来する。古典期になると，*jr̥mbh*は「口を開ける」の他に「開く」，「広がる」，「身体を伸ばす」等の意味を持つようになる。この規

---

124 *jambháya-*「潰す，粉砕する」は*jambh* 2「口を開ける」とは別個の*jambh* 1から作られたものとする従来の見解が正しいと判断される。これに対して，MUMM 1999: 304 は，*jambháya-*を*jambh* 2「噛む」から作られた使役語幹「噛ませる」と理解し，さらにAVŚ VII 5,56の Aor. *ajījabham*をサソリの毒抜きと解釈し，「（噛ませて）無力化する，駆除する（unschädlich machen）」を意味すると主張する（MUMM 1999: 305f.）。しかし，この解釈は用例に照らして無理である。Cf. AVŚ II 31,1-2 *índrasya yā́ mahī́ dr̥ṣát krímer víśvasya tárhiṇī / táyā pinaṣmi sáṃ krímīn dr̥ṣádā khálvā iva // 1 // dr̥ṣṭám adŕ̥ṣṭam atr̥ham átho krúūrum atr̥ham / algáṇḍūnt sárvāṃ chalúnān krímīn vácasā jambhayāmasi // 2 //*「インドラの，あらゆる虫を潰す，大きな石，その石を用いて，私は，豆粒を［潰すように］，虫たちをまとめて潰す // 1 // 見える［虫］，見えない虫を私は潰した。さらにまたクルール（虫の名）も潰した。我々はすべてのアルガンドゥ（虫の名）たち，シャルナ（虫の名）たち，虫たちを言葉をもって粉砕する // 2 //」。
またMUMM, 1999: 297およびLIV（2.Aufl. 2001, s.v. *ǵembʰ*）はスラブ語（例えば，セルボクロアチア語*zêbe*「凍った」）に基づいて，「噛ませる」から「凍らせる」への展開を考えるが，*jambhaya-*が「凍らせる」を意味する例はなく，直接*zêbe*に結びつけるのは困難である。KIM 2010: 65f. はMUMMの解釈を基に*jambh*を「凍る」の意味で理解し，これに基づいて*jambhá-*を「顎が硬直する（病）」と解釈する。だが，*jambhaya-*が「凍らせる」を意味する例はない。またAV XII 1,46に見られる*hemantá-jabdha-*を「寒冷硬直した」とするが，恐らくは越冬又は冬眠する蛇や虫を単に比喩的に「冬に食らいつかれた」と表現したものと思われる。

125 NARTEN 1965: 261 = Kl.Schr. p.40.

則において言及していることから*jañjabhya-* / *jañjabh-* はヴェーダからパーニニの時代まで生きていたと考えられる。

iv. ***daṁś***「噛み付く」

dáṃdaśāna- intens. pres. part. mid., see SCHAEFER 1994: 132f.

RV X 95,9

áśvāso ná krīḍáyo dándaśānāḥ「馬たちのように戯れ，噛み合いながら」

daṃdaśū́ka- YV^{m}, ŚB, TB, BĀU, ŚrSū, Cl. etc.

dandaśū́ka- はYV^{m}から古典期まで見られる。*-ū́ka-* はintens.等の重複語幹の後ろについて，行為者の恒常的な反復を表す（Ai.Gr. II-2 498）。パーニニはPāṇ. III 2,165と166において，*-ū́ka-* が*jāgar-*^{ti}（*jāgṛ*），及び*yaj, jap, daṁś* のintens. 語幹につけられることを指摘している[126]。この2つの規則に一致する形*jāgarū́ka-* RV III 54,7, Nir. I 14, *yāyajū́ka-* ŚBM I 7,3,14~ŚBK II 7,1,12, VI 1,2,15~ŚBK V 1,2,9, BhārGṛSū I 11が見られる。こうした形はパーニニの時代まで生きていたと推測される。

*car*と*phal*のintens. の重複音節にも，Pāṇ. VII 4,87および88によれば，例外的に*n*（*nuk*）が挿入され，語基が含む*a*は*u*によって代置される：

Pāṇ. VII 4,87 *caraphaloś ca*［*nuk* 85, *yaṅlukoḥ* 82, *abhyāsasya* 58, *aṅgasya* VI 4,1］

ya（*yaṅ*）と*ya*の脱落の前で，*car*（DhP I 591 *cárá*），*phal*（DhP I

126 Pāṇ. III 2,165 *jāgur ūkaḥ*［*tacchīla taddharma-tatsādhukāriṣu* 134, *dhātoḥ* 1,91, *paraḥ* 1,2, *pratyayaḥ* 1,1］「‘それを習慣とする’, ‘それを義務とする’, ‘それを正しく行なう’を意味する時，動詞語基*jāgṛ*（DhP II 63 *jā́gṛ*）の後に*-ūka-* が生じる」; Pāṇ. III 2,166 *yajajapadaśāṃ yaṅaḥ*［*ūkaḥ* 165, *tacchīla-taddharma-tatsādhukāriṣu* 134, *dhātoḥ* 1,91, *paraś ca* 1,2, *pratyayaḥ* 1,1］「‘それを習慣とする’, ‘それを義務とする’, ‘それを正しく行なう’を意味する時，動詞語基*yaj* (DhP I 1051 *yajà*), *jap* (DhP I 424 *jápá*), *daṃś* (DhP I 1038 *danśá*, X 136 *daśi*, X 224 *daśi*) の後に*-ūka-* が生じる」。

563 *phálá niṣpattau* 又は DhP I 549 *ñiphálā́*）の語幹の重複音節の後にも付加音 *n*（*nuk*）が生じる。

Pāṇ. VII 4,88 *ut parasyātaḥ*〔*caraphaloḥ* 87, *yaṅlukoḥ* 82, *abhyāsasya* 58, *aṅgasya* VI 4,1〕

ya（*yaṅ*）と *ya* の脱落の前で，*car*, *phal* の語幹の重複音節の後に来る短母音 *a* の代わりに短母音 *u* が生じる。

これらの規則に従えば，*car, phal*「破裂する」の intens. は *cañcūrya-* / *cañcur-*, *pamphulya-* / *pamphul-* が想定されるが，ヴェーダには見出せない。Mahābhārata I 211,5（critical editon）には，この規則に一致する形 *cañcūryate* が確認される[127]。パーニニの時代に実際に用いられていた可能性は当然考えられる。因みにヴェーダには *car* の intens. *carcarīti*[128] AVŚ, *calcalīti* MS, *ánu carcūryámāṇa-* RV, *cárcara-* RV がある（Schaefer 1994 : 111）。これらの語形は Pāṇ. VII 4,87 に反するので，これらの箇所を知っていれば，Pāṇ. VII 4,65 に挙げたことが予想される。

1.3. 結合母音（Bindevokal）Schaefer 1994: 43f.

athematic intens. の場合，語根の最後に laryngeal が想定される，「seṭ 語根」ではなくても，語幹と語尾の間に任意に結合母音 *ī* が挿入される。e.g. *jóhavīmi* (seṭ), *cā́kaśīmi* (aṇit), etc. パーニニはこの現象について Pāṇ. VII 3,94 で言及している：

Pāṇ. VII 3,94 *yaṅo vā*［*īṭ* 93, *hali* 89, *piti sārvadhātuke* 87, *aṅgasya* VI 4,1］

ya（*yaṅ*）で終る[129]語幹の後で，子音で始まり *p* を it とする sārvadhātuka 接辞（つまり *tip, sip, mip* などの人称語尾）の前で，付加音 *ī*（*īṭ*）が任意

127 See Holtzmann 1885: § 1017

128 Cf. Gotō 1987: 136, fn. 175

129 Pāṇ. I 1,72 *yena vidhiḥ tadantasya*「それによって規則が定められる限定要素（X）はそれ（X）で終わる項目を指示する」

に挿入される。

この規則に従えば，付加音*ī*は-*yá*-intens. 語幹に挿入されることになるが，無論そういった例は存在しない。『カーシカー』も用例からathematic intens.（*yaṅluk*）に適用される規則と解釈している（*udāharaṇa*-）。このことをNyāsaは，*yaṅ*は常にmid.の語尾をとるが，mid.の語尾で，子音で始まり，後ろに*p*を持つものはないのでこの規則はathematic intens.のact.を予定したものと説明する。

1.4. intensiveの機能

1.4.0. SCHAEFER1994: 84はRVの実例の調査結果から，RVではintensive語形は複数の動作を含んでいることを印づけているとし，RVの用例を動作の単純な反復を示す場合（einfache Wiederholung）や動作が複数の対象に及ぶ場合（Objektsdistribution）等のケースに分類している。従来，パーニニ文法学に従って，intensiveは「反復」と「強意」の機能を持つと解されてきたが，SCHAEFER 1994: 78はヴェーダ語のintensiveの本来の機能として「強意」を設定する必要はないとする[130]。またSCHAEFERはintens.の機能に関するパーニニ文法学の見解（Pat. on Pāṇ. III 1,22）を紹介している。その中で，パタンジャリは強意の意味を認めてないが，実際には用いられていた可能性が指摘されている（→ 各論1.4.1.1.）。

1.4.1. intensiveの機能に関するパーニニ文法学の見解

パーニニはintens.の機能として，*kriyāsamabhihāra*-「行為の反復（［複数回の］行為をとりまとめる）」（Pāṇ. III 1,22），*kauṭilya*-「［進行が］曲がっ

130 「反復」から「強意」への意味の推移は音や光の現れを意味する動詞が出発点となったと推測される（SCHAEFER 1994: 93）。SCHAEFERによると「何度も鳴く」，「何度も稲光がする」といった量を示すサインが起こるところでは，こうした機能における再解釈が起こり得る。話し手にとって最早「反復」ではなく単に「強意」を表すものとなったと推測される。

ていること」(Pāṇ. III 1,23)，*bhāvagarhā-*「行為に対する（話者の）不平」(Pāṇ. III 1,24)の3つを挙げる。そこで問題となるのは*kriyāsamabhihāra-*の文言がintens. のどういった機能について述べているのかということである。また*bhāvagarhā-*「行為に対する不平」を示す例はヴェーダ文献には見出されない。恐らくPāṇ. III 1,23と24は当時，又はそれより少し前から見られるようになった新しい用法について指摘したものかと思われる。

1.4.1.1. ***kriyāsamabhihāra-***「行為のとりまとめ（反復)」(Pāṇ. III 1, 22)

先ずPāṇ. III 1,22において*kriyāsamabhihāra-*を示すためにintens.(*yaṅ*)が用いられることが規定されている。*kriyāsamabhihāra-*は，一般に「行為の反復」と解されるが，パタンジャリが説明するように，より正確には複数回行なわれる動作の結果をまとめて（*sam-*），つまり一つの行為として取りあげる(*abhi-har*)ことを意味するものと思われる[131]。従って，単なる「反復」よりも広い意味を含んでいることになる：

Pat. on Pāṇ. III 1,22 : 28,13ff.

samabhihāra iti ko 'yaṃ śabdaḥ / samabhipūrvād dharater bhāvasādhano ghañ / samabhiharaṇaṃ samabhihāraḥ / tadyathā / puṣpābhihāra phalābhihāra iti //

viṣama upanyāsaḥ / bahvyo hi tāḥ sumanasas tatra yuktaḥ samabhihāraḥ / iha punar ekā kriyā //

yady apy ekā sāmānyakriyāvayavakriyās tu bahvyaḥ / adhiśrayaṇodakāsecana-taṇḍulāvapanaidhopakarṣaṇakriyāḥ / tāḥ kaś cit kārtsyena kaś cid akārtsyena karoti iti / yaḥ kārtsyena karoti sa ucyate / pāpacyata iti / punaḥpunar vā pacati pāpacyate iti //

---

131 Cf. *samabhivyāhāra-*「同時に言及する(*abhi-vy-ā-har*)」(PW VII 685)。

【問いと答え】

samabhihāra- というこれはどういう語か？ *samabhi-* を前分とする *hṛ*（*harati*）の後に行為を実現する[132] *a*（*ghañ*）が［用いられている］。*samabhihāra-* とは *samabhiharaṇa-*「とりまとめること」のことである。例えば，「花をまとめること（集めること）」，「果実をまとめること（集めること）」。

【反論】説明が歪んでいる（不適切である）。何故ならその花たちは複数ある，そういう場合には「とりまとめること」が理に適っている。だが，この場合は［動詞の表す］行為は一つである（つまり，一つの動詞は一回の行為しか表現できないから複数の行為をまとめるという意味ではない）。

【答論】全体の行為は一つであっても，他方で，部分的な行為は複数である（場合がある）。［例えば調理をする場合］火にかけること，水を注ぎ込むこと，穀物を［容器に］撒き入れること，薪を引き入れる（くべる）ことという行為がある。「それら［の行為］を，ある者は完全に為し，ある者は不完全に為す。」と言うことである。完全に為す人は *pāpacyate*「彼はすっかり調理する」と言われる（包括的表現）。或いは繰り返し調理する。［それが］*pāpacyate* と［言われる］（反復）。

パタンジャリのこの解釈に従えば，intens. は「反復（同じ動作を何度も行なうこと）」だけではなく，一つの動作の中に複数の異なった動作がワンセットとなって含まれていることも示す[133]。因みに *sec / sic, ā-labh, nir-vap* 等の幾つかの動詞は，特別な文脈において（例えば祭式の術語として用いられる場合等），「結果」の accusative を伴うことで，結果に至る

---

132 行為目的を表示する kṛt 接辞で終わる語（*karmasādhana-*）に対して，行為一般（*bhāva-*）を示す kṛt 接辞で終わる語に用いられる用語。Cf. RENOU 1942: 244, OGAWA 2005: 29, n. 14.

133 部分的行為の集合に関するパタンジャリの議論については，SCHARFE 1961: 128，小川 1994: 47f. を見よ。

までの一連の動作を全て表すことがある（Gotō 2002: 40f.）：*tváṣṭā vájram asiñcat*「Tvaṣṭr̥ は棍棒（*vajra-*）を注いだ（溶けた金属を鉄床に注いで，鍛えて棍棒を作り上げる）」MS II 4,3[p] : 40,14, *páśum ā́labhate*「家畜をつかまえる＝動物犠牲祭を実行する（犠牲獣を捕まえる，解体して，切り分けて，献供する）」YS[p+], *puroḍā́śaṃ nírvapati*「パンケーキ（*puroḍā́śa-*）を取り分ける＝パンケーキを供物とするiṣṭiを実行する（穀物を必要な分だけ移しとる，脱穀する，粉にする，こねあげる，焼き上げる，切り分ける，献供する）」YS[p]. だがintens. が異なる動作を一つのものとして表示する機能はない。

またパタンジャリが明示的にintens. に「強意」の機能を認めた陳述は見出されず，寧ろ強意（*bhr̥śārtha-*）を表わすという見解に否定的であったことが見て取れる。「行為のとりまとめ」以外の意味ではintens. が用いられることはないので，「強意」を表す場合は*bhr̥śaṃ śobhate*「極めて美しい」，*bhr̥śaṃ rocate*「激しく輝く」のような分析表現（*vākya-*）が用いられると解釈する（→ 各論1.1.1.）。だがintens. の機能を分析表現と比較しながら論じているということは，実際にはしばしば「強意」の意味で用いられることがあった，或いは一般にはそのように考えられていたことを示すものと言える。このことからKāś. on III 1,22は，*kriyāsamabhihāra-*が「反復（*paunaḥpunya-*）」と「強意（*bhr̥śārtha-*）」の意味からなると解釈する。

kriyāsamabhihāra- の文言はPāṇ. III 4,2にも現れる（→ 各論1.4.2.）他，*samabhihāra-*の文言もPāṇ. III 1,149に見られる：

> Pāṇ. III 1,149 *pru-sr̥-lvaḥ samabhihāre vun*［*dhātoḥ* 91, *paraḥ* 2, *pratyayaḥ* 1］
> 「とりまとめ」を示す場合，*pru*「跳ねる」，*sr̥*「走る」，*lū*「切り取る」の後ろに -*aka*-（*vun*）が生じる

この規則から*pravaka-*, *saraka-*, *lavaka-* が導き出される。*samabhihāra-* を「反復」と解するならば，それぞれ「何度も跳ねる」,「何度も走る」,「何度も切り取る」を意味することになるが，反復の意味を持つと解し得る用例は見出せない。Vārt. 1 on Pāṇ. III 1,149 によれば，「正しく行なう人（*sādhukārin-*）」の意味で用いられる：

Vārt. 1
prusṛlvaḥ sādhukāriṇi vunvidhānam
「正しく行なう人」の意味で *pru*「跳ねる」，*sṛ*「走る」，*lū*「切り取る」には *-aka-* の規定が［用いられる］。
Bhāṣya
prusṛlvaḥ sādhukāriṇi vun vidhīyate / sakṛd api yaḥ suṣṭhu karoti tatra yathā syād. bahuśo 'pi yo duṣṭhu karoti tatra mā bhūd iti
「正しく行なう者」の意味で *pru*, *sṛ*, *lū* には *-aka-* が［用いられることが］規定されている。一度だけ行なう者でも正しく為すならば，それに対して［*-aka-* が］用いられるために。何度も［行う人］でも，悪く為すならば，それに対して［*-aka-* は］生じてはならないと［言うために］。

カーティヤーヤナ，パタンジャリは*samabhihāra-*「とりまとめ」ではなく，*sādhukārin-*「正しく為す人」の意味で用いられると解釈している。或いは*samabhihāra-* の語に *sādhukārin-* の意味が含まれていると解したとも考えられる[134]。いずれにせよ，「反復」以外の意味で用いられているという解釈である。仮にパーニニが*pravaka-*, *saraka-*, *lavaka-* という形を「反復」の意味で捉えていたとしても，カーティヤーヤナ，パタンジャリはそういった用例を知らなかったということも考えられる。

---

134 Kāś. on Pāṇ. III 1,149 *samabhihāragrahaṇenātra sādhukāritvam lakṣyate*「ここでは*samabhihāra-* の文言によって *sādhukārin-* であることが印づけられている」

以上見てきたように，反復は当然*kriyāsamabhihāra-* の中に含まれるが，それ以外の機能をめぐって，伝統説の見解は分かれている。パタンジャリは「反復」以外の機能として「包括的表現」を持つと考えるのに対し，『カーシカー』は「強意」の機能として解している。

1.4.1.2. *kauṭilya-*「［進行が］曲がっている」（Pāṇ. III 1,23）

次にPāṇ III 1,23によると，移動の意味を持つ動詞のintens.は進行が曲がっていることを示す：

> Pāṇ. III 1,23 *nityaṃ kauṭilye gatau* ［*dhātoḥ, yaṅ* 22, *paraś ca* 2, *pratyayaḥ* 1］
> 進行が曲がっていることを示す時は，動詞語基の後に，常に *ya*（*yaṅ*）が生じる。

> e.g. *caṅkramyate*「あちらこちら歩く」，*dandramyate*「あちらこちら走る」

パーニニは*caṅkramyate*のような「移動」の意味の動詞のintens. が蛇行する動きを表していると考える。SCHAEFER 1994 : 91f. によれば，動きを表す動詞のintens. は「反復」の機能の他に「あちらこちらへの動き（Hin- und Herbewegung）」を表す機能も持っている。SCHAEFER ibid. は，この規則はHin- und Herbewegungの機能について述べたものと考える。『カーシカー』は*dram*「走る」（cf. ギリシア語 Aor. inf. *δραμεῖν*「走る」）のintens. *dandramyate*を挙げているが，KaṭhUp II 5にはintens. part. *dandramyamāṇa-* が見出され，Hin- und Herbewegungの機能を示している：

> *dandramyamāṇāḥ pariyanti mūḍhā* | *andhenaiva nīyamānā yathāndhāḥ*
> 「惑わされた人々はあちこち走りながら（蛇行しながら），ぐるぐる進む，盲目の人々が盲目の人によって導かれるように」。

当該規則の*kauṭilya-*「曲がった［動き］」が，このような例を念頭においていた可能性は十分考えられる。

ここで問題となるのは*nityam*の文言である。先ずVārt. 6 によればPāṇ. III 1,23-24において*yaṅ*が表示する特殊な意味について共通理解はないので，*nitya-* の文言は無意味であるとする（*uttarayor vigraheṇa viśeṣāsaṃpratyayān nityagrahaṇānarthakyam*）。つまり*caṅkramyate*は*kuṭilam krāmati*という分析表現の意味を表示しないので，*nitya-* の文言はそもそも必要ない。また，Vārt. 7によれば，これらの規則に列挙される動詞には*kriyāsamabhihāra-* を表示する場合は*yaṅ*が導入されない（*kriyāsamabhihāre ca naitebhyaḥ*）。カイヤタ（Kaiyaṭa）はtakra-kauṇḍinyaの道理が当てはまるとし，「移動」の意味の動詞と24に挙げられる動詞が*kriyāsamabhihāra-*「行為のとりまとめ」を表すことはないとする（→ 各論1.4.1.3）。

だが実際には「移動」を表す動詞のintens. は当然「曲がった動き（*kauṭilya-*）」だけではなく，単に「反復」を示す例もある（e.g. *āganīganti*, → 各論1.5.2.）。必ずしも「移動」の意味を持つ動詞のintens. が「曲がった進行」を表すことにはならない。ここでは，*kriyāsamabhihāra-* を表示する時は，*yaṅ*の導入は任意（*vā*）であるから，統合表現と分析表現のいずれも用いられるのに対し，Pāṇ. III 1,23-24に列挙される動詞が特殊な意味（*kauṭilya-*, *bhāvagārhā-*）を示す時は統合表現のみが用いられることを指摘したものと理解するのが自然である。

1.4.1.3. ***bhāvagarhā-***（**Pāṇ. III 1,24**）

Pāṇ. III 1,24に挙げられる動詞のintens. は，行為に対する（話者の）*gārhā-*「不平」（< *garh*「不平を言う」, cf. アヴェスタ語*gərəz-*）を示すと規定している：

> Pāṇ. III 1,24 *lupa-sada-cara-japa-jabha-daha-daśa-gr̥̄bhyo bhāvagrarhāyām*［*nityam* 23, *dhātoḥ*, *yaṅ* 22, *paraś ca* 2, *pratyayaḥ* 1］
>
> 「*bhāva-* に対する不平を表す時に，*lup* (DhP IV 126 *lupá*), sad (*ṣadl̥̄*

I 907, *ṣadl̥´* VI 133), *car* (DhP I 591 *cárá*), *jap* (DhP I 424 *jápá*), *jabh* (*jábhi* DhP I415), *dah* (DhP I 1040 *dahá*), *daś* (*danśá* DhP I 1038), *gr̥̄* (DhP VI 117) という動詞語基の後に *ya*（*yaṅ*）が常に用いられる。

Kāś. on Pāṇ. III 1,24 によれば，*bhāvagarhā-* の *bhāva-* は *sādhana-*「行為の実現手段，行為関与要素」の対立概念としての，動詞が表示する意味（*dhātvartha-*）である。つまり行為に関与する要素についての「不平」ではなく，動詞によって示される行為そのものに対する「不平」を意味する。例えば，*mantraṃ japati vr̥ṣalaḥ*「一人前でない男（シュードラ）はマントラを囁く」という文は行為に関与する *vr̥ṣalaḥ* に対する不平を表しており, *japati* が示している行為に対する不平ではないので，intens. が用いられることはないと説明する。

bhāvagarhā- における *bhāva-* は一般に「行為」（原義は「状態が生じること」）と訳される。『ニルクタ』によれば，定動詞（*ākhyāta-*）は *bhāva-* を表示するものである：

Nir. I 1

bhāvapradhānam ākhyātam / sattvapradhānāni nāmāni / tad yatrobhe bhāvapradhāne
bhavataḥ pūrvāparībhūtaṃ bhāvam ākhyātenācaṣṭe / vrajati pacati...bhavatīti
bhāvasya / āste śete vrajati tiṣṭhatīti / upakramaprabhr̥tyapavargaparyantaṃ mūrtaṃ sattvabhūtaṃ sattvanāmabhiḥ / vrajyā paktir iti / ada iti sattvānām upadeśaḥ / gaur aśvaḥ puruṣo hastīti / bhavatīti bhāvasya / āste śete vrajati tiṣṭhatīti

bhāva を主に［表示する語］が定動詞（*ākhyāta-*）である。実体を主に［表示する語たち］が実体詞（*nāman-*）である。だが，両者（定動詞と名詞）が bhāva を主に［表示する］時に起こる場合は，前後［が合わさったもの］となった（＝継続して起こる）bhāva を定動詞によって表示する：「歩き回っている」，「調理している」等。始めから終わりに至るまで［を表示し］，固められ，実体となった［生成］を実体詞たちによって［表示する］：*vrajyā*「歩き回ること」，*pakti-*「調理」等。*adas*「それ（例のもの）」は実体を指示する：「牛」，「馬」，「人」，「象」等。*bhavati*「なる」は bhāva［を指示する］：「座っている」，*śete*「横たわっている」，*vrajati*「歩き回っている」，*tiṣṭhati*「立っている」等。

『ニルクタ』では，bhāvaは時間的連続又は拡がりを表すものとして捉えられている。またここでは行為名詞もbhāvaを示し，行為の始点から終点までの全体を示すものと説明されている。他方RVPrāt. XII 18 f.: 700 f. では，定動詞は行為（*kriyā-*）を表示するものと説明される：

kriyāvācakam ākhyātam upasargo viśeṣakṛt / sattvābhidhāyakam nāma nipātaḥ pādapūraṇaḥ //
定動詞は行為を言い表し，前接辞は［行為の］限定を行う。名詞は実体を表現し，不変化辞は詩節を満たす（韻律を整える）。

パーニニがスートラ中で*kriyā-*と*bhāva-*とをどのように使い分けたのかを一義的に決定するのは困難であるが，既にパーニニ以前において行為に対する捉え方の違いによる動詞の定義が前提となっていた（“*kriyā*-based and *bhāva*-based definitions” OGAWA 2005: 158）。OGAWA 2005: 322が指摘するように，パーニニ文法学における*bhāva-*と*kriyā-*とは動詞が表示する行為の異なるアスペクトを表すものと理解される。そのように考えた場合, *bhāvagarhā-*は継続している行為に対する不平を表わすものとも理解し得る。

ヴェーダ文献には*garhā-*「不平」の意味を持つと解しうる用例は見出せない[135]。しかしながら,「反復」の意味から,「〜してばかりいる」,「うんざりするほど行なう」という意味を示す例が出てきた可能性は当然考えられる。そういった例の幾つかについてパーニニは「不平」の意味と捉えたものと思われる。例えば，Nir. V 22 on RV VI 59,4に現れる *vijañjapa-*「あれこれおしゃべりをする者」は話者の「不平」を含んでいるとも解し得る（→ 各論1.2.2. Pāṇ. VII 4,86）。

カーティヤーヤナ，パタンジャリによれば，ここに挙げられた動詞のintens. も *kriyāsamabhihāra-*「行為のとりまとめ」を示すことはない。カイヤタによれば，takra-kauṇḍinyaの論理[136]に基づいて，通則Pāṇ. III 1,22に定められた「行為のとりまとめ」の意味は排除され，23はkauṭilya, 24は *bhāvagarhā-* の意味で専ら用いられる：*takrakauṇḍinya-nyāyena kauṭilyabhāvagārhābhyāṃ yaṅaḥ kriyāsamabhihārād ācchidya svīkṛtatvād iti bhāvaḥ*「'takra-kauṇḍinyaの論理によって，*ya*（*yaṅ*）は，*kriyāsamabhihāra-*［の文言］から切り離されて，*kauṭilya-* と *bhāvagarhā-*［の文言］によって占有されているから' というのが［Bhāṣya on Vārt. 7の］言う心である。」

『カーシカー』によれば，*nityam* 23は *bhāvagarhā-* の意味をここに挙げられた動詞語基に限定するために継承される。従って，Pāṇ. III 1,23の時と同様に，ここに挙がっている動詞のintens. はつねに「不平」を表すために用いられ，「反復」を示すことはないということになる。

---

135 Schaefer 1994: 97はこの規則に一致する用例が後代の文献に見られるが，これらは単にパーニニの規則を説明するために例として用いられたものであり，現実の用法を証言するものではないことを指摘している。

136 takra-kauṇḍinyaの論理（Pat. on I 1,47, cf. Ramanath Sharma 1987: 15）とは，*dadhi brāhmaṇebhyo dīyatām, takraṃ kauṇḍinyāya*「酸乳はバラモンたちに与えられよ，脱脂乳はカウンディニヤに」という規定において，カウンディニヤはバラモンであるが，酸乳と脱脂乳が与えられるのではなく，飽くまでも脱脂乳だけが与えられるという論理である。ここではこの論理に基づいて，個別規定である23と24に定められる動詞（上の例文のカウンディニヤにあたる）は一般規定である22の *kriyāsamabhihāra-*（dadhiにあたる）が排除され，*kauṭilya* と *bhāvagārhā-*（takraにあたる）の意味だけを示すことになる。

1.4.2. intensive（Pāṇ. III 1,22）と *āmreḍita*-compound（Pāṇ. III 4,2;4, VIII 1,4）との関係

1.4.2.1. Pāṇ. VIII 1,4 と Pāṇ. III 4,2;4

āmreḍita-compoundは多くの場合，実体詞，副詞，絶対詞（absolutvie）等に見られ，反復，又はdistributiveを示す。定動詞（iptv.）の*āmreḍita*-compoundは既にRV II 11,11に *píba-piba*, *stuhí-stuhi* RV VIII 1,30, *yája-yaja, yájasva-yajasva* ŚBも見出される。

Pāṇ. III 4,2ではiptv.の2人称sg., pl. は*kriyāsamabhihāra-*「行為のとりまとめ」を表すために用いられると規定されている：

> Pāṇ. III 4,2 *kriyāsamabhihāre loṭ loṭo hisvau vā ca tadhvamoḥ*
> ［*dhātusaṃbandhe* 1, *dhātoḥ* 1,91, *paraś ca* 1,2, *pratyayaḥ* 1,1］
> ［複数の］動詞語基の間に［意味上の］つながりがある場合，「行為のとりまとめ」の意味で，動詞語基の後に *loṭ*（iptv.）が生じる。*loṭ* の代わりに，*-hi*（2nd sg.act.），*-sva*（2nd sg. mid.）が，また任意に *-ta*（2nd pl.act.），*-dhvam*（2nd pl.mid.）が生じる。

Pāṇ. III 4,2に基づいて*loṭ*（iptv.）が「行為のとりまとめ」を示す場合は，Pāṇ. III 4,4により[137]，命令形の後に同じ動詞を加えることで，適切な人称，数，時制を表示する[138]。例えばpres.3sg. であれば*lunīhi-lunīhi*という命令形の後に*lunāti*が加えられる：*sa bhavāṁl lunīhilunīhty evāyaṃ lunāti*「‘それなら貴殿は切り取れ，切り取れ’と［誰かが言うかのように］この人は切り取る」[139]。iptv. 1sg. であれば，*lunāni*が加えられる：*so 'haṃ lunīhi-lunīhīty evaṃ lunāni*「それなら私は‘切り取れ，切り取れ’と［誰か

137 Pāṇ. III 4,4 *yathāvidhy anuprayogaḥ pūrvasmin*「前の規則（Pāṇ. III 4,2）においては，〔loṭの〕導入規定通りに付随形が生じる（*loṭ*が導入される動詞語基，その同じ動詞語基が付随する）。」

138 但し，*lunīhi-lunīhīty evāyaṃ lunāti*と類似の表現はMahābhārata等に例が確認され，またMarāṭhīにおいても知られている（Jacobi 1897: 75f.）。

が言うかのように]，このように［何度も］切り取ろう」[140]。*lunīhi-lunīhi* は副詞のように用いられている[141]。

lunīhi-lunīhi という同形反復（*dvirvacana-*）はPāṇ. VIII 1,4に基づいて起こり，*nitya-*「常に」と *vīpsā-*「それぞれに（distributive）」を表す：

Pāṇ. VIII 1,4 *nityavīpsayoḥ*［*sarvasya dve* 1］
〔行為が〕「常に」と「それぞれ」の意味を示す時，語全体が二つになる。

『カーシカー』によれば，（iptv. 以外の）動詞の反復も認められ，*nitya-*「恒常的な反復（= *ābhīkṣṇya-*）の意味で用いられる（→ 各論1.4.2.3.）。パーニニは *kriyāsamabhihāra-*「行為のとりまとめ」と *nitya-*「常に」と *vīpsā-*「それぞれに（distributive）」を別個に規定するが，「行為のとりまとめ」がintens. の全ての機能を含んでいると考えるならば，*nitya-*, *vīpsā-* は必ずしも「行為のとりまとめ」から除外されるものではなく，重なる部分も生じることになる[142]。

1.4.2.2. パタンジャリ

intens. とiptv. の *āmreḍita*-comp. は共に「行為のとりまとめ」を示すが，両者，つまりPāṇ. III 1,22とIII 4,2の関係が問題となる。『マハーバーシャ』ではVārt. 4-5 on Pāṇ. III 1,22においてこのことが議論されている。予め結論を述べると，競合関係（vipratiṣedha）に基づいてPāṇ. III 4,2に

139 Eg. Pat. on Pāṇ. III 1,22: 30,2.
140 Pat. on Pāṇ. III 4,2: 169, 17.
141 Cf. JACOBI 1897: 75f.
142 Objektsdistributionは反復の一形態として，複数回行なわれる動作の結果が同時に，又は継起的に起こることを示し，intens. がしばしば *āmreḍita*-comp. を伴うことで二重に特徴づけられる（SCHAEFER 1994: 86f.）。e.g. *rū́paṃrūpam maghávā bobhavīti*「有能者は様々な姿にその都度なる」RV III 53,8.

規定される*āmreḍita*-comp. が用いられるとする見解と，Pāṇ. III 1,22 に規定される intens. は antaraṅga なので Pāṇ. III 4,2 に優先して用いられるとする見解がある。しかしながら，いずれの解釈に従うとしても，intens. と *āmreḍita*-comp. の両方を用いることは可能であるとパタンジャリは結論する：

Pat. on Pāṇ. III 1,22: 29,22

Vārt.

kriyāsamabhihāre yaṅvipratiṣedhena loḍvidhānam // 4 //

行為をとりまとめることを示す時，imperative の規則は intens. との競合関係［と見なすこと］によって［用いられる］。

Bhāṣya

kriyāsamabhihāre loḍ bhavati yaṅo vipratiṣedhena / kriyāsamabhihāre yaṅ bhavatīty asyāvakāśaḥ / dhātur ya ekāj-jhalādiḥ kriyāsamabhihāre vartate 'dhātusaṃbandhaḥ / lolūyate / loṭo 'vakāśaḥ / dhātur yo 'nekāj-jhalādiḥ kriyāsamabhihāre vartate 'dhātusaṃbandhaḥ / sa bhavāñ jagṛhi jāgṛhīty evāyaṃ jāgarti / sa bhavān īhasvehasvety evāyam īhate / dhātur ya ekājjhalādiḥ kriyāsamabhihāre vartate dhātusaṃbandhaś ca. tasmād ubhayaṃ prāpnoti / sa bhavāl̃ lunīhi lunīhīty evāyaṃ lunāti / loḍ bhavati vipratiṣedhena //

行為をとりまとめることを示す時，intens.（*yaṅ*）との競合関係［と見なすこと］によって［Pāṇ. III 1,22 より後で規定される］*loṭ*（iptv.）が用いられる。「行為のとりまとめを示す時，*yaṅ* が用いられる」ということには［適用の］余地がある。単音節かつ子音で始まる，「行為のとりまとめ」の意味で起こる動詞語基は，動詞間に「意味の］結びつきがない（*adhātusaṃbandhaḥ*）[143]［ので *yaṅ* が生じる］：

143 Pāṇ. III 4,2（→ 1.4.2.1.）

lolūyate「何度も切り取る」。*loṭ* には余地がある。多音節かつ子音で始まらず，行為をまとめて表現する，動詞語基は，動詞間に［意味の］結びつきがある［ので，*loṭ* が生じる］:「"それなら貴殿は目覚めていろ，目覚めていろ"と［誰かが言うかのように］この人は目覚めている」, *sa bhavān īhasvehasvety evāyam īhate*「"それなら貴殿は求めよ，求めよ"と［誰かが言うかのように］この人は求める」。単音節かつ子音で始まり，「行為のとりまとめ」の意味を示す，動詞語基も動詞間に［意味の］結びつきがある。それ故，両方（*yaṅ* と *loṭ*）が［妥当性を］得る：*sa bhavām̐l lunīhilunīhi*「"それなら貴殿は切り取れ，切り取れ"と［誰かが言うかのように］彼は切り取る」。*loṭ* は競合関係［と見なすこと］によって生じる。

na tarhīdānīm idaṃ bhavati sa bhavām̐l lolūyasvalolūyasvety evāyaṃ lolūyata iti /
それなら，最早，これ（次の例）は用いられないのか：「"それなら貴殿は何度も切り取れ，切り取れ（*sa bhavām̐l lolūyasvalolūyasva*）"というように［何度も］この人は切り取る」。

bhavati ca /
用いられもする。

多音節語基，又は母音で始まる語基の場合，intens. を作ることができないので，Pāṇ. III 4,2 は Pāṇ. III 1,22 と競合しない。つまり多音節語基と母音で始まる語基は intens. を作ることが禁じられているので，それらが *kriyāsamabhihāra-* を表す場合は Pāṇ. III 4,2 に基づいて dvirvacana が用いられるという解釈である。だが Pāṇ. III 4,2 は子音で始まる単音節語基にも適用されることがあるならば，その場合競合関係（*vipratiṣedha-*）にあたる。競合関係に当たる場合，Pāṇ. I 4,2 に従って，後に出てくる Pāṇ. III 4,2 が優先される[144]。従って，*lunīhilunihīti*（*loṭ*）という表現が用いられることになるが，そうなるとPāṇ. III 1,22の存在意義が失われるので，当然パタンジャリはintens. の使用を認める。

次に競合関係にあたらないと考えるならば，intens.（*yaṅ*）の規則Pāṇ. III 1,22が適用順序が先（antaraṅga[145]）であることに基づいてiptv.（*loṭ*）の規則Pāṇ. III 4,2に優先する：

Pat. on III 1,22:30,5（Bhāṣya on Vārt. 5）
na vārtho vipratiṣedhena / kiṃ kāraṇaṃ nānārthatvāt / kā nānārthatā / kartr̥karmaṇor hi lavidhānam / kartr̥karmaṇor hi loḍ vidhīyate / kriyāviśeṣe svārthe yaṅ / tatrāntaraṅgatvād yaṅā bhavitavyam //
或いは競合関係［と見なす］必要はない。何故か？［*loṭ*と*yaṅ*では］意味が異なるから。意味が異なるとはどういうことか？つまり行為主体と行為目的を表示する場合に*l*の導入規定がある。つまり行為主体と行為目的を示す時，*loṭ*が規定されている。特定の行為が［動詞語基］自身の意味である時，*yaṅ*が［規定されている］。その場合，［*loṭ*に対する］antaraṅgaであるから，*yaṅ*が生じるべきである。

na tarhīdānīm idaṃ bhavati sa bhavāl̐ lunīhilunīhīty evāyaṃ lunāti / bhavati ca / vibhāṣā yaṅ yadā na yaṅ tadā loṭ //
それなら，最早，これ（次の例）は用いられないのか：「それなら貴殿は切り取れ，切り取れ（*sa bhavāl̐ lunīhilunīhi*）」と［誰かが言うかのように］この人は切り取る。用いられもする。*yaṅ*は任意に

---

144 Pāṇ. I 4,2 *vipratiṣedhe paraṃ kāryam*「［二つの規則が等しい力を持つことで引き起こされる］対立においては，後の規則による操作が適用される」。

145 2つの規則が同時に適用可能な事態に遭遇した時，誤った順序に基づいた形を防ぐためにantaraṅgaとbahiraṅgaという原理によって適用順序の先後関係を決定する。Paribhāṣenduśekhara 50の定義によればantaraṅgaは適用根拠を内側に持つ操作のことであり，適用根拠を外側に持つ操作bahiraṅgaに優先する。具体例と詳細な議論については，Paribhāṣenduśekhara (ed. KIELHORN), p.221ff, CARDONA 1970: 51ff., JOSHI/ROODBERGEN 1995 (vol. IV): 31ff. 間瀬 2005: 90ff.

［用いられる］。*yaṅ* が［生じ］ない時，その時は *loṭ* が［生じる］。

iptv. 語幹を形成する *loṭ* は *l*（*lakāra-*）なので行為主体と行為目的とを示すために導入される。だが iptv. 語形は単独で *kriyāsamabhihāra-* を示すことはできず，その後さらに Pāṇ. III 4,2 に従って iptv. 語形を繰り返す必要がある[146]。他方 *yaṅ* は Pāṇ. III 1,22 に従って導入され，単独で *samabhihāra-* を示す動詞語基を形成する。このような場合，*yaṅ* が *loṭ* に対する antaraṅga として用いられる[147]。しかしながら，Pāṇ. III 1,22 が常に Pāṇ. III 4,2 に優先することになれば，*lunīhilunihī* という表現が用いられないことになり，Pāṇ. III 4,2 の存在意義が失われる。Pāṇ. III 1,22 は *vā*（Pāṇ. III 1,7）により任意規定と見なされるので，*yaṅ* の導入は任意である。従って *yaṅ* が導入されない場合には *loṭ* が導入されると説明される。

1.4.2.3. 『カーシカー』

Kāś. on Pāṇ. VIII 1,4 は同形反復（*dvirvacana-*）と iptv. のそれとの関係について，整合的な理解に努める。『カーシカー』によれば，動詞の同形反復は *nitya-*「恒常的な反復（= *ābhīkṣṇya-*）」の意味で用いられるのに対し，名詞語幹の場合は *vīpsā-*「それぞれに（distributive）」の意味で用いられる。absolutive, *ṇamul*-gerund, iptv. の同形反復は *paunaḥpunya-*「（行為の）反復」を示す。intens. は既に「反復」を示すので，本来反復形は用いられないが，intens. の同形反復が用いられる場合，*kriyāsamabhihāra-* を示す。

---

146 Pradīpa : *loṭaś ca kevalasya samabhihāram abhivyaṅktum asāmarthyāt tadantasya dvirvacanaṃ pravartate*「また *loṭ* だけでは samabhihāra を表示する力がないので，それ（*loṭ*）で終る［語］の同形反復が起こる」。

147 Kaiyaṭa によれば，*loṭ* は Pāṇ. III 4,69 と Pāṇ. III 4,2 というより多くの操作を予定する（*bahvapekṣa-*）ので bahiraṅga である（*loḍ bahiraṅgaḥ / kartrādyapekṣaṇād dhātusaṃbandhāpekṣaṇāc ca*）。但し，Nāgeśa は *alpāpekṣa-* と *bahvapekṣa-* の原理を認めない（cf. 間瀬 2005: 93,n.13）。Nārāyaṇa, Haradatta 等は Kaiyaṭa に従う：*antaraṅgo yaṅ kriyāsamabhihāramātrāpakṣatvād, loṭ tu bahiraṅgaḥ*「*yaṅ* は *kriyāsamabhirā-* のみが予定されるので antaraṅga であり，他方 *loṭ* は bahiraṅga である」Padamañjarī on Kāś III 1, 22

kriyāsamabhihāra- は,『カーシカー』によれば,「反復(*paunaḥpunya-*)」と「強意(*bhr̥śārtha-*)」からなる。既に intens. は単独で「反復」を示すので,ここで dvirvacana における *kriyāsamabhihāra-* とあるのは強意の意味(*bhr̥śārtha-*)と解される[148]。従って intens. の反復形は「強意」かつ「反復」を表すことになる。

148 Pradīpa on Pat. to Pāṇ. III 1,22 : *yadā tu br̥śārthe 'pi paunaḥpunyaṃ vivakṣyate tadā pāpacyate-pāpacyata iti dvirvacanaṃ bhavaty eva*「他方,強意[を表示しながら]も,反復が意図される時,その時は *pāpacyate-pāpacyate* という同形反復が起こる」。

1.5. パーニニが言及するヴェーダ語の **intensive** 語形

1.5.1. **Pāṇ. VII 4,64**

パーニニはPāṇ. VII 4,64と65においてヴェーダ語のintensiveを挙げる。Pāṇ. VII 4,64によると，*karṣ* / *kr̥ṣ*「引きずる」（*kr̥ṣ*[Á] DhP I 1039, *kr̥ṣ*[À] DhP IV 6）のintensiveの重複音節は口蓋（palatal）化しない：

> Pāṇ. VII 4,64 *kr̥ṣeś chandasi*［*na, yaṅi* 63, *kuhoś cuḥ* 62, *abhyāsasya* 58, *aṅgasya* VI 4,1］
> ヴェーダ語では，*ya*（*yaṅ*）の前で，*kr̥ṣ* の語幹の重複音節の *k* 列の音の代わりに *c* 列の音は起こらない。

karṣ / *kr̥ṣ* のintensiveにはpres. subj. *carkr̥ṣat* RV I 23,15, pres.part. *cárkr̥ṣat* RV I 176,2, RV VIII 20,19, impf. *acarkr̥ṣur* AV-JB-TB-ĀpŚrSū-MānŚrSū-PārGr̥Sūが見られる（Schaefer 1994: 106）。いずれも重複音節は1音節となっている。『カーシカー』が例として挙げる*karīkr̥ṣyate*のように重複音節の口蓋化が起こらない*karṣ*のintens. はヴェーダ文献に見出せない。従って，散逸ヴェーダ文献に基づいたものか，或いはパーニニが知っていたヴェーダ文献が今日伝わっているものとは異なっていた可能性も考えられる。

1.5.2. **Pāṇ. VII 4,65**

Pāṇ. VII 4,65には18のヴェーダ語の重複語幹の語形が列挙されている（→ 総論3. *nipātana*-sūtra）：

> Pāṇ. VII 4,65 *dādharti dardharti dardharṣi bobhūtu tetikte 'larṣy āpanīphaṇat saṃsaniṣyadat karikrat kanikradad bharibhrad davidhvato davidyutat taritrataḥ sarīsr̥pataṃ varīvr̥jan marmr̥jyāganīgantīti ca*［*chandasi* 64］

ヴェーダ語では，i. *dādharti,* ii. *dardharti,* iii. *dardharṣi,* iv. *bobhūtu,* v. *tetikte,* vi. *alarṣi,* vii. *āpanīphaṇat,* viii. *saṃsaniṣyadat,* ix. *karikrat,* x. *kanikradat,* xi. *bharibhrat,* xii. *davidhvataḥ,* xiii. *davidyutat,* xiv. *taritrataḥ,* xv. *sarīsr̥patam,* xvi. *varīvr̥jat,* xvii. *marmr̥jya* (*marmr̥jma*?), xviii. *āganīganti* も用いられる

パーニニが *chandasi* の下に挙げる語形の圧倒的多くはRV，黒YVに見出される。この規則に列挙されている語形もRV，黒YVに見られるものか，全く実例が見出されないものが殆どである。これらの形は何らかの点においてパーニニが教える形成法から逸脱した形とされる。『カーシカー』の解釈は以下の通りである：

athem.intens.（*yaṅluk*）：
iv. *bobhūtu,* v. *tetikte,* vi. *alarṣi,* vii. *āpanīphaṇat,* viii. *saṃsaniṣyadat,* ix. *karikrat,* xi. *bharibhrat,* xii. *davidhvataḥ,* xiii. *davidyutat*

redupl.pres.（*ślu*）
xi. *bharibhrat,* xii. *davidhvataḥ,* xiii. *davidyutat,* xiv. *taritrataḥ,* xv. *sarīsr̥patam,* xvi. *varīvr̥jat,* xviii. *āganīganti*

この規則に挙げられる語形は，redupl.pres. *dādharti*（pf. *dādhā́ra*「保っている」から二次的に作られた語幹）を除けば，全てathematic intensiveであるが，パーニニ文法学ではこれらのintens. 語形の幾つかをredupl. pres.（*ślu*）等の異例形と解釈する。但し，i. *dādharti,* ii. *dardharti,* iii. *dardharṣi* については redupl.pres.（*ślu*）と intens.（*yaṅluk*）の2つの可能性を考えている。さらに x. *kanikradat* を *a*-aor.（*aṅ*），xvi. *marmr̥jya* を pf.3sg.act. と解釈する。伝統説によれば，nipātana語形とは標準的な形成法から逸脱した形であるから，この中には標準のintens. 語形は存在しないことになる。従って，ii. *dardharti,* iii. *dardharṣi,* xv. *sarīsr̥patam,* xvi. *varīvr̥jat* のような語形が仮に通常の規則によって説明可能な場合は，intens. ではなく redpul.pres. をはじめとする重複語幹の不規則な形であると説明せざるを得ない。但

し，パーニニ文法学によれば，[iii.] *bobhūtu*, [iv.] *tetikte*も規則に則った形である。従って，それらの形はintens.ではなく, redupl.pres.（*ślu*）等の異例形なのでここに挙げられたと解釈する。但し，[iii.] *bobhūtu*, [iv.] *tetikte*は規則に一致しているが，niyama，又はjñāpanaという特別な役割を持つnipātanaであるとする（→ 総論3.2.2. Pat. on VII 4,65）。

この規則に挙がっている語形がほぼ全てathem. intens.であるという事実は*yá*-intens.が急速に拡大し，パーニニの時代にはathematic intens.が幾分古風な形であったことを示すものと理解される（→ 各論1.1.2.）。

この規則には僅かに18の形が挙げられるに留まるが，それ以外にも，パーニニ文法の形成法の観点からここに収録されて然るべきヴェーダ語形がある（例えば，*dediṣṭe*のようなathem.intens.mid.）。従ってパーニニがどの程度までヴェーダの用例を知っていて，且つそれらを挙げる必要があると判断したのかということが問題となる。例えばパーニニは*dhar / dhr̥*「保つ」のintens.語形については3sg. *dardharti*と2sg. *dardharṣi*の2つを挙げている。他方*ar / r̥*「動かす」（act. *iyarti*, mid. *īrte*）のintens.は3sg. *alarti*, 2sg. *alarṣi*がRVに現れるが，パーニニは2sg. *alarṣi*のみを挙げている。このことからパーニニは偶然知っていた語形を一つ一つそのまま収録し，また（RVに現れるヴェーダ語形の中には）見落としたもの（採録されなかったもの）もあったことが推測される。

[i.] ***dādharti*** redupl.pres.ind. 3.sg.act.

JB II 37[149]

tad etat pr̥cchanti: kiṃ tad divākīrtye 'han kriyate yena prajāḥ prajanayati

149 JB II 37の前半はGavāmayana祭のViṣuvantの日（冬至，又は夏至）に歌われるDivākīrtyaのサーマン（Cf. CALAND 1931: 54f.）について，後半はUpāṃśu, Antaryāmaのソーマ献供の時について述べている。Divākīrtyaは気息（*prāṇa-*）と同一視され子孫を存続させているものであると説明されている。

yena ca prajā dādhārayati ... atha yat prāṇo bhūtvā parāṇi cāvarāṇi cāhāni dādharti teno eva prajā dādhārayati「そこで，これ（次のこと）を彼らは尋ねる：Divākīrtya の日に，それによって子孫を存続させるところの，そしてそれによって子孫たちを保持させているところの，何がその時作られるのか？…次に気息が生じて前と後の日々とを保持しているならば，そのことによってまた子孫たちを保持させていることになる。」

dādharti は pf. の強語幹 *dādhā́ra*「保っている」から二次的に作られた redupl.pres. である[150]。元々 *dādhā́ra* pf. ind. 3sg. は *dhāráya-[ti]* の活用を補完している[151]。JB II 37 には更にそれから作られた caus. *dādhārayati* も見られる。

またパーニニは挙げていないが，その他にも *dādhar-* という語幹から作られた語形が見られる。黒 YS[p] に見られる *dādhrati* redupl.pres.ind. 3.pl.act. は，例えば sg. *bíbharti* :: pl. *bíbhrati* に倣って，sg. *dādharti* から新たに作られた二次的な形と判断される。E.g. MS II 2,1[p] : 15,5(~KS XI 6[p] : 151,4~ TS II 3,1,2[p]) *tá enaṃ dādhrati*「彼ら（アーディティヤたち）は当の者（祭主）を保持（扶養）している」。

AVP-Or XV 1,7 には *dādhartu* iptv.3.sg.act. がある（AVP-Kashm. は *dadhartu*）[152]: *dhartrī diśāṃ kṣatram idaṃ dādhartu*「諸方位を支える女神はこの支配権を保持していろ」。pf.iptv. と解すならば正常な形であるが，*bíbharti* (*bibhárti*) :: *bibhartu*, *píparti* :: *pípartu* という対応に倣って，*dādharti* から新たに作られた形とも考えられる。

150 Kümmel 2000: 262f.

151 Ai. Synt. 297f., Jamison 1983: 94f,

152 MS-TS-ĀśvŚrSū[m] のヴァリアントは *dādhāra* である。*dādhāra*, *dādharti* のいずれの場合も a-pāda の cadence の第 2 音節が長母音となるので，韻律に反して用いられている。*dhártrī diśā́ṃ kṣatrám idáṃ dādhāropasthā́śānāṃ mitrávad astv ójaḥ* MS III 16,4 : 188,10, TS IV 4,12,3, ĀśvŚrSū IV 12,2

ここで先ず問題となるのは，パーニニがJB II 37に現れる*dādharti*を念頭に置いていたかということである。もし知っていたとすれば，*chandasi*はブラーフマナ文献をも含むことになる。*chandasi*の下に挙げられる語形の圧倒的多くはRVから黒YSに見出されるが，それ以降のAB, ŚBのようなブラーフマナ文献のみに見られるものは非常に少ない。またJB II 37に見られるcaus. *dādhārayati*のような珍しい語形をパーニニが知っていたら，ここに挙げるか，又は他の規則において言及したことが予想されるが，パーニニ文典中には見られない。従って*dādharti*がJB II 37から採られたとは考えにくい。

もしパーニニがJB II 37を知らなかったとすれば，*dādharti*という形が散逸ヴェーダ文献にもあった可能性も出てくる。或いは3pl. *dādhrati* YS^{p}, *dādhartu* AVP-Or. も視野に入れていて，3sg. を代表形として挙げた可能性も考えられるが, *nipātana*-sūtraは活用した形をそのまま収録したものと考えられるので，散逸ヴェーダ文献から採られた可能性の方が高い。

次にパーニニは*dādharti*をintens.（*yaṅluk*）と見なしていたのか，それともredupl.pres.（*ślu*）と見なしていたのかという問題がある。Pāṇ. VII 4,65に挙げられている語形は*dādharti*以外は全てintens. であることから，パーニニは*dādharti*を含むPāṇ. VII 4,65の全ての語形をintens. と見なしていたとするのが自然である。伝統説は解釈学上の要請から，同規則の語形の幾つかをredupl.pres.（*ślu*）として解釈する。

パタンジャリは*dādharti* をredupl.pres.（*ślu*）と見なす。*dādharti*は*dhārayati*（*dhṛñ* DhP I 948），又は*dhriyate*[153]（*dhṛṅ* DhP VI 119）から作られていると考える。*dhārayati*から作られたと考えるならば，重複音節が長母音であること，及び -*aya*- 語幹を作るsuffix（*ṇi*）が脱落することは標準語の規則に規定されていないとパタンジャリは考えている[154]。*dhriyate*

153 Inf. を伴って,「とりかかる」という意味で用いられる。e.g. *tám adhriyata hótum*「彼は献供にとりかかった。」TS VI 5,9,1, cf. Ai. Synt. 429f.

154 重複音節の長母音化はPāṇ. VI 1,7に規定されているが，伝統説はヴェーダ語の規則と見なす（→ 結論4.）。

のredupl.pres.と考えるならば，重複音節の長母音化，及び本来Pāṇ. I 3,12に従ってmid.で用いられる動詞がact.の活用を示していることは標準語の規則からは説明できない。どちらの解釈も標準語の規則で説明できない特異な現象を含んでいるが，パタンジャリによると，他の形成法から推測されるか，又はヴェーダ語の規則を適用することで説明できるので*dādharti*は*nipātana*語形ではない（→ 総論3.2.2. Pat. on Pāṇ. VII 4,65）。

『カーシカー』はパタンジャリの見解を踏襲した上で，さらにintens.（*yaṅluk*）のnipātana語形の可能性も考える。redupl.pres.（*ślu*）の解釈の場合と同じように，*dhārayati*（*dhṛñ* DhP I 948）から作られたintens.と*dhriyate*（*dhṛṅ* DhP VI 119）という二つの可能性を考える。*dhārayati*のintens.の場合，*-aya-*語幹を作る*ay*(*ṇi*)の脱落，及び重複音節の長母音がnipātanaである。*dhriyate*の場合，重複音節の長母音化，及びact.の活用を示している（『カーシカー』は言及していない）ことがnipātanaである。ニアーサ注によると，intens.と考えるならば，*ekāc*°「1音節［動詞語基］」（Pāṇ. III 1,22）の文言により，2音節動詞語基には*ya*（*yaṅ*）は導入されないので，*dhārayati*（< *dhāri*）からintens.が作られること自体が不規則である[155]。*ṇi*の脱落はPāṇ. VI 4,51に規定されており[156]，重複音節の長母音化もPāṇ. VII 4,83に規定されているので[157]，*dādharti*は正しい形と見なし得る。

ii. ***dardharti*** intens.pres.ind.3.sg.act. 用例なし

155 Nyāsa on Kāś. VII 4,65 : *yadā tu yaṅluki tadānekāctvād yaṅ na prāpnoti*「他方［*dādharti*が redpl. pres.（^{ś}*lu*）ではなく」，athematic intens.（*yaṅluk*）に関して［nipātanaと見なす」時は多音節［語基から作られたもの］となるので，intens.（*yaṅ*）は［妥当性を］得ることはない」。

156 Nyāsa on Kāś. VII 4,65 : *ṇilopas tv ārdhadhātukatvād eva yaṅaḥ "ṇer aniṭi" ity evaṃ siddham*「^{N}*i*の脱落は*ya*（*yaṅ*）がārdhadhātukaなので，*ṇer aniṭi*（Pāṇ. VI 4,51）とこのように確立している」。

157 Nyāsa on Kāś. VII 4,65 *abhyāsasya dīrghatvam api "dīrgho'kitaḥ" ity evaṃ siddham.*

iii. ***dardharṣi*** intens.pres.ind.3.sg.act.

RV V 84,3~KS X 12:140,7
dṛḍhā́ cid yā́ vánaspátīn | *kṣmayā́ dárdharṣ*$_{i}$*y ójasā*
「[君自身］ただでさえ堅固であるが，［風雨に際しては］木々を地上に力によって保持しつづける君（大地）」

ii. *dardharti*の用例はヴェーダ文献に見出されない。従って散逸ヴェーダ文献にあったものと判断される。iii. *dardharṣi*はRV V 84,3に見られる。わざわざ3sg. と2sg. とを挙げていることから，パーニニは偶然知っていた語形を一つ一つそのまま収録したことが推測される。

パーニニは挙げていないが，*ví...adardhar* intens.impf..3.sg.act.も見られる：*út saṃhā́yāsthād v*$_{i}$*y ṛ̀tū́ṁr adardhar* RV II 38,4「彼（サヴィトゥリ）は身を起こしてから立ち上がった。彼は季節たちを絶えず分けて保持していた」。パーニニがこの語形を知らなかったのか，或いは既に*dardharti, dardharṣi*を挙げているので，挙げる必要がないと判断したのかは分からない。

パーニニがこの2つの語形を1音節語基 *dhṛ*の intensiveと考えていたとするならば，**dardharti, dardharṣi*は標準語の規則から導き出すことができる：

dhṛ^{Ñ}(DhP I 948)-***ya***^{Ṅ} III 1,22 > ***dhṛ-dhṛ***-*ya* VI 1,9 > *dh**a**-dhṛ-ya* VII 4,66 > ***d****a-dhṛ-ya* VIII 4,54 > *da-dhṛ-ya-**l***^{AṬ} III 2,123 > *da-dhṛ-ya-**ti***^{P} III 4,78 > *da-dhṛ-**lu***^{K}*-ti* II 4,74 > *da-**r**$_{u}$*^{K}*-dhṛ-ti* VII 4,91 > *da-r-dhṛ-*^{Ś}***a***^{P}*-ti* III 1,68 > *da-r-dhṛ-**lu***^{K}*-ti* II 4,72 > *da-r-dh**ar**-ti* VII 3,84 I 1,51.

ヴェーダに見られる語形であっても，標準語の規則によって説明できるものは，特例（*nipātana-*）として挙げられることは珍しい。nipātana語形は，何らかの例外として挙げられるのが普通であり，*dardharti, dardharṣi* のような標準的な語形が挙げられるケースは非常に少ない。恐らくパーニニがヴェーダにおいて固定された形, 即ち標準語では用いられない化石化した形と考える語形であれば, 規則に反する形でなくても挙げたと考えられる。従って, パーニニは *dardharti, dardharṣi* をヴェーダにしか見出されない化石化した形と考えていたと推測される。仮にパーニニが不規則な intens. と考えて挙げたとするならば, *i* (*ṇi*) がついた 2 音節語基 *dhāri* からさらに intens. 語形が作られているので, Pāṇ. III 1,22 *ekāc*-「単音節 [語基]」の文言に対する例外形と考えられる。

パタンジャリは *dardharti, dardharṣi* を *dhārayati* (*dhṛ*[N] DhP I 948 に causative を作る suffix [N]*i* がついた形), 又は *dhriyate* (*dhṛ*[N] DhP VI 119) の redupl.pres. (*ślu*) であるとする。*dhārayati* の場合, 重複音節の後ろに *r* (*ruk*) が挿入され, caus. 語幹等を作る suffix の *ṇi* が脱落した形とする。同様に *dhṛ*[N] の場合も重複音節の後ろに *r* (*ruk*) が挿入されたものとする。『カーシカー』は intens. (*yaṅluk*) と redupl.pres. (*ślu*) の両方の可能性を考える。伝統説は規則で説明できない語形を承認するのが nipātana と考えるので, *dardharti, dardharṣi* が通常の規則から導き出されたものとは認めない (→ 総論 3.2.2.)。このような場合, 通常の規則では説明できない語形とするために, intens. の重複音節に挿入されるはずの付加音 *r* (*ruk*) が例外的に redupl.pres. に用いられたという解釈によって解決を図る。

[iv.]***bobhūtu*** intens.pres.iptv. 3sg.act. 用例なし

bobhūtu はヴェーダ文献に全く実例がない。散逸ヴェーダ文献にあった形ということになる。パーニニは挙げていないが, *bhav*[i] / *bhū* の intens. は RV, AV 以来見られる:

bobhavīti intens. pres.ind. 3. sg.act. RV III 53,8
   rūpáṃ-rūpam maghávā bobhavīti māyáḥ kṛṇvānás tanvàm pári svā́m 「有能者 (インドラ) は様々な姿にその都度なる, 自分の

体の周りに諸々の驚異的力を作り出して」

bóbhuvatī intens. pres.part. f.sg.nom. AVŚ V 7,8

utá nagnā́ bóbhuvatī svapnayā́ sacase jánam

「そして君（Arāti「悪意」）は裸になって，再三夢を通じて人につきまとう」

【***bhav^{i} / bhū*** の語根母音階梯（**root vocalism**）】*bhav^{i} / bhū*の aor.，及び pf. 語幹は一貫してゼロ階梯である[158]：aor.ind. *abhūt,* aor.iptv. *bhūtu,* aor.subj. *bhuvāni,* pf.ind. *babhūva*, pf.iptv. *babhūtu* RV I 127,10。古アヴェスタ語の aor.subj. には zero-gr. *buua-* と full-gr. *bauua-* とがある。full-gr. **bhau̯-a-* を本来の aor.subj. と考えて，OAv. *buua-* が二次的に作られたとする立場があるが，aor. ind. では一貫してゼロ階梯を示しており，subj. のみにおいて full-gr. *bauua-* という差があるのは不自然な現象であり，zero-gr. **bhuu̯-a-* が本来の subj. と判断される（Gotō 1987: 230.）。pres. ind. **bháu̯a-^{ti}* は未来のようにも解し得る意味を持つことから，subj. の代わりに使用されたものと理解する（Gotō 1987: 230.）。パーニニは *bhav^{i} / bhū* と *sav^{i} / sū* の母音階梯について Pāṇ. VII 3,88 で指摘している[159]。また Pāṇ. VII 4,74 において，*sasūva* が *babhūva* と同じプロセスによって作られていることを指摘している（→ 総論2.3.1.）。

---

158 同様の特殊な語根母音階梯を示す語根に *sav^{i} / sū*「(母が) 子を産む」がある : aor.ind. *asūt*, pf.ind. *sasūva*. 特に pf. *sasūva* のゼロ階梯語幹で，重複音節が *ū* に同化されずに *a* のまま保たれている。これは *abhūt*, *babhūva* に倣って作られたと考えられる（Strunk 1972: 26，堂山 2005: 3）。*asūt* については Gotō 1991: 698, fn. 141 を見よ。

159 Pāṇ. VII 3,88 *bhūsvos tiṅi* [*na, sārvadhātuke* 87, *guṇaḥ* 82, *aṅgasya* VI 4,1]「人称語尾（*ti*^{N}）の sārvadhātuka の前では，*bhū*, *sū* の語幹の母音の代わりに guṇa は生じない」。e.g. *abhūt*, **suvai* subj.1sg.mid. これに対し，*bhavati* の場合は，*bhū* と *ti*^{P} の間に $^{\$}a^{P}$ があるので，この規則は適用されない。但し，iptv. 1sg.act. *bhavāni* のような場合，人称語尾 *-ni* の前に挿入される *ā*^{T} は付加音であるから，*-āni* という一つの人称語尾を形成する。従って *a*^{T}, *ā*^{T} の前では guṇa 化が禁止されることになる。現実には *bho-* という形が生じないことを教えたものと思われる。

【*bhav*ⁱ / *bhū* の intens. iptv.】 一般にintens.pres.iptv.3sg.act.の語根母音階梯（root vocalism）は，標準階梯である[160]。問題となるのはは，ゼロ階梯を示すintens. iptv. *bobhūtu*をパーニニが不規則と見なしたかどうかである。intens. ind. *bobhavīti* RVはVārt. 1 on Pāṇ. VII 3,88に従えば, intens.等の2次活用の時はguṇa化は禁止されない（→ 総論3.2.3）ことになるので導き出すことができる。pres.part. *bóbhuvatī* AVŚは通常の規則から導き出される。従って両者をパーニニが知っていたとしても挙げる必要はなかったものと考えられる。パーニニはintens.pres.ind. *bobhavīti*，或いは-*yá*- intens. **bobhūyate*が標準語で用いられることを意識していたものと考えられる。単にヴェーダにしか見出されない語形として収録されたと考えられる。

*bobhūtu*はPāṇ. VII 3,88がintens. にも適用されるので正しいはずであるが，特例（*nipātana*-）として挙げられていることが問題となる。パーニニ文法学の一般的な見解によれば，Pāṇ. VII 3,88に反してguṇa化した*bobhavīti*を標準形と認め，同規則に適った*bobhūtu*は特殊語形（nipātana）である。カーティヤーヤナによるとPāṇ. VII 3,88は，*bobhū*-（*bhū-yaṅ*）のような2音節動詞語基，つまりintens. のような2次活用については適用されないので，*bobhavīti*を導き出すことができる（→ 総論3.2.3.）：

> *bhū*(DhP I 1)-***ya***^{Ṅ} III 1,22 > ***bhū-bhū***-*ya* VI 1,9 > *bh**o**-bhū-ya* VII 4,82 > ***b**o-bhū-ya* VII 4,61 > *bo-bhū-ya-**l***^{AT} III 2,123 > *bo-bhū-**lu***^{K}-1 II 4,74 > *bo-bhū-**ti***^{P} III 4,78 > *bo-bhū-*^{Ś}***a***^{P}*-ti* III 1,68 > *bo-bhū-**lu***^{K}*-ti* II 4,74 > *bo-bh**o**-ti* VII 3,84 > *bo-bho-**ī***^{T}*ti* VII 3,94 > *bo-bh**av**-īti* VI 1,78

パタンジャリは, intens.（*yaṅluk*）の場合には, Paṇ. VII 3,88の適用は*bobhūtu*という特殊語形だけに制限されるということを示す目的で*bobhūtu*が挙げられたとする（→ 総論3.2.2. Pat. on VII 4,65）。

160 E.g. *johavītu*, etc. See SCHAEFER 1994 : 35.

Kāś. on Pāṇ. VII 3,88, VII 4,65, 及び Siddh.Kaum. 3596は, guṇa化していない形*bobhūtu*は, それが特殊語形 (nipātana) として挙げられていることから, guṇaした形 **bobhoti*, *bobhavīti*が標準語形であることを間接的に理解させる (*jñāpana-* / *jñāpaka-*) 目的を持っているとする。

【*bhav^i^* / *bhū*の intens. subj.】 パーニニは挙げていないが, intens. subj. もYVに現れる：

ní-bobhuvat, ví° intens. pres.subj.3.sg.act.

MS I 2,17^m^ : 27,7, TS I 3,10,1^m^, TS VI 3,11,2^m^

aindrò 'pānó áṅge-aṅge ***níbobhuvad***. *aindró vyānó áṅge-aṅge* ***víbobhuvat***

「インドラの吸気はそれぞれの身体部位の中に生じるがよい。インドラの展開する気息はそれぞれの身体部位に展開するがよい」

bobhavat intens. pres.subj.3.sg.act.

ŚBM II 2,3,16~*bobhuvat* ŚBK I 2,3,13

yád vái jñātáye vā sákhye vā níṣkevalyaṃ cíkīrṣati tirá ivaiténa bobhavat

「専ら親族のため或いは同僚のために為そうとするのであれば, それはあたかもその者から隠れる (その者には隠しておく) かのようにするがよい」

intens.subj. の語根母音階梯 (root vocalism) はゼロ階梯 となることが期待されるが[161], ŚBMには新しい形としてintens. のfull-gr.subj. が現れる (Schaefer 1994: 162f.)。*bhav^i^* / *bhū*の intens.subj. の場合もやはり ind. の場合と同様, Pāṇ. VII 3,88 によって guṇa化が禁じられるはずである。従って pres.ind. *bobhavīti*を導き出せないとするならば, その他の語幹であっても標準階梯の語幹を導き出すことはできない。逆に Vārt. 1 on VII 3,88の解釈に従い, *bobhavīti*を導き出せるとするならば標準階梯の intens. subj. *bobhav-a-*も導き出され得る[162]。いずれにせよパーニニは標

161 Schaefer 1994: 43, Doyama 2006: 2.

準語で用いられない語形であれば，規則的であれ不規則であれ，全て挙げたであろうことは，既に VII 4,65 に [iv.] *bobhūtu* や [xi.] pres.part. *varīvṛjat* 等の形が挙げられていることから推測される。従って，パーニニがこれらの subj. 語形を知っていれば，ここに挙げたとしても不思議ではない。

[iii.] *tétikte* intens. pres.ind. 3.sg.mid.

RV IV 23,7
drúhaṃ jíghāṁsan dhvarásam anindrā́ṃ | tétikte tigmā́ tujáse ánīkā
「被害をもたらす，インドラを認めない欺きを打ち砕こうとして，彼（インドラ）は投げつけるために鋭い穂先（鏃）たちを何度も研ぐ」

tétikte は RV IV 23,7 に見られる。この箇所から採られた可能性は十分考えられる。パーニニは intensive 語形を導き出す際，*ya*（*yaṅ*）がついた形，つまり mid. でしか活用しない -*yá*-intensive を基本形として設定している。ヴェーダ語では，*tétikte*, *nenikté*, *dédiṣṭe* などのように athematic の mid. の形も多く現れる。-*yá*-intens. が生産的になるのは，RV より後のヴェーダ文献，特にブラーフマナからである（→ 各論 1.1.）。通常の規則から -*yá*-intens. **tetijyate* という形も想定されるが，このような形がパーニニの時代に用らいれていた可能性は考えられる。*tetikte* はヴェーダにあるが日常では用いられない形として挙げられたと思われる。

tétikte の他にも，-*yá*- を伴わない mid. の intens.part. *tétijāna*- が VS V 43[163]~VSK V 10,5, ŚB III 6,4,14~ŚBK IV 6,4,6 に見られるが，パーニニは挙げていない：*ayáṁ hí tvā svádhitis tétijānaḥ praṇinā́ya mahaté sáubhagāya*

162 **bobhoti, bobhavīti* が用いられることになれば，理論上は同様に intens.iptv.3.sg.act. **bobhavītu*, **bobhotu* などの形も用いられることになる。Cf. Mādh.Dh. I 1: *bobhavītu / bobhotu / bobhūtāt ity atra tātaṅo ṅitvān na guṇaḥ*「*bobhavītu, bobhotu* が［用いられる］。*bobhūtāt* の場合，*tāt*$_{a}^{N}$ が *ṅ* を *it* とするので guṇa は生じない」。

163 Cf. *yáṃ tvā́m ayáṃ svádhitis téjamānaḥ* RV III 8,11, *yáṃ tvāyáṁ svádhitis téjamānaḥ* KS III 2: 23,20, XXVI 3:125,13, KpS II 9, XL 1, TS I 3,5,1, BaudhŚrSū IV 1, BhārŚrSū VII 2,4.

「この手斧は君（Vanaspati）を絶えず鋭くしながら，大きな良い分け前へと導いた」。パーニニはこの箇所を知っていたのか，或いは挙げる必要がないと判断したのかは決定できない。

パーニニ文法学の立場によれば，*tetikte*（*yaṅluk*）においてはmid. の活用が特例化（nipātana）されている。*ya*（*yaṅ*）は*ṅ*をitとするのでPāṇ. I 3,12に従ってmid. の活用を示すので正しいはずであるが，パタンジャリによればPāṇ. I 3,12の適用は（*yaṅluk*の場合は）*tetikte*のみに制限されることを示している（→ 総論3.2.2. Pat. on Pat. VII 4,65）。しかしながら，*tetikte*の他にも，例えば*ádhi námnate*（< *nam*）RV のようにathem.intens. の mid. はヴェーダに見られるので，パタンジャリの解釈はヴェーダの言語事実に合致しない。パーニニ文法学者はパタンジャリの説に従い，原則としてathematic intens.（*yaṅluk*）は*bebhidīti, cecchidīti*のようにact. の活用を示すと考える。『カーシカー』はこのことをPāṇ. I 1,62に基づいてPāṇ. I 3,12が適用されるからと説明する[164]。後代の伝統説もathematic intens.act.（*carkarīta-*）は2類動詞に分類され，常にact. で活用すると考える（→ 各論1.1.3.）。

vi. *alarṣi*（*ar* / *r̥*）intens. pres.ind. 2.sg. act.

RV VIII 1,7

álarṣi *yudhma khajakr̥t puraṃdara*

「戦士よ，諍いを起こす者よ，塞の破壊者よ，君は何度も動き回る。」

ar / *r̥* のredupl.pres. にはtrans.-faktitive *iyárti*「動かす」，intrans. *īrté*「自らを動かす，動く」がある。そのintens.act. *alarṣi, alarti*はintrans. として「何度も動き回る」という意味で用いられる。

---

164 但し，*ya*（*yaṅ*）は*ṅ*をitとするのでI 3,12により，mid.の活用をとるが，*yaṅluk*はPāṇ. I 1,63により*ṅit*ではなくなり，Pāṇ. I 3,12が適用されないので，act.の活用をとることになる。従って，act. の場合には*yaṅluk*が，mid. の場合には*yaṅ*が用いられるという説明も可能である（→ 各論1.1.3.）。

また *alarti* intens.3sg.act. も RV に一箇所あるがパーニニは挙げていない。*alarti dákṣa utá manyúr indo mā́ no aryó anukāmám párā dāḥ*「ソーマの滴よ，有能さ，そして熱意が何度も動き回る。異部族の望むがままに我々をあちらへ与える（見捨てる）な」RV VIII 48,8. *dhar / dhr̥* の intensive については ii. *dardharti*, iii. *dardharṣi* の2つを挙げていながら，*ar / r̥* については *alarṣi* しか挙げていないことから，パーニニはこの箇所を見落としていた可能性が高い。『カーシカー』は2人称の形だけが挙げられていることについて特別な意味はないと考える[165]。

パーニニ文法学は *iyarti* の不規則形として，つまり不規則な redupl. pres. と解釈する。標準的な intens. として *arāryate* を予定する[166]。あるいは athematic intens. ならば **ararti* が予想される。パーニニは **ararti* を標準語形に予定していたと考えるならば，*alarṣi* における l が不規則なので挙げたものと判断される。

vii. *āpánīphaṇat*（*ā-phaṇ*）intens.part.

RV IV 40,4（→ viii. *saṃsaniṣyadat*）
krátuṃ dadhikrā́ ánu saṃtávīt$_u$vat
pathā́m áṅkāṃs$_i$y án$_u$v ***āpánīphaṇat***
「ダディクラーは意志力に応じて益々強力になり，道の曲がりに沿って何度も疾走しつつ。」

panīphaṇat は RV IV 40,4 とそのパラレルの YV のマントラに見られる。パーニニはこの YV のマントラを知っていてこれを挙げた可能性が高い（→ viii. *saniṣyadat*）。

panīphaṇat は重複音節に付加音 *nī*（*nīk*）が挿入された形である。Pāṇ.

---

165 *sipā-nirdeśo 'tantram, tipy api dr̥śyate*「*sip* による提示は本質的なことではない，*tip* でも見られるので」Kāś. on Pāṇ. VII 4,65

166 Pat. on Pāṇ. III 1,22:29,11, Kṣīrat. III 16

VII 4,84によると*nī*（*nīk*）の挿入は*vañc, sraṃs, dhvaṃs, bhraṃs, kaś, pat, pad, skand*のintens. 語幹に限られる（→ 各論1.2.2.）。従って*phaṇ*の重複音節に*nī*（*nīk*）が挿入されて*panīphaṇ-*となるのは異例である。標準語形はPāṇ. VII 4,85に従って*n*(*nuk*)が挿入された*pamphaṇ-*が作られる。実際*paṃphaṇataḥ* intens.part.act.m.pl. RVkh V 5,11~ŚāṅkhŚrSū VIII 25,3がある：*indra r̥śyāṁ iva paṃphaṇtaḥ parvatān prakupitāṁ aramṇāt*「インドラは絶えず疾走している羚たちのように振動している山たちを静かにさせた。」

viii. ***saṃsaniṣyadat***（*saṃ-syand / syad*）intens.pres.part. act. m.sg.nom.

saṃsániṣyadat intens. pres.part. act. m.sg.nom.
MS I 11,2^{m} : 163,3, KS XIII 14^{m} : 196,16, TS I 7,8,3^{m} (*krátuṃ dadhikrā́*° VS IX 14, VSK X 3,7, ŚB V 1,5,19 ~ ŚBK VI 2,1,10[167])
krátuṃ dadhikrā́m ánu ***saṁsániṣyadat*** | *páthām áṅkāṁs*$_{i}$*y án*$_{u}$*v āpánīphaṇat*
「意志力に，Dadhikrā に従って，何度も滑走しながら，道の曲がりたちを何度も疾走しながら」

*saṃ-sáni-ṣyad-at*はYVのマントラ（~ RV IV 40,4）にある。パーニニが挙げる*āpánīphaṇat*も同マントラにしかないことから，このYVのマントラから採録した可能性が高い。Simplex *sániṣyadat* RV IX 110,4も現れる：*sádāsaro vā́jam áchā sániṣyadat*「君（ソーマ）は勝利の賞へ向かって疾走し続け，ずっと流れていた」。しかしパーニニは挙げておらず，見落とした可能性が考えられる。

『カーシカー』によれば，動詞語基部分の*s*がretroflexになっていることが不規則であると考えるが，Pāṇ. VIII 3,57によって説明できる[169]ので，不規則ではない。また*sa**ni**ṣyand-*, *ka**ni**krand-* のように重複音節が*Cani-*

---

167 Cf. *krátuṃ dadhikrā́ ánu saṃtávītvat*° RV IV 40,4

(*C* = 子音) となっている語幹は規則からは説明できない。従って『カーシカー』はパーニニが規定していない付加音 *ni* (*nik*) が用いられていることが異例であると説明する。

パーニニは挙げていないが，その他に *syand* の intens. 語幹に *-á-* をつけて作った adj. *saniṣyadá-* が AVŚ XIX 2,1~AVP VIII 8,7 に見られる[170]：*śáṃ te saniṣyadā́ ā́paḥ śám u te santu varṣyā̀ḥ*「絶えず流れる水たちは君にとって幸あるものと，また君にとって雨を降らせるものであれ」。

[ix.] ***kárikrat*** intens. pres.part. act. m.sg.nom. (*kar* / *kr̥*)

RV I 131,3, AVŚ XX 72,2 ; 75,1

*āvíṣ **kárikrad** vŕ̥ṣaṇaṃ sacābhúvaṃ vájram indra sacābhúvam*

「付き随う雄牛を，［つまり］付き随う者である棍棒を絶えず見えるようにしながら，インドラよ。」

RV III 58,9

*rátho ha vām bhū́ri várpaḥ **kárikrat** | sutā́vato niṣkr̥tám ā́gamiṣṭhaḥ*

「君たちの戦車は様々な見かけを作りながら，搾られたソーマを持つ者の取り決められた場所へ最も来る」

kárikrat m.sg.nom. は RV に 2 箇所ある。標準語では VII 4,62 に従って重複音節が口蓋音 (palatal) となるが，ヴェーダ語では重複音節の 2 次的口蓋化 (secondary palatalization) が起こらない intens. が見られることを指摘したものと判断される。同様の理由により，[x.] *kanikradat*, [xviii.] *āganīganti* も挙げられたと考えられる。

karikrat-, *carikrat-* のように，dorsal で始まる動詞語根において，重複

168 Pāṇ. VIII 3,57 *iṇkoḥ* [*saḥ* 56, *apādāntasya mūrdhanya* 55]「これ以降の反舌音の規則は “*a*, *ā* 以外の母音，*r*, *ka* 列の音の後で” という主題の下に置かれる」。ちなみに Pāṇ. VIII 3,72 によると，*anu-*, *vi-*, *pari-*, *abhi-*, *ni-* を前接辞とする *synad* は主語が無生物の時，任意に *-ṣyand* となる。
169 この形成法は Pāṇ. II 4,74 において規定されている (→ 各論 1.2.2.)。

音節が2音節の場合，dorsal，palatalのどちらで重複した形も見られる（Schaefer 1994: 24）。*kar/ kr̥* の intens. の重複音節がpalatalとなっている例は *ācárikrat* AVŚ XI 5,6 ~ AVP XVI 153にある：*sá sadyá eti pū́rvasmād úttaram samudrám̐ lokā́nt saṃgŕ̥bhya múhur ācárikrat*「彼（バラモンの学生brahmacārin）は一日にして東［の海］から西の海へ行く，諸世界をひとまとめにして，［諸世界を］短時間のうちに何度も引き寄せながら」。当然palatalで重複する形は規則に適っているので，仮に知っていたとしても挙げる必要はない。

x. ***kánikradat*** part.act.m.sg.nom.

RV, AV, MS, KS, KpS, TS, VS, ŚB, JB, PB, KāṭhSaṃk, ĀpŚrSū

e.g. RV I 128,3 (~ KS XXXIX 15[m] : 134,9 *evena sadyaḥ pary eṣi...*)

évena sadyáḥ páry eti pā́rthivam

muhurgī́ réto vr̥ṣabháḥ ***kánikradad***

dádhad rétaḥ ***kánikradat***

「［アグニは］行路を通って，一日で地上に属する空間を周る。即座に歓迎を発して[170]，雄牛は何度も鳴きながら精液を［置き定めながら］。鳴きながら精液を置き定めながら」

MS II 7,4[m] : 79,5, KS XVI 4[m] : 224,15, KS XIX 5[p] : 6,4, TS IV 1,4,3[m], V 1,5,6[p], VS XI 46,VSK XII 4,9, ŚBM VI 4,4,7, ĀpŚrSū XVI 3,12, MānŚrSū VI 1,1,37 (Pr.)

práitu vājī́ kánikradan nā́nadad rā́sabhaḥ pátvā

「競走馬は何度も鳴きながら前に進め，飛んでいるロバは何度も響きながら［前にすすめ］」

170 Scarlata 1999: 110f. によれば *muhurgír-*「即座に歓迎が述べられる（plötzlich, augenblicklich willkommen geheißen）」。

*kanikradat*はヴェーダ文献に広く見られる語形である。*karikrat*と同じく*k*で重複していること，及び重複音節の後ろに*ni*が挿入されていることが不規則なので挙げられたと思われる。但し『カーシカー』はこの形を*a*-aor.（a^{N}）が例外的に重複語幹となり，しかもその重複音節に*ni*が挿入された異例形と解釈し，例としてRV I 128,3を挙げている。

上に挙げたVS XI 46(-MS-KS-TS-ĀpŚrSū)のマントラに見られるpres. part. *kánikradad*はŚB VI 4,4,7において*-yá*-intens. *kanikradyámāna*-と言い換えて説明されている[171]：*tám áśvasyopáriṣṭāt prágr̥hṇāti / práitu vājī́ kánikradat íti práitu vājī́* ***kanikradyámāna*** *íty etáa*「それ（粘土の塊）を馬の上で取る。［その際、Adhvaryu祭官は］‘競走馬は，何度も嘶きながら前に進め’と［唱える］‘競走馬は何度も鳴きながら前に進め’と，このことによって［唱えることになる］」。この用例は既にブラーフマナ文献の時代にはathematic intens.が古風な形となっていたことを示すものと言える。パーニニがŚBに見られる新しい形*kánikradyamāna*-を視野に入れていたものかは判断できない。

intrans. *krand*「鳴く」のintens.はpres.act. *kanikranti*[172] RV, SV-SVidhB, *kanikrante* ṢaḍvB VI 10,2[173], *kanikradá*- MS-KS-KpS-TS-VS, ŚB VII 5,2,33が現れるが，ここには挙がっていない。

xi. ***bharibhrat*** part. act.sg.nom. SCHAEFER 1994: 163

RV II 4,4

ví yó ***bháribhrad*** *óṣadhīṣu jihvā́m* | *átyo ná ráthyo dodhavīti vā́rān*

「彼（アグニ）は植物たちへとあちらこちらと[174]舌を運びながら，戦車用の馬が尻尾の毛をあちらこちらと振るように」

171　同様に*rérihat* RV X 45はŚB VI 7,3,2において*rerihyámāṇas*と，*ā́varīvartti* RV X 177,3はŚB XIV 1,4,10において*varīvartyámānas*と言い換えて説明されている（JAMISON 1983a: 63）。

172　For **kanikrantti*（SCHAEFER 1994: 110）。

173　For **kanikrannte* ; Ed. Eesingh *kanikadata*

RV X 45,7, TS IV 2,2,2, VS XII 24, ĀpM II 11,25（*íyarti dhūmám aruṣó°* MS II 7,9 : 86,14, KS XVI 9 : 230,22）

íyarti dhūmám aruṣám bháribhrad | *úc chukréṇa śocíṣā dyā́m ínakṣan*

「彼（アグニ）は赤い煙をあちこちへと運びながら動かしている，彼は白い光によって天に到達しようとしながら」

bhar / bhr̥ の intens. 語幹は Hauchdissimilation（Grassmann の法則）が起こった **baribh°* が期待されるが，ここに挙がっている形はそれが起こっていない。同様の例として *ghanighnanti* があるように重複部分が 2 音節の intens. 語形の中には GRASSMANN の法則が起こらないものがある（SCHAEFER 1994: 25）。GRASSMANN の法則に対応する規則は Pāṇ. VIII 4,54 である [175]。この規則に反して *bháribhrat* は重複音節が帯気音となっているので，挙げたと考えることができる。

『カーシカー』は redupl.pres.（*ślu*）と見なした結果，重複音節の母音が *i* ではなく *a* となっていること，及び intens. の重複音節に挿入されるはずの付加音が挿入されていることが不規則であると考える [176]。だが敢えて reudpl.pres. の異例形と解する必要はなく，パーニニは *bharibhrat* を intens. と見なして挙げたと解すべきである。従って redupl.pres. に適用される Pāṇ. VII 4,76 は，ここに挙がっている intens. *bharibhrat* とは何等関係ない。また付加音 *ri*（*rik*）は Pāṇ. VII 4,92 において *r̥* で終る動詞語基の intens. に用いられることが規定されているので，*ri*（*rik*）が生じるこ

174 *bhar* の redupl.pres. *bíbharti / bibhárti* は「運んでいる」(iterativ-durativ) を意味する (GOTŌ 1987: 226f.)。一方 intens. は「あちらこちらと運ぶ」(iterativ-alternativ) を意味する (SCHAEFER 1994: 163)。

175 Pāṇ. VIII 4,54 *abhyāse car ca*［*jhalāṃ, jaś* 53］「重複音節においては有気音音（*jhal*）の代わりに，［有声無気音（*daś*）だけでなく］無声無気音（*car*）も生じる」。

176 Kāś. on Pāṇ. VII 4,65 : *bharibhrat iti bibharteḥ yaṅlugantasya śatari 'bhr̥ñām it' iti itvābhāvo jaśtvābhavo 'bhyāsasya rigāgamaḥ nipātyate*「*bharibhrat* は athematic intens.（*yanluganta-*）の *bibharti*（DhP III 5）が pres.part.（*śatr̥*）の時，'*bhr̥ñām it*'（Pāṇ. VII 4,76）というように重複音節が *i* とならないこと，有声無気音とならないこと，付加音 ri^{K} が挿入されることが不規則である」。

とは不規則ではない。

パーニニは挙げていないが，その他にも *bhar* の intens.pres.3,pl.act. *bharibhrati* RV X 124,7，及び pf. *jabhā́ra* に由来する[177] intens.pres. 3du.act. *vijarbhr̥tás* が RV I 28,7 にある。*bhar* の pf. *jabhár- / jabhr-* は RV に多く現れるが，散文においては *jabhruḥ* AB I 18 しか例がない。*bhar* の pf. が *j* で重複することは *har / hr̥* の pf. の影響と説明される（HOFFMANN 1952: 264 = Aufs. 45）。*har* の pf. 自体は AV 以降に現れるが，この影響は既に RV において前提となっているものと推測される（KÜMMEL 2000: 338）。

bhar / bhr̥ の intens. *vijarbhr̥tás*，或いは pf. *jabhár-* のような重複語幹は少なくともパーニニの規則からは説明できないが，Vārt. on Pāṇ. VIII 2,32 : 404,10 において *bhr̥* と *hr̥* との交差[178]として説明されている：*hr̥grahor bhaś chandasi hasya*「ヴェーダ語では，*hr̥*, *grah* において，*h* の代わりに *bh* が用いられる」。例としてパタンジャリは *gardabhéna sáṃbharati*（RAU 231 = MS III 1,3: 3,15, KS XIX 2:2,3, TS V 1,5,5）, *sāmidhenyo jabhrire*（用例なし）[179]を挙げている。パタンジャリが挙げる例から判断すると，操作の時は *hr̥* として扱われるので *j* で重複することは不規則ではないことになる。このように *jabhar-* という重複語幹はスートラ自体に規定されず，カーティヤーヤナの補足によって説明されるので，恐らくパーニニの視野に入っていなかったものと思われる。

xii. ***dávidhvatas*** intens. pres.part. act.sg.gen. / pl.nom.（*dhav^i / dhū*）SCHAEFER 138f.

sg.gen.

RV X 96,9; AVŚ XX 31,4

177 SCHAEFER 1994: 24。ちなみに *bhar^i / bhur*「素早く動く」の intens. *járbhurīti* は *bhar / bhr̥* の intens. *vijarbhr̥tás* に倣って作られたものである（HOFFMANN 1952: 264 = Aufs. 45）。

178 現在語幹 *hára-* と *bhára-* の交差については，GOTŌ 1987: 346f.

179 Cf. *samithéṣu jabhiré* RAU 1993: no.0699 = MS, KS, TS, VS, ŚB。

srúveva yásya háriṇī vipetátuḥ | *śípre vā́jāya háriṇī dávidhvataḥ*

「2つの匙のように飛び分かれている黄色［の唇］を持つ彼（インドラ）が黄色の上下の唇を勝利［のソーマ］のために絶えず震わせている時」

pl.nom.

RV II 34,3

híraṇyaśiprā maruto dávidhvataḥ | *pr̥kṣáṃ yātha pŕ̥ṣatībhiḥ samanyavaḥ*

「金色の口髭を持つマルトたちよ，身震いしながら，君たちは力強く行く，斑のもの（羚羊）たちと共に，意図を同じくする者たちよ。」

RV IV 13,4[180]

dávidhvato raśmáyaḥ sū́riyasya | *cármevā́vādhus támo aps*$_{u}$*v àntáḥ*

「太陽の光線たちは，闇を皮革のように揺らしながら水たちの中につけた（水の中で動かして洗った）。」

RV IV 45,6

ākenipā́so áhabhir dávidhvataḥ | *s*$_{ú}$*vàr ṇá śukráṃ tan*$_{u}$*vánta ā́ rájaḥ*

「辺りを守る者たちは日々［闇たちを］揺り動かしながら，白い太陽光のように空間を広げながら」

pl.acc.?

RVkh II 8,2（翻訳不能）

dávidhvato vibhā́vaso jāgā́ram utá te dhíyam

*davidhvatas*の実例は全てRV, RVkh II 8,2にある。**dau̯dhu̯atas*にSieversの法則が適用されると**dodhuvatas*が期待されるが，この法則は2音節以上の要素が語幹に後続する場合は適用されない[181]。そうした場合，*-u̯dhu̯-*という連続は調音上困難なため*davidhvatas*が取って代わったと説明さ

---

180 ~ MS IV 12,5 : 194,2~KS XI 13 : 161,12~TB II 4,5,5~ĀpŚS XVI 11,12~HirŚS XI 4,12。

181 Schindler 1972: 62。

れる（PRAUST 2005: 435）。sg.nom. *davidhvat* はそれからの類推である。重複音節と語根の間の *i* は重複音節が *CeRi-* となる intens. 語幹に倣ったものと推測される（PRAUST 2005: 435, fn. 31）。

重複音節が *davi-* となる intens. 語形は『パーニニ文典』の規則では説明できない。パーニニはその他にも重複音節が *davi* となっている語形を挙げている（→ xii.*davidyutat*）。伝統説はパーニニが定めていない付加音 *vi*（*vik*）が intens. の重複音節に挿入されていると解釈する[182]。パーニニは *davidhvatas* のみを挙げるが，この他にも様々な *dhav*^{i} / *dhū* の intensive 語形が RV に現れる。*dodhavīti* intens. ind. 3sg. act. RV II 4,4, *dávidhvat* intens. part. act. m.sg.nom. RV IV 13,2, RV VIII 60,13~JS IV 6,3, *dódhuvat* pres. part. RV IX 15,4~SV II 621~JS III 50,8. *davidhāva* pf. 3sg.act. RV I 140,6 : *ojāyámānas tan*$_{u}$*vàś ca śumbhate* ¦ *bhīmó ná śŕ̥ṅgā davidhāva durgŕ̥bhiḥ*「活力を示しながら，彼（Agni）はまた身体たちを飾り付けた。恐ろしい者（野獣）のように2本の角を震わせている，つかみがたい者として」。*dodhavīti*, *dódhuvat* は通常の規則によって説明できるので挙げる必要はない（cf. *bobhavīti*）。これに対し pres.part.nom.sg. *davidhvat*, またこの part. から類推形成された pf. *davidhāva*[183] も *davi-* という重複音節が不規則である。パーニニの視野に入っていなかったのか，それとも挙げる必要がないと判断したのかは決定できない。

さらに **dodhot* から重複音節の異化を経て作られた[184] *dūdhot* inj. 3.sg. act. も見られるが，パーニニは挙げていない。E.g. RV VII 21,4 *índraḥ púro járhr̥ṣāṇo ví dūdhot*「興奮しているインドラは岩山たちを震わせた」。RV X 26,7 *prá śmáśru haryató dūdhod* ¦ *ví vŕ̥thā yó ádābh*$_{i}$*yaḥ*「喜んでいる者（Pūṣan）は髭を震わせる，欺かれない彼は望むがままにあちこちへと［髭を震わせる］」。Intens. *dūdhot* は Pāṇ. VII 4,82 に反した形であるが，この

182 『カーシカー』は *davidhvatas* を *dhvr̥* から作られたと解釈する。

183 LUBOTZKY 1997: 560。

184 NARTEN 1981: 5 = Kl.Schr. 237. また KÜMMEL 2000: 269 もこれを指示する。THIEME 1929: 41 は pf., SCHAEFER 1994: 139 は redupl.aor. の可能性も残されていると考える。

形がパーニニの視野に入っていたかどうかは判断できない。また仮にこの形をパーニニが知っていたとしても，どのように解釈したかは判断しがたい。パーニニがこれをintens. 以外の語形，例えばpf. やredupl.aor. などの形と考えていたということも有り得る。いずれにせよ，通常の規則から説明できない形であり，パーニニが知っていたとすれば，ヴェーダ語形として然るべき規則において言及しても不思議ではない。

xiii. *dávidyutat* intens. part. act. m.sg. nom.; SCHAEFER 1994: 137

RV VII 10,1

uṣó ná jāráḥ pr̥thú pā́jo aśred | *dávidyutad dī́d*$_{i}$*yac chóśucānaḥ*

「曙光の情夫のように［火は］広い正面をもたせかけた，何度も稲光ながら，輝きながら，燃え上がりながら。」

RV X 69,1

yád īṃ sumitrā́ víśo ágra indháte | *ghr̥ténā́huto jarate dávidyutat*

「スミトラの民たちがこれ（Vadhryaśvaの火）をつけると，バターを用いて献供された（火）は輝きながら目覚める。」

RV X 43,4~AVŚ XX 17,4

práiṣām ánīkaṃ śávasā dávidyutad | *vidát s*$_{ú}$*vàr mánave jyótir ā́r*$_{i}$*yam*

「彼ら（ソーマたち）の見かけは力によって輝きながら，マヌのためにアーリヤの光である太陽光を見つける。」

MS II 12,4 : 147,12~KS XVIII 18 : 278,13~KpS XXIX 6~TS IV 7,13,3~VS XV 51~VSK XXVI 6,3~ŚB VIII 6,3,20 (cf. *nā́bhā pr̥thivyā́ṃ níhito dávidyutad adhaspadáṃ kr̥ṇutāṃ yé pr̥tanyávaḥ* AVŚ VII 62,1, AVP-Kashm. XX 8,6, AVP-Or. XX 9,6)

pr̥ṣṭhé pr̥thvyā́ níhito dávidyutad adhaspadáṃ kr̥ṇutāṁ yé pr̥tanyávaḥ

「地の背中に据えられた彼は，輝きながら，戦いを挑んで来る者たちを自らの足の下になせ。」

úd...dávidyutat intens. part. act. m.sg. nom.

RV VI 16,45~SV II 735

úd agne bhārata dyumád ájasreṇa dávidyutat / śócā ví bhāh$_{i}$*y ajara*

「バラタの者，アグニよ，衰えることない［光］によって明るく輝きながら，燃え立て，輝きわたれ，老いない者よ。」

dyot / dyut の pres. *dyóta-*^{te} は常に mid. の活用を示すが，intens. は一貫して act. で用いられる。*dyot / dyut* は本来 aor. で用いられ（HOFFMANN 1968: 217, fn. 16 = Aufs. I 254），*roc / ruc* の intens. を補完している（GOTŌ 1987 : 176）。*dyotate* は *rocate* に倣って作られた形である（HOFFMANN 同上）。Pāṇ. I 3,91 によれば，*dyut*，*ruc* など（DhP I 777－799）は aor.（*luṅ*）の時，任意に act. で用いられる（*dyudbhyo luṅi*［*vā* 90］）。それらが act. で用いられる時は，Pāṇ. III 1,55 により *a*-aor. が用いられる[185]。

davidyutat の実例は全て RV, YV^{m} にある。これも $^{xii.}$*davidhvatas* と同じく付加音 *vi* が重複音節に挿入されたことが異例なので挙げられたと『カーシカー』は解釈する。『カーシカー』はさらに Pāṇ. VII 4,67 によって重複音節で半母音の母音化（saṃprasāraṇa）が起こり *didyut-* となるはずが[186]，重複音節が *a* となっていることが不規則であると考える。いずれにせよ,『カーシカー』の理解のように不規則な重複の仕方を示しているので挙げられたものである。

パーニニが挙げる *davidyutat* の他にも *dyot / dyut* の intens. 語形が RV に見られるが，重複音節は全て *davi-* となっている。

---

185 Pāṇ. III 1,55 *puṣādidyutādyl̥ditaḥ parasmaipadeṣu*［*aṅ*52, *leḥ* 44, *dhātoḥ* 22］「*puṣ* から，および dyut から始まる動詞語基，l̥ を it とする動詞語基の後に，parasmaipada の前で，*l*（*cli*）の代わりに *a*（*aṅ*）が生じる」。

186 Pāṇ. VII 4,67 *dyutisvāpyoḥ saṃprasāraṇam*［*abhyāsasya* 58, *aṅgasya* VI 4,1］「*dyut* と *svāpi*（*svap* + $^{N}i^{C}$）の語幹の重複音節に saṃprasāraṇa が生じる」。

dávidyutati intens.ind.3pl.act.

RV VIII 20,11

samānám añj$_i$y èṣāṃ | *ví bhrājante rukmā́so ádhi bāhúṣu / dávidyutat$_i$y r̥ṣṭáyaḥ*

「彼らの化粧は同じである。黄金のプレートたちは腕たちの上に輝きわたる。槍たちは光をきらきら放っている。」

dávidyot, davidyot intens. inj. 3sg.act.

RV X 95,10, Nir XI 36

vidyún ná yā́ pátantī dávidyod | *bhárantī me áp$_i$yā kā́myāni*

「稲妻のように飛びながら瞬いている彼女，私に水からもたらされる[187]望みの物たちを運びながら」（Gotō 2011: 491）

RV VI 3,8

dhā́yobhir vā yó yúj$_i$yebhir arkáir | *vidyún ná davidyot svébhiḥ śúṣmaiḥ*

「滋養たち，或いは相応しい歌詞たちを伴う［火］は，自らの鼻息たちによって稲妻のように稲光った」

davidyutan intens.inj.3pl. act.

RV X 95,3

avī́re krátau ví davidyutan nó- | *rā ná māyúṃ citayanta dhúnayaḥ*

「男手がない火急時に[188]，［彼らは］閃きわたったのか。いや［違う］。子羊が鳴き声を［放つ］ように，物音たてる彼らは輝いた（のだった」。」（Gotō 2011: 488）

dávidyutatī- intens.pres.part.

dávidytatyā rucā́ RV IX 64,28, SV II 4, JB I 93, II 9, III 35, PB VI 9,24;25, XII 1,1, XVIII 8,11, Kṣudra.Sūtra I 1;2;8

当然これらのintens.inj. 語形も，*davidyutat*と同様に重複音節が異例なので，パーニニはこれらを知っていれば，この形も挙げたとしても不思議ではない。

187　或いはf.sg.nom. *áp$_i$yā*「水の娘は」（Gotō 2011: 491）。

188　*avī́re krátau*をめぐる解釈については，Gotō 2011: 488 を参照。

xiv. *táritratas* intens. pres.part. act. sg. gen.; SCHAEFER 1994 : 130f.

RV IV 40,3, MS I 11,2 : 163,5, KS XIII 14 : 196,18, TS I 7,8,3, VS IX 15, VSK X 3,8, ŚB V 1,5,20, ŚBK VI 2,1,10

śyenásyeva dhrájato[189] *aṅkasám pári*

dadhikrā́vṇaḥ sahórjā́ táritrataḥ

「鷹が曲がった進路[190]を回ってつき進むように，滋養と共に何度も超えていく時，ダディクラーヴァンの［後から風が吹く］」

tárituratas intens.part.act.は上の例のみである。gen.sg.で挙げていることからもRVの同箇所を念頭に置いていたものと考えられる。『カーシカー』は*dardharti, dardharṣi*の時と同じく，redupl. pres.（*ślu*）の重複音節に*ri*（*rik*）が挿入されたと解釈するが，当然パーニニは*tar*^{i} / *tṝ*のintens.と考えていたはずである。*tari*-という重複音節はPāṇ. VII 4,92に反するので挙げられた可能性がある[191]。あるいはこの語形を例外語形として挙げたのではなく，単にヴェーダにしか見られない形であるが故に挙げた可能性もある。

RVには*táritratas*の他にも，様々な*tar*^{i} / *tṝ* のintens. 語形が現れる。例えばRV VI 47, 17には*tartarīti* inetens.pres.ind. 3. sg. act., *vitárturāṇas* intens.pres. part.mid. が見出される：*ánānubhūtīr avadhūn*$_{u}$*vānáḥ* | *pūrvī́r índraḥ śarádas* ***tartarīti***「従順さを持たない［秋］たちを振い落としながらインドラは多くの秋たちを越える」。*tartarīti*も同じくPāṇ. VII 4,92に反する形であり，º*tárturāṇas*は iii. *tetikte*と同じく-*yá*-がつかないmid.の形である。これらの形はパーニニ

189 MS, KS（アクセントなし）のパラレルは*drávato*.

190 *aṅkas-á-*は恐らく「曲がり（*áṅkas-* < *h_2*áṅkos*-, cf. ギリシア語 ἄγκος「山峡」）を備えたサーキット」を意味するものと思われる（SCHAEFER 1994: 131, fn.379）。EWAia I 47は「側面，脇腹」と理解する。-*s*- 語幹に -*a*- を付した形容詞についてはAi.Gr. II 2, 136f. 参照。

191 従って，*kṝ, tṝ, dṝ* などのように長母音の*ṝ*で終る動詞語基から作られるintens. 語幹にはこの規則は適用されない（→ 1.2.1）。後代の文法学者は*tṝ*（DhP I 1018）のintens.の標準形として*tātarti*が導き出されると考えている（cf. Siddh.Kaum. 2653, Mādh.Dh. I 687）。

の視野に入っていなかった可能性も考えられる。

さらに-*yá*-がついた *ví tartūryante* inetens.pres.ind. 3pl. mid. もRV VIII 1,4~AVŚ XX 7,4に現れる：*ví tartūryante maghavan vipaścíto 'ryó vípo jánānām*「有能な者よ，興奮を感じる者たちは互いに乗り越え合う；部族の主の興奮たちと。」

Pāṇ. VII 4,92に従えば，*r*（*ruk*）が重複音節に挿入されるのは，-*ya*-がついていない形（*yaṅluk*）の時だけに認められるので，*tartūrya*-という語幹形成は規則に反した形ということになる（規則に従って-*yá*-intens.を作ると，**tarītūrya*-が期待される）[192]。パーニニが*tartūrya*-を知っていたとても，例外と見なしたかは判断できない。

XV. *sarīsr̥patam* intens. pres. part. act. sg. acc.

ヴェーダ文献の用例なし

*sarīsr̥patam*は用例がないので[193]，散逸ヴェーダ文献にあったということになる。この形は通常の規則によって説明できる：*sr̥p*$^{\text{Ĺ̥}}$ (DhP I 1032)-***ya***^{Ṅ} III 1,22 > ***sr̥p-sr̥p-****ya* VI 1,9 > ***sr̥***-*sr̥p-ya* VII 4,60 > *s**a**-sr̥p-ya* VII 4,66 > *sa-**rī***^{K}-*sr̥p-ya* VII 4,90 > *sa-rī-sr̥p-ya-**l***^{AT} III 2,123 > *sa-rī-sr̥p-ya-*^{Ś}***at***^{R} III 2,124 > *sa-rī-sr̥p-**lu***^{K}*-at* II 4,74 > *sa-rī-sr̥p-at-**am*** IV 1,2。伝統説は*nipātana*-sūtraに挙げられる語形を特例と解するので，redupl.pres. part.の不規則な形と解している。

*sarp / sr̥p*のintens.語形には*sarīsr̥pyante* AĀ I 3,5：*āpo vāva yoyuvatyo yāḥ svedate tā hi sarīsr̥pyanta iva*「発汗する水は確かに遠ざけられている。

192 Vārt. 1 on Pāṇ. VII 4,90 : 359,9は*marmr̥jyate, marmr̥jyamānāsas*という形を認める。

193 BhāgPur X 8,22には，*sarīsr̥pant*- intens. pres.part. act.が確認される：
tāv aṅghuriyugmam anukr̥ṣya sarīsr̥pantau ghoṣapraghoṣaruciraṃ vrajakardameṣu
「二人は一対の足を引きずって，好ましい響きの音と共に，Vrajaの泥地へと絶えず這っていると」

何故ならそれら水は絶えず這っているようであるから」。及び *sarīsr̥pá-* RV, AVP, AVŚ, ŚB, JB, BaudhŚrSū, BhārGr̥Sū, HirGr̥Sū, ĀpM, Nir, etc. などがヴェーダ文献に見られるが，パーニニは挙げていない。付加音 *rī*（*rīk*）は -*yá*-intens.（*yaṅ*）と athem.intens.（*yaṅluk*）のどちらの重複音節の後にも挿入されるので，*sarīsr̥pyante* AĀ も標準語の規則から導き出すことが可能である。

結局パーニニが挙げる *sarīsr̥patam* とパーニニが挙げていない *sarīsr̥pyante* AĀ のどちらも通常の規則によって導き出されることになるが，恐らくパーニニは -*yá*-intens. *sarīsr̥pya*-[te] という語幹をより標準的な形と意識しており，*sarīsr̥p*- という athematic の語幹をヴェーダ語形と判断して挙げたと推測される。

xvi. *varīvr̥jat* intens. pres. part.act. m.sg.nom. SCHAEFER 1994: 191f.

RV VII 24,4, KS VIII 17:103,10, TB II 4,3,6 ; 7,13,4

ā́ no víśvābhir ūtíbhiḥ sajóṣā
bráhma juṣāṇó har[i]*yaśva yāhi /*
várīvr̥jat *sthávirebhiḥ suśiprā-*
[a]*smé dádhad vŕ̥ṣaṇaṃ śúṣmam indra //*

「あらゆる援助たちと共に，好みを同じくして，霊力ある言葉を喜びながら，黄緑色の馬よ，我々へと君は走り来たれ。よい口髭を持つ者よ，強固な［馬］たちとともに何度も［我々へと］曲がりながら，我々の中に雄雄しい気力を置き定めながら，インドラよ」

ud-várīvr̥jat intens. pres. part.act. m.sg.nom.

RV VI 58,2~MS IV 14,16:244,3

áṣṭrām pūṣā́ śithirā́m udvárīvr̥jat | *saṃcákṣāṇo bhúvanā devá īyate*

「プーシャンはしなやかな鞭を捻り上げながら，諸世界を見渡しながら，神（プーシャン）は進む」

simplexの*várīvr̥jat*はRV-KS-TBにしか用例がなく，パーニニはこのマントラを知っていて挙げた可能性が高い。これも通常の規則によって説明できるので，ヴェーダにしか見られない形として挙げたと推測される。従って，伝統説はこれもredupl.pres.の不規則な形と説明する。

また*udvárīvr̥jat* がRV VI 58,2に見られるが，挙げられていない。但し，パーニニがこの箇所を知っていたとしても，挙げる必要がないとした可能性も考えられる。さらにcaus.part. *varīvarjáyantī-*がAVŚ XII 5,22~AVP-Kashm. XVI 143, 2（Or. XVI 143, 1）に見られるが挙げられていない：*sarvajyānı́ḥ kárṇau varīvarjáyantī rājayakṣmó méhantī*「[バラモンの牛が]両耳をあちこち曲げるならば，それは[財産の]全てを失うことであり，排尿するならば病の王（肺病）である」。この形は，Pāṇ. III 1,22にcaus.等の2次語幹からintens.を作ることはできないと規定されているので，規則に反している（→ 各論1.1.1.）。従ってパーニニがこの箇所を知っていたら，当然挙げたはずである。

xvii. +*marmr̥jmā́* intens. pf., cf. Vārt. on Pāṇ. VII 4,91 : 351,9, SCHAEFER 167f.

ヴェーダ文献には*marj* / *mr̥j*にはathematicと-*yá*-intens.の両方が見られる。athematic intens.はact.とmid.の両方が見られる。-*yá*-intens.も既にRVの頃から多く見出される。

athematic intens.

act.

pres.part. *mármr̥jat-* RV IV 2,19, subj.pres. *prá..mármr̥jat* RV X 96,9~AVŚ XX 31,4, *ā́...mámr̥jat* RV X 26,6, pf. ind. 1pl.[194] *marmr̥jmā́* RV III 18,4

194 intens.inj.とintens.pf.の二つの可能性が考えられるが，HOFFMANN 1967: 254, fn. 284は，pf.の時に1st pl.の語尾 -*má*が延長されることが多いので，pf.と理解する。ちなみにRVPrāt. VII 15-18, no.465には，母音が延長される語形が列挙されている。

mid.

pres.part. *marmr̥jāná-* RV IX 57,3, RV IX86,11,etc., *anu-mármr̥jāna-* RV X 142,5, pres. inj. 3sg. *marmr̥jata* RV IV 1,14, *marmr̥janta* RV I 135,5

-yá- intens.

marmr̥jyáte RV IX 47,4, BaudhŚrSū X 2, *pári...marmr̥jyate* RV I 95,8~AVP VIII 14,8, pl. *marmr̥jyánte* RV, AVŚ~MS~KS~TB~ĀpŚrSū~HirŚrSū, pres.part. *mamr̥jyámāna-* RV, TB^m-ĀpŚrSū.

重複音節は*mar-*であるが，AB III 19,15には*marī-mr̥jyeta* intens. pres. opt. 3sg.mid. が見出される：*pūrdhi cakṣur iti cakṣuṣī marīmr̥jyeta*「‘視力を与えよ’と言って両目をきれいにするべきである」

『カーシカー』はここに挙げられる*marmr̥jya*をpf. 3sg.act. *ma-r-mr̥j-y-a*とする不合理な解釈を示す。これは語幹*marmr̥j-*とpf. 3sg.の語尾 *-a*の間に付加音*y*（*yuk*）が挿入された形である。無論そういった語形は存在しない。この解釈は，nipātana語形は全て活用した形をそのまま採録するという原則に基づいたものである。実際，動詞語形を列挙した*nipātana*-sūtraについて言えば，活用した形をそのまま収録していると判断される場合が殆どであり[195]，Pāṇ. VII 4,65の語形の中，*marj* / *mr̥j*のintens.だけを動詞語幹で挙げることは不自然である[196]。仮に*marmr̥jyá-te*という語幹で挙げたと解するならば，この語幹形成はPāṇ. VII 4,91に反していることに基づくと考えられる。Pāṇ. VII 4,91によると，*-yá-*intens. の場合には，重複音節の後ろに付加音*r*（*ruk*）を挿入することはできない。*-yá-*intens. には，Pāṇ. VII 4,90に従って，*rī*（*rīk*）が挿入されるので，*ma-rī-mr̥j-ya* が規則に適った語幹として導き出される。実際

195 Cf. Pāṇ III 1,42, Pāṇ. VI 1,36, Pāṇ. VII 2,64, etc.

196 パーニニは動詞を様々な形で提示するが，*nipātana*-sūtra以外の規則では動詞語幹で挙げることもある。E.g. Pāṇ II 3,61 *preṣyabruvor haviṣo devatāsaṃpradāne*（→ 総論2. 1. 5.）『カーシカー』は*preṣya*を動詞語幹ではなくiptv.2sg.act. と解する。

marīmṛjyeta intens. pres.opt. 3sg.mid. AB III 19,15が見出される。従ってパーニニは*marīmṛjya-*[te]が標準語として用いられるが，*marmṛjya-*という不規則な語幹がヴェーダに見られることを指摘したものと考えることができる。だがカーティヤーヤナはVārt. 1 on Pāṇ. VII 4,91: 359, 8で，Pāṇ. VII 4,91に反する*marmṛjyate*, *marmṛjyamānāsas*が用いられることを補足している。従ってPāṇ. VII 4,65 に*marmṛjya-*という形が挙げられていたのであれば，この補足は必要ない[197]。つまり*marmṛjya-*として伝えられていなかった可能性が高い。

Böhtlingk 1887: 424は*marmṛjma*が誤って*marmṛjya*と伝承されたと考えている。仮にそうだとすると，intens.pf. *marmṛjmā́* RV III 18,4を指している可能性が出てくる。Pāṇ. VI 1,8に従えば，desid. やintens. のような重複語幹からさらに完了語幹を作ることはできない[198]。intens. の完了語幹を作る場合は，Pāṇ. III 1,35に従って複合完了形（periphrastic pf.）が用いられることになり，**marīmṛjyāṃ cakāra*のような形が想定される。ちなみにPāṇ. III 1,35によれば，periphr.pf. はマントラ以外で用いられる。パーニニは，ヴェーダ語では*marmṛjmā́* が見られることを指摘したという可能性も考えられる。

xviii. *āganīganti* Schaefer 1994: 113f.

RV VI 75,3 (~AVP XV 10,3 ~MS III 16,1 : 185,14 ~KSA VI 1 : 172,11 ~TS IV 6,6,1 ~VS XXIX 40 ~VSK XXXI 2,5 ~HirŚrSū XIV 3,29 ~Nir IX 18

---

197 この補足が，*marmṛjya-*という語幹がヴェーダにおいてだけでなく，カーティヤーヤナの時代においても生きていたことを示すものと考えるならば，当然それ以前のパーニニの時代にも日常的に用いられていたことが推測される。その場合はヴェーダ以外にも見られることになるので，ここに挙げるのではなく別の規則を立てる必要がある。だが例えば*tartūrya-*も*mar-mṛjya-*と同じくPāṇ. VII 4,91に反するにも関わらず，言及されていない。従ってパーニニが*tartūrya-*という語幹があることを見落としたか，又は言及する必要がないと考えていた可能性もある。

198 Vārt. on Pāṇ. VI 1,8によれば，ヴェーダ語では重複語幹からさらに重複語幹を作ることができる：*abhyāsapratiṣedhānarthakyaṃ ca cchandasi vāvacanāt*「そしてヴェーダ語では重複音節の禁止は無意味である，任意という明言があるから」。

vakṣyántīvéd ā́ ganīganti kárṇam

「［弓弦は］は話しかけようとするかのように何度も耳元へと来る」

āganīganti はRV VI 75,3に見られる。パーニニがこのマントラを知っていた可能性は十分ある。Pāṇ. VII 4,62による重複音節の口蓋化が起こっていないこと，また付加音*nī*（*nīk*）はPāṇ. VII 4,84に挙げられる動詞語基のみに制限されるはずが，*gam*にも用いられていること（→ viii. *āpanīphaṇat*）が異例なので挙げたと判断される。*gam*のintensiveは，その他part.act. *gánigmatam* RV X 41,1, 名詞語幹*jaṅgamá-* RVkh, TĀ, AĀ, Nir, etc.が見出されるが，パーニニは挙げていない。当然*gánigmatam* RVは重複音節が不規則な形なので，パーニニがこの箇所を知っていれば挙げたはずである。

2. 重複現在語幹（**Reduplicated present**）

2.1. 語幹形成法

重複現在語幹（reduplicated present）には幹母音型（thematic, e.g. *tíṣṭhati, sī́dati*）と無幹母音型（athematic, e.g. *dádāti, juhóti*）がある。無幹母音型（パーニニ文法学の分類における第3類（*juhotyādi*）動詞群に対応する）は, *a*（PIE **e*）で重複するものと *i* で重複するものとがある。直説法（ind.）及び言及法（inj.）においてはamphidynamicのAblautを示す（3.Sg. *bíbharti* および *bibhárti*, 3.Pl. *bibhrati*）[199]。以下，純粋に形式的観点から重複現在語幹の可能性があるものを挙げる：

1）*a* で重複する語幹

Ca-CaC- : *ya-yas-, va-vaś-, ba-bhas-, ma-mád-, sa-sas-*, etc.

Ca-CaR : *ma-man-*, etc.

Ca-Cā- : *dádā-, dádhā-, ja-hā-*^{ti} / *ji-hī-*^{te}, *ra-rā-*^{te}(cf. iptv. *ri-rī-hi*), etc.

2）*i* 又は *u* で重複する語幹

Ci-CaC- : *vi-vaś-, si-sac-* / *sa-śc-*, etc.

Ci-Ce/iC- : *vi-vik-tas*, etc.

Ci-CaR$^{(i)}$*-* : *iyar-, ci-kay-, jí-ghar-* (*jiharti*), *tí-tr-*[200], *dī-day*^{i}*-, dī́-dhay*^{i}*-*, *dādhar-, ni-nay*^{i}*-*[201], iptv. *sáṃ pipr̥gdhi, pipr̥kta, bi-bhay*^{i}*-* , *bi-bhár-/bi-bhr-, si-sar-, ji-hrī-*, etc.

Ci-Cā- : *jí-gā-, ji-ghrā-, pi-pā-, mi-mā-/mi-mī-, śi-śā-*, etc.

Cu-Cav- : *yu-yav-, ju-háv-* (< **ǵ*^{h}*i-ǵ*^{h}*eu̯-*)

これらの中，*ci-kay-*^{ti}, *dādhar-*^{ti}, *ni-nay*^{i}*-*^{ti}, *pi-pay*^{i}*-*^{ti,te}, *bi-bhay*^{i}*-*^{ti}, *ma-mad-*^{ti},

---

199 Gotō 2013: 103.

200 Ptz. *tí-tr-at-* RV II 31,2, see Gotō 1987 : 165.

201 *unnīthás* (hapax) RV I 181,1, Kümmel 2000: 280.

mi-mī-tas（< *may*^{i}）RV V 76,2は完了語幹から2次的に作られた語幹と理解される（cf. Kümmel 2000: 61）。また話法形は形態上は重複現在語幹と完了語幹の両方の可能性がある：

iptv. *ni-nik-ta* (pf.?), *pi-pay*^{i}-, *pi-pr̥-*, *vivigdhi*, *su-sav-* (?) , etc.

2.2. 第3類動詞群（***juhotyādi-***）

DhP IIIには25の動詞がredupl.pres.（*juhotyādi-*）として登録され，その中，DhP III 14-25はヴェーダ語で（*chandasi*）使用される動詞とされている。例えば，Kṣīrataraṅgiṇīに従えば，以下の現在語幹が作られる：

DhP III 1-13 :

juhoti（*hu dānadanyoḥ*）	*bibheti*（*ñibhī bhaye*）
jihreti（*hrī rajjāyām*）	*piparti*（*pr̥̄ pālanapūranayoḥ*）
bibharti（*ḍubhr̥ñ dhāraṇapoṣaṇayoḥ*）	*mimīte*（*māṅ māne śabde ca*）
jihīte（*ohāṅ gatau*）	*jahāti*（*ohāk tyāge*）
dadāti（*ḍudhāñ dāne*）	*dadhāti*（*ḍudhāñ dhāraṇapoṣaṇyoḥ*）
nenekti（*nijìr śaucapoṣaṇayoḥ*）	*vevekti*（*vijìr*）
veveṣti（*viṣl̥ vyāptau*）	

DhP III 14-25 :

jigharti（*ghr̥ kṣaraṇadīptyoḥ*）	*jiharti*（*hr̥ prasahyakaraṇe*）
iyarti（*r̥ sr̥ gatau*）	*sisarti*（*r̥ sr̥ gatau*）
babhasti（*bhasá bhartsanadīptyoḥ*）	*ciketi*
ciketti（*ki kitá jñāne*）,	**tutorti*（*túrá tvaraṇe*），
**didheṣṭi*（*dhíṣá śabde*）	**dadhanti*（*dháná dhānye*）
**jajanti*（*jáná janane*）	*jigāti*（*gā stutau*）

これらの中，本来のredupl. pres. に対応する語幹は極めて数が少な

い。*nij*, *vij*, *viṣ* DhP III 11-13はPāṇ. VII 4,75により重複音節がguṇa化して，*nenekti*, *vevekti*, *veveṣṭi*のような語幹が想定されるが，これらは元来athem. intens. であったものが語彙化したものである（→ 各論2.3.）。*bibheti*は完了語幹から2次的に作られた*bi-bháy-*に対応する（→ 各論2.4.）。DhP III に登録されているものの他にも，*jakṣ*, *jāgṛ*, *daridrā*, *cakās*, *dīdhī*, *vevī* の動詞語基がDhP II 62以下に登録されており，これらはPāṇ. VI 1,6において重複語幹として扱われることが規定されている[202]。これらはathem. intens. や完了語幹に由来し，パーニニの時代には重複語幹が語根として語彙化したものと考えられる。

redupl.pres. を形成する*ślu*は人称語尾の前に導入される動詞語幹形成接辞（*vikaraṇa-*）*śap*に代置する。例えば*juhoti*は次のように導き出される：

hu (DhP III 1)-l^{AT} III 2,123 > *hu-ti*^{P} III 4,78 > *hu-*^{Ś}*a-ti* III 1,68 > *hu-*^{Ś}*lu-ti* II 4,75 > *hu-hu-ti* VI 1,10 > *ju-hu-ti* > *ju-ho-ti* VII 3,84

またDhP III 5-7に登録されている*bhṛ, mā, hā*はPāṇ. VII 4,76において，また*pṝ*と*ṛ*はPāṇ. VII 4,77において*i*で重複することが規定されている：

Pāṇ. VII 4,76
bhṛñām it ［*ślau* 75, *abhyāsasya* 58, *aṅgasya* VI 4,1］
*ślu*の前で，*bhṛ*［*mā, hā*］の語幹の重複音節［の母音］の代わりに短母音*i*が生じる。

202 パーニニは*jakṣati*等の6つとしているが，カーティヤーヤナは*jakṣ*から*vevī*までの7つがredupl.pres. と解されると指摘している（*jakṣ ityādiṣu saptagrahaṇaṃ vevīty artham*）。パタンジャリは*jakṣ*とそれ以降の6つの動詞で7つになる（*jakṣ abhyastasaṃjño bhavati / ityādayaś ca ṣaṭ / jakṣ ityādayḥ ṣaṭ*）と解釈し，『カーシカー』もこの解釈を踏襲するが，これは困難である。Böhtlingk 1839 (II) : 238はパーニニが数え忘れたか，意図的に省いた可能性が考えられると考えるが，恐らく後者であろう。即ち，*śās*は重複語幹ではないので，これを除いて6つとしたものと判断される。

Pāṇ. VII 4,77

artipipartyoś ca［*it* 76, *ślau* 75, *abhyāsasya* 58, *aṅgasya* VI 4,1］

また *ṛ* (*arti*), *piparti* の語幹の重複音節［の母音］の代わりに短母音の *i* が生じる。

Pāṇ. VII 4,78 によれば，ヴェーダ語ではそれ以外の動詞においても，*i* で重複することがある（*bahulaṃ chandasi*）。

ṛ（DhP III 16）はヴェーダ語に属する動詞語基とされるが，当該規則 *ṛ* の redupl.pres. *iyarti* が標準語で用いられることを定めていることが問題となる。このことはパタンジャリによって指摘されている：

Pat. on Pāṇ. VII 4,74 : 356,13

artigrahaṇam kimartham. na "bahulaṃ chandasi" (Pāṇ. VII 4,78) *ity eva siddham / na hy antareṇa chando 'rteḥ ślur labhyaḥ //*

arti の文言は何のために［言われているのか］？ *bahulaṃ chandasi* があるので，［*arti* の文言は］確立しない。何故ならば，ヴェーダ語以外では *ṛ* の *ślu*［で終わる語幹］（redupl.pres.）は得られないから。

evaṃ tarhi siddhe yad artigrahaṇaṃ karoti taj jñāpayaty ācāryo bhāṣāyām arteḥ ślur bhavatīti /

そうだとするならば，それなら，［*ṛ* の redupl.pres. が］確立しているとすれば，*arti* の文言を設けるということ，それによって先生は［以下のことを］わからせる：「口語において *ṛ* の redupl. pres. が用いられる」。

kim etasya jñāpane prayojanam /

これ（*ṛ* の redupl.pres. が口語で用いられること）の示唆に，何の目的があるのか？

iyartīty etat siddhaṃ bhavati

iyarti というこれが確立されたものとなる。

後続のPāṇ. VII 4,78においてヴェーダ語の*i*で重複する語幹を規定しているので，パーニニが*iyarti*を標準語形と考えていたのは明らかである。それ故，*ṛ* DhP III 16がヴェーダ語の動詞語基に属する理由は不明である。

2.3. ヴェーダ語の重複現在語幹に関するパーニニの規則と文法学の見解

上述のようにDhP III 14-25の動詞はヴェーダ語において用いられるとされる。この中には当然ヴェーダに用例がないものもあるが，それらの多くは話法形（modal form）を予定したものと考えられる。総論4.1.で述べたようにパーニニ文法の動詞組織は話法形を予定しておらず，そうした形はヴェーダ語の規則 Pāṇ. II 4,76によって解決が図られる。しかしながら，この規則によってヴェーダ語では様々な動詞からredupl. pres.を作ることができるのであれば，ヴェーダ語でredupl.pres. が用いられる動詞としてDhP III 14-25に登録する必要はないように思える。恐らくDhP III 14-25の動詞の他にもヴェーダに限られるredupl.pres.（又はpf.）があったことから，改めてPāṇ. II 4,75で規定する必要があったと推測される。

DhP III 14-25に記載される動詞のredupl.pres.（但し，完了語幹も混じっている）の多くはRV, AV, YSに用例がある。それらの中，幾つか注目すべきものについて以下において考察する。

DhP III 14 *ghṛ*

ji-ghar-^{ti}（ **< *ghar*** 「滴らせる」）

jígharmi RV YV^{m}, *abhí-jigharti* MS I 10,7^{p}: 148,1, IV 6,9 : 92,11, *ā́-jigharti / ā́...jigharti* RV, *ā́-jigharmi* RV, YV^{m}

redupl.pres. *jíghar-*^{ti}の用例の殆どはRV, YV^{m}に限られるが，MS^{p}にも*abhíjigharti*が見出される。YV以降，caus. *ghāraya-* が*jíghar-*に取って代わるようになる（最も古い用例はAVにある）[203]。さらにYVのマントラ *satyéna tvābhíghārayāmi* MS I 1,11: 7,1, IV 1,12: 16,1, KS I 10: 5,12, TS I 6,1,2に用いられている*abhíghārayāmi*はこれに対応するĀśvŚrSū I 13,1, VārŚrSū I 1,5,18のマントラでは*abhijigharmi*となっている（Bloomfield/Edgerton/Emeneau 1930: 154)。恐らくこれは古い形として知られていた*jigharmi*を擬古的に用いたものかと思われる。*ghṛ*はDhP I 985, DhP X 108にも登録されており，これに従えば*gharati, ghārayati*が標準語では用いられることになる。

DhP III 15 *hṛ*

***jihar-*^{ti} (< *ghar*「滴らせる」), *juhur-* (< *har*^{i} / *hṝ*「怒る」)**

abhijiharti (for *abhijigharti*)

ĀpŚrSū IV 7,2~BhārŚrSū IV 11,1~HirŚrSū VI 2,17(p.513)

ayaṃ sruvo abhijiharti homāñ chatakṣaraś chandasānuṣṭubhena

「100の流れ行くものからなる，この匙は献供を滴らせる，Anuṣṭubhに属する韻律によって」

BaudhPitrSū III 4~ ĀgnivGṛSū III 4,4

ayaṃ gharmo agnim abhijiharti homān

「このgharmaは火を献供たちとして滴らせる」

Kṣīrat. III 15，及びMādhDh III 25によれば，*jiharti*が作られる。実際にĀpŚrSū IV 7,2には*abhjiharti*が見出され，MādhDhもこの箇所を引用しているが，これは*abhijigharti*のvariantと考えられる[204]。

---

203 Jamison 1983: 101.

204 Cf. Caland 1921: 113, fn. 15, Ai.Gr. I, Nachtr. 79

だが *jiharti* は上の例に限られており，DhP III 15 の *hṛ* がこの形を予定しているとは考えがたい。仮に別の語幹を予定していたとすれば，*har^i/hṝ*（*hṛṇīte*）の完了語幹 *juhur-* を redupl.pres. と考えたことに由来する可能性がある。RV には pf.inj. *juhūrthāḥ*, *juhuranta*, pf.part.mid. *juhurāṇá-* が見られる，e.g.

RV IV 17,14bc
ā́ kṛṣṇá īṃ juhurāṇó jigharti ¦ *tvacó budhné rájaso asyá yónau*
怒っている彼はこれ（*étaśa-*「茶色の馬」＝太陽光線）を滴らせる，黒い皮膚（夜の海）の上に，当の者の暗い場所に…。

これらは伝統的に *hvṛ* の redupl.aor. と考えられてきたが[205]，*har^i / hṝ* から作られた pf. であり（INSLER 1968, KÜMMEL 2000: 602），状態を表す pf.（Zustandsperfekt）*juhré* から作られたと考えられる（KÜMMEL 2000: 603）。

そこで DhP III 15 *hṛ* から *juhur-* と言う語幹をパーニニの規則から導き出すことができるか，つまりどの規則によって *hṛ* の *ṛ* から *juhur-* の *ur* への代置を導き出し得るかが問題となる。Pāṇ. VII 1,102 によれば，*pṝ* のように *ṝ* で終わる語根で，その前に唇音（labial）が来るものの場合，語根部分の *ṝ* は 最終的に *ur* となる：

Pāṇ. VII 1,102 *ud oṣṭhyapūrvasya*［*ṝta id dhātoḥ* 100, *aṅgasya* VI 4,1］
labial の前にある *ṝ* で終る動詞語基の語幹の最後の音（*ṝ*）の代わりに，短母音 *u* が用いられる。

205 Sāyaṇa on RV I 173, 11 は *juhurāṇá-* を「曲がった進行」を表すとし，Sāyaṇa on RV VII 1,19 は *juhūrthās* を *hurch* から作られたと解している（cf. INSLER 1968 : 219）。MādhDh I 129 によれば，*hurch* の *ch* は Pāṇ. VI 4,21 に従って脱落するので，例えば pp. *hūrṇa-* といった形が導き出される。

この規則に従えば，r̥̄ > urの代置はlabialで始まる語根に限定される：e.g. *pr̥̄* > *pūrta-*。従ってlabialで始まらず，しかも短母音のr̥で終る*hr̥*（DhP III 15）には適用されない。だがその次の規則によれば，ヴェーダ語ではこうした条件を必要とせず，例えば*tr̥̄*（DhP I 1018）から*taturi-*「勝利をもたらす」という形を作ることができる：

> Pāṇ. VII 1,103 *bahulaṃ chandasi* ［*ut* 102, *r̥̄taḥ*, *dhātoḥ* 100, *aṅgasya* VI 4,1］
> r̥̄で終る動詞語基の語幹の音（r̥̄）の代わりに，様々な場合（＝様々な動詞語基）に短母音*u*が用いられる。

『カーシカー』によれば，*bahulam*によって，labial（*oṣṭha-*）で始まる動詞語基以外にもr̥̄ > *ur*が認められるとし，例として，*taturiḥ*（< *tr̥̄*）[206]，*jáguriḥ*（< *gr̥̄*）RV X 108,1（Rau 1993: no.0553）を挙げる。またこの文言は*pr̥̄*のようにlabialで始まり，r̥̄で終る動詞語基であっても*ur*とならない場合もあることを指摘するものとし，例として*papritamam*と*vavritamam*を挙げる。この解釈に従えば，*har*ⁱ / *hr̥̄*（*hr̥ṇīte*）から*juhur-*という語幹を導き出すことはできない。*bahulam*は後代の伝統では4つの意味に分類されるが[207]，つまるところ，前の規則から継承される，あらゆる条件を解消することを示すものと考えられる（Joshi/Roodbergen1996 : 72f.）。仮にこの文言を最も広い意味に解するならば，つまりPāṇ. VII 1,100から続く*r̥̄taḥ*, *dhātoḥ*「r̥̄で終る動詞語基」という制限さえも解消されるとするならば，DhP III 15 *hr̥*から*juhur-*が導き出すことが許される。この推定が正しければ，DhP III 15 *hr̥*はpf.part. *juhurāṇá-*のような語形を念頭に置いていた可能性がある。

---

206 Cf. *mitrāvaruṇā táturim* RV IV 39,2, KS VII 16:80,2（Rau 1993: no.0820）
207 分類についてはIwasaki 2003: 19－22参照。

DhP III 17 *sṛ*

sísar-（**< 1*sar* / *sṛ***「走り出す」，**²*sar* / *sṛ***「伸びる」，「伸ばす」）

redupl.pres. ind.

2.gs.act. *sisarṣi* RV III 32,5; 3.sg.act. *sisarti, sasrati* Nigh. II 14 ; 3.du. mid. *sísratuḥ* RV VIII 59,2; 3.pl.mid. *sisrate* RV III 52,2, IX 66,6

redupl.pres. iptv.

3.sg.mid. *sísratām* RVkh I 3,6, AVŚ I 11,1

pra-sísar-ti

redupl.pres. ind.

3.sg.act. *prá...sísarti* RV II 38,2; 3.pl.mid. *prá...sísrate* RV X 35,5 ; *prá...sisrate* RV (5x); *prasisrate* VPrāt. III 7

redupl.pres. iptv. 2.du.act. *prá...sisṛtam*

prá bāhávā sisṛtaṃ jīváse na | *ā́ no gávyūtim ukṣataṃ ghṛténa*

「君たち二人（Mitra と Varuṇa）は両腕を広げろ，我々が生きるために。君たち二人は我々の牛の牧草地をグリタによって濡らせ[208]。」

RV VII 62,5, MS IV 11,2: 166,13, KS IV 16: 42,13, TS I 8,22,3, KB XXVIII 13, TB II 7,15,6; 8,7,6, VSM XXI 9, VSK XXIII 1,8, ĀśvŚrSū III 8,1, BaudhŚrSū XVIII 17 : 13

pratīka : *prá bāhávā* MS IV 14,10: 232,1, KS XII 14: 176,13, TS II 5,13,3, ŚāṅkhŚrSū VIII 12,8; IX 27,2, MānŚrSū VIII 11,5, ĀpŚrSū XXII 28,14, MānGṛSū II 3,6

redupl.pres. act. *sísar-*, mid. *sisṛ-*の用例は事実上RVに限定される。NARTEN 1969: 98f. (= Kl.Schr. 142）によれば，*sar* / *sṛ*は2つの動詞に分けられる：

---

208 *ukṣa-ti*「誰かに（acc.）何か（instr.）を撒く」。see GOTŌ 1993: 122, Anm. 18

[1] *sar / sr̥*「走り出す」（pres. *sísar- / sísr-*, etc., aor. *asarat*, pf. *sarāra*, etc., cf. ギリシャ語 ἅλλομαι, ἆλτο, ラテン語 *saliō*「跳ぶ」）
[2] *sar / sr̥*「（体を）伸ばす」，「伸びる」（*sísar- / sísr-*, intens. *sarsr̥te*, etc., *prá bāhávā ...sísarti, cf. prá bahū́ asrāk*（< *sarj*）「腕たちを前に伸ばす」，ギリシャ語 χεῖρας ἴάλλον「手を差し伸べた」）

RVより後になると*dhāvati*をもって[1] *sar / sr̥*「走り出す」の現在語幹を補完するようになる[209]。このことと関連して*sarati*という2次的現在語幹がブラーフマナ文献以降に散発的に見られることが注目される。例えばJB II 29には3sg. *sarati*, 3du. *saratas*が現れるが，これは*saṃvatsarāyaṇam*の語源説明のために起こった人工形である（Gotō 1987: 323）：*tad āhuḥ 'kim saṃvat kiṃ saraṃ kiṃ ayanaṇam' iti...ahorātre eva saraḥ. te hīdaṃ sarvaṃ saratah...vāg eva saraḥ. vācā hi puruṣas sarati...*「そこで人々は言う'何が*saṃvat*-なのか。何が*sara*-なのか。何が*ayaṇa*-なのか'と... 昼夜こそが［神格に属する］*sara*-である。何故なら両者（昼と夜）はこの全てへと走り出すから... 言葉こそが［個人に属する］*sara*-である。何故なら人間は言葉によって走り出すから...」。その他，*anusarati* VādhAnv V 33,1（= Caland IV 118: 3），*samúpasaranti* KāṭhSaṃk 58,5（2x）などが見出される（see Gotō op.cit. 323f.）。Narten 1968: 123f.（= Kl.Schr. 85f.）はVādhAnvの例にEpic等に見られるpres. *sarati*の先駆けを見る。KāṭhSaṃkの同じ箇所には*upasaratva*-が現れるが，*sarati*という2次語幹はこうした名詞形が出発点になったものかと思われる（Gotō ibid.）。

さらにMaitrUpには*anusarati*等の例が見出される。e.g. *iha manaḥśānti padam anusarati*「ここで思考を鎮める歩みを辿っていく」MaitrUp VI 34. またMahābhārata, Ramayaṇaにも*saṃsarati*, *prasarati*等が見出される（Oberlies 2003: 534）。

209 用例についてはNarten op.cit. 参照

sṛ DhP III 17はヴェーダ語の動詞語基に属するので，標準語では，*sṛ* DhP I 982から現在語幹が作られる。その際，Pāṇ. VII 3,78により *dhāv*が *sṛ*に代置する：

Pāṇ. VII 3,78 *pā-ghrā-dhmā-sthā-mnā-dāṇ-dṛśy-arti-sarti-śad-sadāṃ piba-jighra-dhama-tiṣṭha-mana-yaccha-paśya-ṛccha-dhau-śīya-sīdāḥ* [*śiti* 75, *aṅgasya* VI 4,1]

pā (DhP I 972), *ghrā* (DhP I 973), *dhmā* (DhP I 974), *sthā* (DhP I 975), *mnā* (DhP I 976), *dā* (DhP I 977), *dṛś* (DhP I 1037), *ṛ* (DhP I 983), *sṛ* (DhP I 982), *śad* (DhP I 908), *sad* (DhP I 907) の語幹の代わりに，*ś*を *it* とするものの前で（＝現在語幹の時），それぞれ *pib-, jighr-, dham-, tiṣṭh-, man-, yacch-, paśy-, ṛcch-(arcch-?), dhāv-, śīy-*[210], *sīd-* が用いられる。

ここに挙げられている第1類動詞は必ずこの規則を経由して現在語幹を作ると考えるべきである。例えば*pā*（DhP I 972）は *piba-*という語幹を必ず経由しなければ現在語幹をつくることはできない。恐らくは，始めからここに挙げられる現在語幹を予定して1類に分類されたものと考えられる（→ 総論4.3.）。

この規則において*sṛ* の代わりに*dhāv*が用いられることが指摘されているが，『カーシカー』によれば，この規則を経由せずに*sarati*という形も作ることができる。Kāś. on Pāṇ. VII 3,78によれば，*dhāv*は激しい（又は速い）進行の意味で（*vegitāyāṃ gatau*）用いられ，それ以外では*sarati*が用いられるということが現実にはある（*iṣyate*）。例として*anusarati*が挙げられている。『カーシカー』はDhP I 632にも*dhāv*が記録されていること，及び*anusarati*という例が実際にあることに基づいて上のように解釈したと考えられる。

---

210 *śad*と*śī*（*śīyate*）の補充法（suppletion）についてはAi.Gr. II 1, Nachträge p. 6, HOFFMANN 1960: 16 = Aufs. 92f.

だがパーニニがこうした意味の区別に従って使い分けていたとは考えにくい。Pāṇ. VII 3,78に挙げられる *sr̥* は *sarati* を予定したものではなく，この規則によって *dhāv* が取って代わることを予定している。つまりパーニニは *dhāvati* を *sr̥* の現在語幹に予定していたものと思われる（→総論4.3.）。

因みにDhP I 632には *dhāv*（*dhāvu gatiśuddhiyoḥ*「進行と洗い落とすの意味で」）が別個に登録されている。これは *dhūnoti*（< *dhav*[i] / *dhū*「振るいおとす」）から作られた *dhā́va-*[ti, te]「擦る，洗い落とす，洗う」（see Gotō 1987: 187）に対応していると考えられる[211]。「洗い落とす」の意味がはっきり見て取れる用例はŚB IV 4,5,23, JB II 67 : 10にある（Gotō op.cit. 185）。

【補説】

これらの語幹の殆どは，ヴェーダ語においてアクセントを持った形が在証されている：*píbati* , *dhámati* , *tíṣṭhati, yácchati, páśyati* , *r̥cchánti, dhā́vati, śī́yate.* これらは第1類動詞に属するので，つまり *-a-*（*śap*）にはアクセントはつかないので，多くの場合はに語基の部分にアクセントが来る。従ってこれらの殆どはPāṇ. VII 3,78，及びDhPの分類に一致する。このことから恐らく始めからここに挙げられる現在語幹を予定して1類に分類されたことが推測される。*r̥cchá́ti* は *-a-* にアクセントを持つが[212]，*r̥cch*（DhP VI 15）が作られたものとすれば容易に説明される。伝統的解釈に従えば，DhP I 983に登録されている *r̥* から **ŕ̥cchati* が作られるが，用例がない。従って *arccha-*[ti] を予定していた可能性も考えられる。ChU

211 *dhāv*（DhP I 632 *dhāvu*）は *u* を it とするので，Pāṇ. VII 2,56によれば，absol. *-tvā*（*ktvā*）の前で *i*（*iṭ*）が任意に挿入される：Pāṇ. VII 2,56 *udito vā*［*ktvi* 55, *iṭ* 52, *aṅgasya* VI 4,1］「［DhPにおいて］*u* を it とする語幹の後で *-tvā* は任意に *i*（*iṭ*）をとる」。この規則から *dhautvā* / *dhāvitvā* が導き出される。

212 *s̑ke*-presentにおいて *cha* の前の形態素が *i, u, r̥* で終るものは本来のアクセントが保持される（Gotō 1987: 73, fn. 45）。*gáccha-, yáccha-, yúccha-* 等のアクセントは2次的なものである（Gotō 1987: 73）。これらは1類動詞に分類されるのでアクセントは語根部分にくる。

IV 1,7にはiptv. *archa*が見出される[213]：*yatrāre brāhmaṇsyānveṣaṇā tad enam arccheti*「'おい，バラモンを探すことが[行われる][214]所，そういう所で当の者と出会え（出会うことができる[215]）' と」。さらにMahābhārataにもfull.gr. *arcchati*が見出される（OBERLIES 2003: 212）。これはimpf. *ārcchat*, 又は*ārcchati*, *prārcchati*のようなprefixを伴った形から新しく作られたものかと思われる（LÜDERS 1940: 372）。

DhP III 23 *dhan*

***dadhan-*（< *dhan*「走る」）**

DhP III 24 ***jan***

***jajan-*（< *jan*^{i}「生む」）**

Kāś. on Pāṇ. VI 1,192がpf.subj. *dadhánat* RV, *jajánat* MS^{m}を例に挙げていることから，第3類への分類は完了語幹の話法形をredupl.pres.（*ślu*）と解したことに由来すると思われる（→ 各論2.4.）。

2.4. 重複現在語幹のアクセント

通常，重複現在語幹は重複音節に，完了語幹は語根部分と語尾に，アクセントが置かれるが，幾つかのredupl.pres. はpf. への類推（analogy）から語根部分にアクセントを持っている[216]。パーニニはPāṇ. VI 1,192に挙げる動詞の重複語幹については人称語尾の前，即ち動詞語基部分にアクセントが置かれることを教える：

Pāṇ. VI 1,192 *bhī-hrī-bhṛ-hu-mada-jana-dhana-daridrā-jāgarāṃ*

---

213 BÖHTLINGK (ed.) ChUは*iccha*，LÜDERS 1940: 372はadv. *accha*の読みを考えるが，いずれの読みも根拠はない。

214 *anveṣaṇā-* f.「探すこと」（抽象名詞），cf. Ai.Gr. II 2,190f.

215 口語ではiptv. が「可能（Potentialis）」を表すことがある（GOTŌ 1996: 100, fn. 39）。

216 pf. から二次的に（plupf. を経て）できたものについてはWACKERNAGEL 1907: 305－309 = Kl.Schr. 494－498を参照。

pratyayāt pūrvaṃ piti［*lasārvadhātukam* 186, *abhyastānām* 189, *udāttaḥ* 159］

i.*bhī,* ii.*hrī,* iii.*bhṛ,* iv.*hu,* v.*mad,* vi.*jan,* vii.*dhan,* viii.*daridrā,* ix.*jāgṛ* の重複語幹に，*p* を it とする，*l*［に代置する］sārvadhātuka 接辞が後続する場合，接辞の前〔の母音〕に udātta が生じる。

ここでは *lasārvadhātuka-* とは *l* に代置する人称語尾を指す。*l* 音（*lakāra-*）は Pāṇ. III 4,78 により，人称語尾（*tiṅ*）に代置される。人称語尾は Pāṇ. III 4,113 に sārvadhātuka であると定められている（*tiṅśit sārvadhātukam*）。その中，*p* を it とする sārvadhātuka とは pres. ind. sg.act. の語尾 *-mi*（*mip*），*-si*（*sip*），*-ti*（*tip*）のことである。また Pāṇ. III 4,86 により単数の 2 次語尾 *-m, -s, -t* が *-ti, -si, -mi* に代置する。 iptv.3sg. *-tu* は Pāṇ. III 4,100 により *ti* に代置する。従って，pres.ind.sg.act.，さらには iptv.sg. などの場合も，アクセントは語尾の前，つまり動詞語基に来る。これに対して *-a*（*ṇal*）などの pf. の語尾は Pāṇ. III 4,115 により，ārdhadhātuka として扱われる（*liṭ ca*［*ārdhadhātukam* 114］）ので，この規則は完了語形には適用されない。『カーシカー』は例として *bibheti, jihreti, juhoti, mamattu, jajanad, dadhanat, daridrati, jāgarti* を挙げる。それらの中，pf.iptv. *mamáttu*（*ti* > *tu*），pf. subj. *jajánad*（*ti* > *t*），pf. subj. *dadhánat*（*ti* > *t*）について，パーニニ文法学ではヴェーダ語において特別に見られる redupl.pres. として説明される。これはパーニニ文法の動詞組織が pf.iptv. 等の話法形を予定しておらず，こうした形を作ることが困難なことによる（→ 総論4.1.）。こうした形は Pāṇ. II 4,76 により，ヴェーダ語では本来第 1 類動詞に属するものが，特別に重複現在語幹（*ślu*）と解釈する[217]。実際『カーシカー』が挙げる pf.iptv. *mamáttu*, pf.subj. *jajánat*, pf.subj. *dadhánat* は RV, AV, YV^{m} に限られており，従ってヴェーダの言語事実を予定していることは明ら

217 Pāṇ. II 4,76 *bahulaṃ chandasi*［*śluḥ* 75, *śapaḥ* 72］「ヴェーダ語では，様々に *a*（*śap*）の代わりに *lu*（*ślu*）が生じる」。

かである。またDhPによれば，*jan*（DhP I 862, IV 41）はヴェーダ語では3類（DhP III 24）として用いられ，また*dhan*（DhP III 23）はヴェーダにおいてのみ用いられる（→ 各論2.2. ）。つまり，ヴェーダ語に用例が限られる動詞が通常の規則の中に混入していることになる。これについては，通常の規則は, *bhāṣāyām*「口語では」という制限がない限り，ヴェーダの語法をも含むということが考えることができるが[218]，その場合はヴェーダ語の規則（Pāṇ. II 4,76）によって既に言及されていることを前提としていなければならない（→ 結論4.）。

i. *bi-bháy*^{i}- （DhP III 2 *bhī*）

bibhémi
ŚBM VII 4,1,13
bibhémi vái. púraṃ me kuruta.
「私は恐れているのだ。君たち（水）は私のために城塞を作れ。」
ŚBM XII 9,3,8
bibhémi vái. práṇayata mā.
「私は恐れているのだ。君たち（水）は私を前に導け」

RVには*bháy-a-*^{te}「恐れる」（fientive-intransitive cf. 古代教会スラヴ語*bojǫ*, inf. *bojati sę*, リトアニア語inf. *bijóti*）の他に，redupl.pres.part. *bíbhyat-*も見られる。RV以降になると*bháy-a-*^{te}は姿を消し，現在語幹には一貫してredupl.pres. が用いられる。redupl.pres. *bibhay-*^{ti}は「恐れている」という状態を示すpf. *bibhāya*から2次的につくられた形である（Wackernagel 1907: 305ff. =Kl.Schr. I 494ff.）[219]。pres.sg.act. の形でアク

218 Palsule 1961: 189, fn.1; cf. also Kobayashi 2006: 2

219 古高ドイツ語*bibēn*「揺れる（*beben*）」はpf. から展開して作られた可能性がある：前ゲルマン祖語 *b^hi-b^hoi̯-ti* > ゲルマン祖語 * *ƀiƀai̯þ* (or -*đ*) > 古高ドイツ語*bibēt*（Gotō 1987 : 226, fn.476）。

セントを持つ例としてはŚBMに現れる*bibhémi*のみであるが，このアクセント位置はpf.から2次的に作られたことを支持するものといえる。この規則が標準語の規則として見なされる以上，アクセント位置は恐らくパーニニの時代においても変わることはなかったと考えられる。

ii. *ji-hray^i-*（DhP III 3 *hrī*）

この規則に従えば，**jihréti*が想定されるが，用例は見出せない。*hray^i* / *hrī*のredupl.pres.はヴェーダでは^+*jíhriyat-* MS I 9,8^P : 139,17のみである：*tā́n pátnībhiḥ sahá prakśā́ya* ^+*jíhriyató 'surā apā́vartanta*「彼ら（神々）を［彼らの］妻ともども目にとめると，アスラたちは恥ずかしがって引き返した」。定動詞の形*jihreti*は古典期以降に現れる。

iii. *bi-bhar-*（Dhp III 5 *ḍubhrñ*）

bibhárṣi

VSM XVI 3~VSK XVII 1,3~MS II 9,2 : 121,1~ KS XVII 11 : 254,10[220]

yā́m íṣuṃ giriśanta háste bibhárṣy ástave

「山に住んでいる者（Rudra）[221]よ，君が投げるために手に持っている矢を」

ŚB XIV 2,1,15

yéna sárvān devā́nt sárvāṇi bhūtā́ni bibhárṣi

220 TS IV 5,1,2の平行箇所は*bibharṣy*となっている。

221 *giriśanta*の語源は明らかでない。Pāṇ. V 2,138では*śanta-*は*śam*「めでたい」に*taddhita*-suffix -*ta*-がついたものと規定する。Ai.Gr. II 2, 211は，この規則から形成される*śanta-*をvoc. *giri śanta* VS XVI 3から抽出されたものと考える。ちなみに*giri-śá-*（° *śa-* < *śay^i*「横たわる」see EWAia II 614）もRudraの名前として現れる。Ai.Gr. II 2, 81によれば，*giriśa-*のdat. *giriśāya*はdat. *giriśayāya*のhaplologyである。Pāṇ. V 2,100によれば，*giri-*に*taddhita*-suffix -*śa*-がついたものであり，意味は「山に属する，山の中にいる」が想定される。

「それによって君が全ての神々，全ての生き物たちを担っているところの」

bibhárti
RV IV 50,7, RVkh, VS, MS, TS, ŚB, TĀ III 11,4

bhar / bhr̥ の現在語幹には，*bhár-a-*$^{ti, -té}$ と *bíbhar-/bibhár-*^{ti}があるが，redupl.pres. は「持っている」（iterativ-durativ）を意味する（GOTŌ 1987 : 226f.）。*bharati* に「運ぶ」という意味も「持っている」という意味も持っているが，特に「持っている」を明確に示す場合はredupl.pres. を用いる。full.gr. *bíbharti* は次第に pf. の影響を受け *bibhárti* となるが，zero-gr. *bibhr-* はアクセントが語尾に移行することは避けられ，本来の *bíbhr-* が保持される。RVでは *bibhárti* はRV IV 50,7 に限られる：*bŕ̥haspátiṃ yáḥ súbhr̥tam bibhárti*「彼［王］はブリハスパティを良く担っている…」。それ以外は全て *bíbhar-* というアクセントを示している。AVの例は全て *bíbharti* であるのに対し，RVkh, YV以降は *bibhár-*^{ti} でほぼ貫徹している。

e.g.
AVŚ I 35,2~AVP I 83,2
yó bíbharti dākṣāyaṇáṃ híraṇyaṃ sá jīvéṣu kr̥ṇute dīrghám ā́yuḥ
「ダクシャの子孫の黄金を持っている人は生命たちの中で長い寿命を［自分に］作る」。
Cf. RVkh IV 6,7b~VSM XXXIV 51~VSK XXXIII 2,14 : *yó bibhárti dākṣāyaṇā́híraṇyaṁ sá devéṣu kr̥ṇute dīrghám ā́yus...*
AVŚ XII 1,2~MS IV 14,11 : 233,11(*bibhárti*)
nā́nāvīryā óṣadhīr yā́ bíbharti pr̥thivī́ naḥ prathatāṃ rā́dhyatāṃ naḥ
「様々な活力を持つ植物たちを支えている大地は我々の為に広がれ。我々のために達成しろ。」

TS, TĀ には *bíbhar-, bibhár-* の両方が見られる。TS IV 5,1,1-2^{m} は *bíbharṣi* となっているが，パラレルの VS~MS~KS は *bibhárṣi* となっている：*yā́m íṣuṃ giriśanta háste bíbharṣy*[222] *ástave*「山に住んでいる者（Rudra）よ，君が投げるために手に持っている矢を」。TS V 6,5,2^{p} には *bibhárti* という形が見出される：*yát saṃvatsarám úkhyam bibhárti*「一年間鉢の火を担っている場合」。

TĀ IV 17,1 には RV VII 34,7 が引用されておりアクセントは RV と同じ *bíbharti* となっている（MS IV 9,14 : 134,10 のパラレルはアクセントがない）：*úd asya śúṣmād bhānúr nā́rta bíbharti*[223] *bhārám pr̥thivī́ ná bhū́ma*「当の者（祭火）の喘ぎのために［太陽は］光のように昇り，［祭式は］大地のように諸存在[224]という重荷を担っている」。一方 TĀ III 11,4^{m} には *bibhárti* が見出される：*yá āṇḍakośé bhúvanaṃ bibhárti*「卵の器の中に存在を身籠っている」

MS (3x) , ŚB (ŚBM 16x, ŚBK 4x) の用例は全て *bibhár-* となっており，このアクセント位置は比較的新しい文献において定着し，パーニニの時代には標準となっていたことを示している。

iv. *ju-háv-*（DhP III 1 *hu*）

pres.ind.sg. act. *juhó-*^{ti} RV, AV, YV, pres.iptv. *juhóta, juhótana* RV, ŚB, pres.subj. *juhávāni* TS (*juhávānī3* TS VI 5,9,1~TB II 1,2,2~ŚBM II 2,4,6~ŚBK I 2,4,5), ŚB, *juhávāma* ŚB, *juhávāmahai* ŚB

hav / hu の redupl.pres. は一貫して語根部分にアクセントを持っている

222 VWC *bibhárṣi*

223 VWC *bibhárti*

224 *bhū́ma* pl.acc., s. Ai.Gr. III 272f.

(cf. also *yuyóti*)[225]。恐らくは*-nó/nu*-pres. *sunóti* :: *sunumás*等の対応に倣ってアクセントがシフトしたものと思われる（Hill / Frotscher 2012 : 109）。この規則に従うならば，パーニニの時代までアクセント位置は変わていなかったことになる。iptv. *juhóta*, *juhótana* RV, ŚBは*-ta*（*tap*），*-tana*（*tanap*）が用いられた形であり，*p*をitとするのでアクセントはこの規則に一致している（→ v. *mad*）。またsubj.1st *juhávāni, juhávāma, juhávāmahai*は幹母音の前にアクセントがある。付加音*ā*(*āṭ*)は語尾の前に挿入されると，語尾の一部を成すので，この規則に一致している。

v. *ma-mád-*（DhP IV 99 *mad*）

redupl.pres. 2sg. act. *mamatsi*

RV IV 21,9~MS IV 12,3 : 186,14

kā́ te níṣattiḥ kím u nó ***mamatsi*** *kíṃ nód-ud u harṣase dā́tavā́ u*

「君の座り込みは何なのか。何故また君は酔っていないのか。何故君は与えようとして，喜ばないのか」

pf. subj. 3sg.act.*mamádat*

AVŚ VII 14,4~AVP-kashm. XX 3,3 (unaccented)~ *madantu* SV I 394

píbāt sómaṃ ***mamádad*** *enam iṣṭé*

「ソーマを飲むがよい，祭式されたものについて当人を酔わせるがよい」

pf. subj. 2sg. act. *mamádaḥ*

RV VII 24,1~JS I 33,2

áso yáthā no 'vitā́ vr̥dhé ca ¦ *dádo vásūni* ***mamádaś*** *ca sómaiḥ*

「君（Indra）が我々の援助者であるように，そして増大のために富たちを与えるように，そしてソーマによって酔うように」

---

225 ŚBM II 4,2,12に*júhoti*が見出されるが，VWC p.1684, fn.bが考えるように*juhoti*と読むべきものと思われる。パラレルのŚBK I 3,3,10 (ed. Caland-Vira) は*juhoti*となっている。

pf. subj. 3pl.act. *mamádan*

RV IV 42,6

yán mā sómāso ***mamádan*** *yád ukthóbhé bhayete rájasī apāré*

「ソーマたちが私を酔わせることになる時，讃辞たちが［私を酔わせる時］，際限のない天地両界は恐れる」

pf. iptv. 3sg. act. *mamáttu*

RV I 122,3~KS XXIII 11 : 87,13~TS II 1,11,1~BaudhŚrSū XIII 20

mamáttu *naḥ párijmā vasarhā́* ***mamáttu*** *vā́to apā́ṃ vŕ̥ṣaṇvān*

「早朝に活動する者，地を囲む者は酔っていろ，水たちの，種馬を伴う者（御者）である風は酔っていろ」

RV X 116,3

mamáttu *tvā div$_i$yáḥ sóma indra* ***mamáttu*** *yáḥ sūyáte pā́rthiveṣu* /

mamáttu *yéna vár$_i$vaś cakártha* ***mamáttu*** *yéna niriṇā́si śátrūn* //

「天に属するソーマは君を酔わせろ，インドラよ。地上の者たちの間で搾られる［ソーマ］は酔わせていろ。それによって君が広さを作ったところの［ソーマ］は酔わせていろ。それによって敵たちを潰えさせたところの［ソーマ］は酔わせろ」

pf. iptv. 2pl. act. *mamattána / mamáttana*

RV X 179,1~AVŚ VII 72,1~ MānŚrSū IV 5,4~ĀpŚrSū XIII 3,4~VaikhŚrSū XVI 3 : 219,11

yádi śrātó juhótana yády áśrāto ***mamattána***

「［インドラの分け前に］火が通ったならば，君たちは献供しろ。火が通っていないならば，君たちは酔っていろ」

RVとAVにはpf. の話法形pf.subj. とpf.iptv. が多く見出される[226]。sg.act. の場合，アクセントは語根部分にある。さらにRV IV 21,9~MS IV 12,3 : 186,14にはpf.iptv. から2次的に作られたと考えられる*mamatsi*が見出される[227]。

pf. の話法形や2次的重複現在語幹はRV, AVなどのマントラにしか見出されない。また『カーシカー』はpf. iptv. *mamáttu*を例として挙げる。*mad*はヴェーダ語において，例外的にredupl. pres. を作る。これはヴェーダに現れるpf. *ma-mád-*の話法形，特にpf.iptv. を念頭に置いている。つまりpf.iptv. をredupl.pres. と見なしている。*ma-mád-*のような特殊な語形はヴェーダ語の規則（Pāṇ. II 4,76）を前提としていると考えられる（→結論4.）。

RV X 179,1にはpf. iptv. pl.act. *mamattána*が見られるが，パラレルのAVŚ VII 72,1には*mamáttana*が現れる。redupl.pres.，及びpf. のiptv. 2pl. act. にはfull-gr. とzero-gr. の両方の形があるが，zero-gr. をとる場合は語尾にアクセントを持つ（e.g. *jāgr̥tá*, *pipr̥tá*）。pf. *ma-mád-*のiptv. はzero-gr. **ma-n-tána*が期待されるが，語根構造を維持するためにfull-gr. の形をとったものと説明される（cf. *mamaddhí*, s. KÜMMEL 2000: 37f.）。

Pāṇ. VII 1,45は2次語尾又iptv. の2pl.act. をアクセントのあるもの（*-tá, -tána*）[228]とないもの（*tap, tanap*）[229]に区別する：

> Pāṇ. VII 1,45
> *tap-tanap-tana-thanāś ca* ［*tasya* 44, *chandasi* 38, *aṅgasya* VI 4,1］
> ヴェーダ語では，語幹の後で，*-ta*（*tap*），*-tana*（*tanap*），*-tána*, *-thána*（pres.ind.2pl.act.[230]）が *-tá*の代わりに生じる。

*tána*が導入される場合は，アクセントは*mamattána*となり，*tanap*が

---

226 pf. act. *mamā́da*は本来*máda-*[ti]「酔う」（fientiv intrans.）のpf. であったが，caus. *mādáyati*「酔わせる」（faktitiv trans.）のpf. としても用いられ，これから二次的語根*mand*「酔わせる」が成立した（GOTŌ 1987: 235f.）。*mad*のpf.ind. は主に「一般的現在（generell präsentisch）」，又は「現在までの継続（kontinuativ）」として用いられる（KÜMMEL 2000: 358f.）。

227 GOTŌ 1987: 236, fn. 518.

228 Pāṇ. III 1,3 *ādyudāttaś ca*［*paraś ca* 2, *pratyayaḥ* 1］「語幹の後に来る接辞はその最初の音節にudāttaを持つ」。

229 Pāṇ. III 1,4 *anudāttau suppitau*「格語尾と*p*をitに持つ接辞はanudāttaである」。

230 *ta*に代置するので，パーニニは *-thana*（pres.ind.2pl.act.）を*loṭ*（iptv.）の語尾と解していたことになる。

導入される場合は，*mamáttana* となるので，*mamattána* RV と *mamáttana* AVŚ のいずれの形も問題なく説明し得る。

vi. ***ja-jánⁱ-***「生む」（**DhP III 24 *jan***）

pf. subj. 3sg.act. *jajánat*

MS I 3,20m : 37,10

ávardhann índraṃ marútaś cid átra | mātā́ yád vīrā́ṃ jajánaj jániṣṭham

「マルトたちはインドラをこの時成長させた，母が最も よく子孫を作る勇者を生むことになる時」

→ *dadhánat* RV

jajánad índram indriyā́ya

MS I 9,1m : 131,5~KS IX 8 : 110,16~KpS VIII 11~TB II 2,3,5~TĀ III 2,1~ŚāṅkhŚrSū X 15,6

「彼はインドラ的な力のためにIndraを生むことになる」

DhPによれば，標準語では *janati*（DhP I 862），*jāyate*（DhP IV 41）が用いられるが，ヴェーダ語では **jajanti* が用いられる。『カーシカー』は *janⁱ* の pf.subj. *jajánat* を redupl.pres.subj. と見なして挙げる（Hoffmann Aufs. 44f.）。MS I 3,20m : 37,10 にある *jajánat* は *dadhánat* RV X 73,1 の variant であり，MS I 9,1m : 131,5 の用例はこの形が元になっている（Kümmel 2000 : 186f.）。この語形の pf. の機能は明らかでない（Kümmel ibid.）。パーニニが *dadhánat* RV X 73,1 と *jajánat* MS I 9,1m : 131,5 を視野に入れていた可能性は高い。

vii. *da-dhán*ⁱ-「走る」(DhP III 23 *dhan*)

pf. subj. 3.sg.act.*dadhánat*

RV X 73,1~VSM XXXIII 64~VSK XXXII 5,10~KS IV 8 : 33,15~KpS III 6~TB II 8,3,5, cf. *jajánat* MS I 9,1ᵐ : 131,5

ávardhann índram marútaś cid átra ¦ *mātā́ yád vīrám̐ dadhánad dhániṣṭhā*

「マルトたちはインドラをこの時成長させた，母が最も走る女として勇者を走らせることになる時[231]。」

pf.opt. 3.pl.act.

RV IV 3,12

prá sádam ít srávitave dadhanyuḥ

「[水たちは] いつも流れるために走っていて欲しい」

*dhan*ⁱはDhP III 23のみに登録されており，ヴェーダ語でしか用いられない。Kāś.は*jan*ⁱの場合と全く同様に，pf. subj. *dadhánat*をredupl.pres. subj.と見なして例にあげる。それ以外にも，pf.opt. *dadhanyur*が見出される。ヴェーダに見出される，こうしたpf. 語幹のind.以外の語形を予定した可能性が高い。

viii. *daridrā*-(DhP II 64 *daridrā*)

パーニニが動詞語基として挙げる*daridrā*は*drā*「走る」(cf. aor. *drā*-, etc., **dreh₂*, cf. ギリシア語aor. *ἀπέδρᾱν*「走り去る」，pres. *ἀποδιδρᾱ́σκω*) のintens. 語幹である。*drā*はaor. iptv. *drāntu* RV, *s*-aor. subj. *drāsat* RV(s-aor. subj. *dāsat*等に倣って二次的に作られた形，see NARTEN 1963: 149f.)，pf. dadrur, *dadrāṇá*- RV等が見出されるが[232]，現在語幹は*drávati*が補完する

231 caus. *dhanáya*-のpf.と判断される(KÜMMEL 2000: 256)。

(Gotō 1987: 178)。ヴェーダではintens.の定動詞形は現れず，pres.part. m.sg.voc. *dáridrat-*[233]（Rudraを指す）がTS IV 5,10,1[m]（~MS~KS~VS~ŚB : *dáridra*）に見られるに留まる：*drā́pe ándhasaspate dáridran nī́lalohita*「外套よ，ソーマの若芽の主よ，あちらこちらへ走っている(定まらない？)者よ，暗赤色の者よ」。またこのマントラのパラレルに見られるような形容詞 *darídra*-TS III 1,1,2[m] / *dáridra-* ŚBは特にブラーフマナ以降しばしば現れ，「一定しない」という意味で用いられるが，後には「困窮している」という意味で用いられる。さらにこの語から*dāridrya-* RVkh II 6,29, *daridrī-kr̥*「困窮させる，貧困にする」ŚB等の語が作られる。

動詞語基*daridrā*はPāṇ. VI 1,6において重複語幹（*abhyasta-*）の一つと規定されているが，*drā*が重複したものであるということは規則において明言されない。DhPにも*drā*は登録されていない。intens.はアクセントが重複音節にあるので，*dáridrā-*となる（pres.part. *dáridrat-*）が，この規則に従えば，アクセントは**daridrā́-*が期待される。またPāṇ. VI 4,114において*daridrā*の弱語幹は*daridri-*となることが規定されている：

> Pāṇ. VI 4,114
> *id daridrasya*［*hali* 113, *ātaḥ* 112, *sārvadhātuke* 110, *kṅiti* 98, *aṅgasya* 1］
> 子音で始まり，*k*と*ṅ*をitとするsārvadhātukaの前で*daridrā*の語幹の*ā*の代わりに*i*が生じる。

パーニニの時代には*daridrā-*という語幹が語根として定着し，しかもかなり生産的であったことが推測される。またPat. on Pāṇ. VI 4,114 : 217,9-18ではdesid. *didaridrāsati*, *didaridriṣati*, aor. *adaridrīt*, *adaridrāsīt*が，さらにPat. on Pāṇ. III 1,35 : 44,18ではperiphr.pt. *daridrām cakāra*が作ら

232 ブラーフマナ文献以降*drav*から作られたpf. *-dudrāva* JB, ŚB, BĀU, *-dudruvatur* JB, *-dudruvrur* JB III 235:9が現れる（Gotō 1987: 178, fn. 307）。

233 Cf. Ai.Gr. III 597 (Nachträge)

れることが規定されている。但し，こうした形がパーニニの時代に実際に用いられていたかどうかは判断しがたい。

ix. *jāgár-* (DhP II 63 *jāgṛ*)

この規則に従えば, *jāgárti* となる。MS III 6,3[P] : 63,13のみが *jāgárti* というアクセントを示している。その他の用例は重複音節にアクセントを持つ：*jā́garṣi* RVkh II 3,1, *jā́grati* AVŚ XIX 48,5, ŚB II 1,4,7.

2.5. **Pāṇ. VII 4,75**

Pāṇ. VII 4,75
nijāṃ trayāṇāṃ guṇaḥ ślau［*abhyāsasya* 58, *aṅgasya* VI 4,1］
ślu（redupl.pres.）の前で，*nij* 以下の 3 つ（*nij*, *vij*, *viṣ* DhP III 11-13）の語幹の重複音節の代わりに guṇa が生じる。

この規則に基づいて，*nenekti, nenikte, vevekti, vevikte, veviṣṭi, veviṣṭe* が redupl.pres.（*ślu*）として導き出される。これらはヴェーダに用例が見られるものもある。この規則から幾つかの intens. 語幹は，パーニニの時代には語彙化（lexicalization）が進んで現在語幹を代表していたことが推測される。パーニニ文法学の説に従えば，athematic intens.（*yaṅluk*）は常に act. をとる（→ 各論1.1.2.）。Pāṇ. VII 4,65 には *tétikte* がヴェーダ語形として挙げられているが，パーニニはこれを古風な intens. として見なして挙げたと考えられる。パーニニの時代には *-yá-* intnes. の方がより一般的に用いられ，athematic intens. が用いられることがあったとしても，その多くは既に語彙化していた可能性がある。

nenej- / nenij-

act.

nenekti Nir. II 17, VaikhGr̥Sū I 3, *ava-* VaikhŚrSū V 2, *abhyava-* KauśS XLVIII 43, *nir-* TS^{p}, HirŚrSū III 2,41, BhārŚrSū V 3,8, VaikhŚrSū I 5, *pra-* KS XXV 8:113,10, KpS XL1; 3pl. *pra-nenijati* MS III 8,7^{p}:103,13; iptv. *áva nenigdhi* AVŚ IX 5,3~KauśS LXIV 9(pr.); opt.3sg. *vi-nenijyāt* VādhAnv IV 8,2 (=CALAND IV 24), *avanenijet*[234] VārGr̥Sū V 13

mid.

nenikté RV IX 71,3

nenikté apsú yájate párīmaṇi「彼（Soma）は水の中で自らを何度も洗い，十分に捧げる」

áva-

ind. 1sg. *-nenije* AB, ĀpŚrSū, KāṭhGr̥Sū, GobhGr̥Sū, ManB, 3sg. *-nenikte* (*nenikté* ŚBK IV 2,2,5) MS^{p}, KS^{p}, TB^{p}, ŚB, HirŚrSū, BhārŚrSū, HirGr̥Sū; iptv. 2sg. *-nenikṣva* ŚB, ŚāṅkhŚrSū, KātyŚrSū, *-neniṅkṣva* HirŚrSū, BhārŚrSū, BhārGr̥Sū, ĀgnivGr̥Sū, iptv. 3sg. *-neniktām*, 3pl. *-nenijatām* ŚāṅkhGr̥Sū IV 15,6; opt. 3sg. *-nenijīta* (*nénijīta* MS III 6,9^{p}: 72,12) MS^{p}, KS^{p}, KpS^{p}, VārŚrSū, HirŚrSū; part. *-nénijāna-* ŚB

nir-

-nenikte TS VII 2,10,4^{p}

nej / nij の intens. *nenej- / nenji-*（cf. 新アヴェスタ語 them. *naēniža^{i}ti*）はRVからスートラ文献まで広く現れる。それらは一貫してathematicである。RVにはintens. と並んで，redupl.pres.（又はperf.）iptv. *ninikta* RV X

234 *...annādyāya vām* ***avanenijed*** *ity udakenāñjaliṃ pūrayitvā...* (ed. Raghu Vira); ed. SINGH : °*nenijemīty*. ROLLANDはĀpŚrSū VI 20,2のパラレルに従って°*nenije*として訳している。

132,6, pres. 又は aor. part. *nirnijānā-*[235] が現れる。Schaefer 1994: 144 は既に RV において intens. 語幹が語彙化して現在語幹として用いられていたと推測している。RV 以降は *nej / nij* の現在語幹は一貫して intens. が用いられている。

nij は第3類動詞にのみ登録されている。グリヒャスートラにもこの語幹が多く見出されることから，パーニニの時代においても *nij* の現在語幹として *nenij-* のみが用いられていたものと推測される。

vevij-

RV IV 26,5

bhárad yádi vír áto vévijānaḥ

pathórúṇā mánojavā asarji

「[ソーマを無事に] 運ぶことになるのか [と案じて]，鳥はここそこを小刻みに動いていたが，思考の速さを持つ [鳥] は広い道を通って放たれた」

RV IX 77,2

sá mádhva ā́ yuvate vévijāna ít

kr̥śā́nor ástur mánasā́ha bibhyúṣā

「彼（鷹）はあちこち動きながら蜜（ソーマ）から [一部] を引き寄せる，射手クリシャーヌを恐れる思考を伴えばこそ」。

vej / vij「波立つ，ほとばしる，こきざみに動く」には現在語幹 *avije* RV, *vijante* AV, AB, *vijate* KB, ŚB が見出される。RV には *-yá-* intens. *vevijyáte* と athematic intens. part.*vévijāna-* が現れるが，それ以降の文献には見出せない。この規則に一致する形は athematic. intens. *vevij-* となる。少なくともヴェーダ文献の用例は athematic intens. mid. *vévijāna-* RV のみであり，それ以降，姿を消すにも関わらず，この規則において標準語形とし

235 Joachim 1978: 101f. は古くに存在した root aor. の可能性を示唆する。

て教えるのは奇異に見える。

vej / vij と *vec / vic* は同形（Homonymie）を介した交差が見られる[236]。またKS XVI 3ᵐ: 223, 18[237] には *vec / vic* の pf. iptv. *vi....vivigdhi* が見られる（Kümmel 2000: 491）：*vi dhūmamagne aruṣaṃ vivigdhi sr̥ja praśasta darśatam*「アグニよ，煙を，赤い色を分離せよ，讃えられた者よ，姿を解き放て」。また *vec / vic* の intens. は KauśS LXI 29 に見られる：*upaśvasa*[238] *ity apavevekti*「'鳴り響く木製の器の上に…' と言って取り除ける[239]」。

pf. *vivigdhi*（< *vec*）KS, *vevekti*（< *vec*）KauśSū のような形を通じて，*vej* との交差が生じた結果，sg. *vevekti*, pl. **vevijati* が作られ，パーニニの時代に使用された可能性もある。Kṣīrataraṅginī は，*vicir* の読みを提案する。またDhPに後代付加されたと思われる意味記載（*arthapāṭha-*）に従うならば，DhP III 12の *vij* は「区別する」の意味で（*pr̥thagbhāve*）用いられ，DhP VII 5 *vic*（*viñcati*）も *pr̥thagbhāva-* の意味を表す。DhP III 12の意味記載は *vevekti* のような語形を介して，*vic* と *vij* の交差があったこと示唆するものとなる。但し，語形上は *vévijāna-* RVのように，*vej / vij*（*vijati*）「波立つ，ほとばしる，こきざみに動く」の intens. の可能性も排除できない。

veviṣ-（*veṣ / viṣ*「働く，活動する」）；Schaefer 1994: 186 – 190

vevesṭi ŚBM I 1,2,1~ŚBK II 1,2,3, *vévesṭi* Nigh II 8[240], *vevesṭu* AVŚ II

---

236 ヴェーダにおいて *vec /vic* と *vej / vij* の pp. が共に *vikta-* となることから交差が起こったと推測される（Gonda 1936: 190）。両者の繋がりは印欧祖語においては推定されない（EWAia II 577）。

237 ~ RV I 36,9

238 *upaśvasé dhruváye sīdata yuyáṃ ví vicyadhvaṃ yajñiyāsas túṣaiḥ / śriyā́ samānā́n áti sárvānt syāmādhaspadáṃ dviṣatás pādayāmi*「君たち（米粒）は鳴り響く木製の器の上に座れ。祭式にふさわしい者たちとして籾殻たちから分離されよ。我々は美しさに関して全ての「我々と」等しい者たちを越えていたい。私は憎んでいる者たちを足元に落とす」AVŚ XI 1,12

239 ここでは intens. apavevekti は「取り除ける」という行為の中に複数回の動作が含まれていることを示しており，*kriyāsamabhihāra*「行為のとりまとめ」に一致する例と言える（各論 → 1.4.1.1.）。

12,8~ AVP II 5,7, part. act. *véviṣat-* RV III 2,10, RV VIII 19,11, RV X 91,7[241], RV X 109,5[242], RV VI 21,5, part. mid. *véviṣāna-* RV VII 18,15

upa-

°*veveṣṭi*

ŚBM I 2,1,3~ŚBK II 1,4,2

átha yád enena yajñá upālábhata úpeva vā́ enenaitád veveṣṭi. tásmād upaveṣó nā́ma.

「次に祭式において当のもの（火かき棒）によって触る時，あたかも当のものによってこれ（Gārhapaya 祭火 ）に奉仕するようである。それ故［その火かき棒は］upaveṣa と言う名前である。」

°*veviḍḍhi*

VSK II 5,7~KātyŚrSū IV 2,12

veṣò 'sy upaveṣó dviṣató grī́vā úpa veviḍḍhi.

「君は火かき棒として働いている。憎む者の首たちを入手せよ[243]。」

pari-

°*veveṣmi* AVŚ XV 13,8, °*veveṣṭi* MS I 10,13ᴾ:153,4~KS XXXVI 7:74,16, JB III 110, VādhAnv IV 8,4（= CALAND IV 25）[244], HirŚrSū X 1,2, VaikhŚrSū XVIII 12, HirGṛSū, °*véveṣṭi* TB II 1,2,12, TB II 1,3,9, 3rd pl.°*veviṣati* AB I 17,5, ŚBM I 3,3,2~ ŚBK II 2,4,2, JB II 11~PB XV 7,3, °*veviṣanti*[245] JB III 303, ĀpŚrSū X 3,7, °*veviṣyāt* AVŚ XV 13,8, ŚBM IX 2,2,3

---

240 Cf. AVPariś. XLVIII 15

241 ~SV II 33~JS III 28,5~JB III 88~MS IV 11,4 : 173,1~ĀpŚrSū III 15,5

242 ~AVŚ V 17,5~AVP IX 15,5

243 SCHAEFER 1994: 189によれば，「入手する，調達する（herbeischaffen)」を意味する。

244 写本には*pari vā veṣṭi*とある由。CALAND Ac.Or. VI p.126（= Kl.Schr. 426）: *pari vā viveṣṭi*, SCHAEFER 1994 : 186, fn.560 : *pariveveṣṭi*, Ed. CHAUBEY Vādh.Anv. IV 8,4 : *pari vā veveṣṭi*

245 root pres. sg. *dveṣṭi* :: pl. *dviṣanti*の対応に倣って類推形成されたものと推測される（SCHAEFER 1994: 36, fn. 53)。

RV には intens.part. act. *véviṣat-*, mid. *véviṣāna-* RV VII 18,15 と並んで，redupl.pres. *viveṣ-/ viviṣ-* が現れる。*veṣ / viṣ* は本来自動詞として「働く，活動する」を意味するが，redopl.pres. は専ら他動詞として用いられ，「(職務を) 果たす，片付ける」意味する (SCHAEFER 1994: 187)。e.g. *yávaṃ ná dasma juhvā̀ vivekṣi*「卓越した者よ，舌を用いて君 (Agni) は［薪を］大麦のように片付ける」RV VII 3,4。intens. は自動詞，他動詞いずれの用例も見られ，RV では内的目的語 (inneres Objekt) を伴う例 (e.g. *véviṣad víṣaḥ*「諸々の職務を果たしながら」RV X 109,5~AVŚ V 17,5~AVP IX 15,5) と被動目的語 (affiziertes Objekt) を伴う例 (e.g. *tṛṣú yád ánnā véviṣad vitíṣṭhase*「君 (Agni) が飢えて食べ物たちを［次々に］片付けながら，広がっているならば」RV X 91,7[246]) が見られる (SCHAEFER 1994: 187)。

AV 以降，redupl.pres. は姿を消し，intens. が生産的になる。黒 YV 以降になると僅かな例外を除けば[247]，一貫して *pariveveṣ-ti*「［人の］周りで働く，給仕する」が現れる。e.g. MS I 10,13p: 153,4~KS XXXVI 7:74,16 *tásmāt kánīyān jyā́yāṃsaṃ páriveveṣṭi*「それ故，より若い人はより年長の人の周りで働く」。*veveṣ-ti* は YV 以降に頻繁に現れるようになるが，パーニニの時代には語彙化して現在語幹を代表していたことが推測される。

2.6. **redupl.pres. *jāgarti***

2.6.1. ヴェーダに現れる形

redupl.pres. ind. 2sg. *jā́garṣi* RVkh, 3sg. *jāgárti* MS, 2pl. *jāgṛtha* KS, 3pl. *jā́grati*, *jāgrati* AV, ŚB, JB, KāṭhSaṃk. (Agnyādheya 3):8,2, pres.part. *jā́grat-* RV X 164,3

---

246 ~SV II 33~JS III 28,5~JB III 88~MS IV 11,4:173,1~ĀpŚrSū III 15,5 (JS, JB: *vātopajūta...*)

247 白 YV には *upa....veviṣ-* が見られるが，ŚB I 2,1,3 の例は *upaveṣá-* の語義説明の際に *pariveveṣṭi* からの意味を当てはめたものである (SCHAEFER 1994: 189)。

jāgar-ti は *jar / gar / gr̥* (*$h_1$ger)「目を覚ます」の状態を表す完了(Zustandperfekt) *jāgā́ra* (*$h_1$ge-$h_1$gor-, 新アヴェスタ語 *jaγār-*, ギリシア語 *ἐγρήγορε*[248])「目覚めている」から二次的に作られた pres. である[249]。本来の現在語幹 *jára-*[te] (fientive-intras.) は RV に見られる (GOTŌ 1987: 151)。また完了語幹 *jāgar-* も多くは RV, AV に見出され, それ以降は redupl.pres. が pf. に取って代わる。pf. 語幹と redupl.pres. 語幹の蝶番形 (Scharnierform) となったのは, plupf. *ajāgar* RV X 104,9 や pf. iptv. *jāgr̥hi* のような形であると推測される (KÜMMEL Perf. 192)。また (*ádhi-*) *jāgar-* は loc. を伴って「見張っている」という意味を表す。

e.g.

RV X 104,9

apó mahī́r abhíśaster amuñcó '[á]*jāgar ās*[u]*v ádhi devá ékaḥ*

「君は大きな水たちを呪いから解放した, 君は唯一の神としてこれら水たちを見張っていた。」

AV には pf.subj. が現れ, pf.opt. は YV 以降から生産的になる：

ádhi-jāgarat pf.subj. 3sg.act.

AVŚ XIX 24,2-3~AVP-Or. XV 5,9-10

yáthainaṃ jaráse náyāj jyók kṣatré' dhijāgarat[250]*…śrótré' dhijāgarat*

「当の者を老いへと導き, 彼が長い間, 支配権を見張ることになるように…聴覚を見張ることになるように」

práti jāgarāsi (hyperchacterised subj.)

AVŚ XIV 2,31~ AVP XVIII 10,1 (*jāgaraḥ*)

indrāṇī́va subúdhā búdhyamānā jyótiragrā uṣásaḥ práti ***jāgarāsi***

「インドラの妻のように, よく気づく君は, 目覚めて[251], 光の頭で

248 重複音節 *ἐγρ-* は aor. *ἔγρετο* から導入されたもの (KÜMMEL 2000: 193)。

249 WACKERNAGEL 1907: 307=Kl.Schr. 496f., KÜMMEL 2000: 191ff.

250 Cf. HirGr̥Sū I 4,8, ĀgnivGr̥Sū I 1,2,46－48

ある曙たちを見張っているがよい」

jāgr̥yāt pf.opt.3Sg.act.

MS IV 2,1^{P} : 23,3

ā́ tú sū́ryasyódetor ***jāgr̥yād***

「他方，太陽が昇るまで，目覚めているべきである」

2次的現在語幹*jā́gar-*^{ti}/ *jāgár-*^{ti}が最初に現れるのはpres.part. *jā́grat-* RV X 164,3であるが，生産的になるのはAV以降である。通常redupl.pres.は重複音節にアクセントを持つが（*jā́garṣi* RVkh II 3,1, *jā́grati* AVŚ XIX 48,5, ŚB II 1,4,7），MS III 6,3^{P} : 63,13のみが*jāgárti*というpf.のアクセントを示していることが注目される。Pāṇ. VI 1,192に従えば，*jāgárti*となり，MSの例と一致している（→ 各論2.4. ix. *jāgr̥*）。

pres.part. *jā́grat-*

RV X 164,3

yád āśásā niḥśásābhiśáso-[252] | $_{u}$*pārimá jā́grato yát svapántaḥ*

「口にすることで，口にすることなく，罵ることで，目覚めている間，眠っている間，我々が抵触した［諸々の悪い行い，好ましくないこと］」

2sg. *jā́garṣi*

RVkh II 3,1

jā́garṣi *tvám̐ bhúvane jātavedo* | ***jā́garṣi*** *yátra yájate havíṣmān*

「ジャータヴェーダスよ，君は世界の上で目覚めている，君は，人が供物をもって祭る場所において目覚めている」

3sg. *jāgárti*

MS III 6,3^{P} : 63,13f.

---

251 -*ya*-pres. *budhya-*^{te}についてはGOTŌ 1987: 219

252 不規則なcadence. Cf. OLDENBERG 1888: 71, fn. 9

yā́ṃ prathamā́ṃ dīkṣitó rā́trīṃ ***jāgárti*** *táyā svápnena vyā́vartate*

「潔斎した者が目覚めている最初の夜の間，その夜の間中，彼は眠りから離れる」

MS IV 2,1^{p} : 23,4

rayím evá púṣṭim ***ánu jāgarti***

「彼は富，繁栄に従って目覚めていることになる。」

3pl. *jā́grati / jāgrati*

AVŚ XIX 48,5~AVP VI 21,5, cf. KS XXXVII 10^{m} : 91,8

yé rā́trim anutíṣṭhanti yé ca bhūtéṣu ***jā́grati*** */*

paśū́n yé sárvān rákṣanti té na ātmásu ***jāgrati*** *té naḥ paṣúṣu* ***jāgrati***

「夜に付き従う人々，生き物たちを見張っている人々，全て家畜たちを守る人々，彼らは自分たち自身を見張っている。彼らは我々の家畜たちを見張っている。」

ŚBM II 1,4,7~ ŚBK I 1,4,6（*jāgr̥yā́t*）

átha jāgrati. ***jā́grati*** *devā́ḥ / tád devā́n evàitád upā́vartate.*

「次に彼ら（夫妻と祭官）は目覚めている。神々は目覚めている。その時，これによって彼は神々の下へと向かう。」

ヤジュルヴェーダ以降になると，*jāgar-*という語幹が語根として定着し，さらにそこからcaus. 等の2次語幹，vadj.，その他の派生形が作られる。

grdv. *jāgaritavya-*

MS IV 2,1^{p} : 23,3

yát satyā́d ā́rtim ā́rchet táj jāgaritavyàm

「[敵対者が] 真実に基づき災厄に出会うかどうか，それが見張られる（見届けられる）べきである」

caus. *jāgaray-*

TB III 8,1,2

rā́triṃ ***jāgaráyanta*** *āsate / svargásya lokásya sámaṣṭyai*

「彼らは夜の間，［祭主を］目覚めさせ続けている[253]，天界に完全に到達するために」

ĀpŚrSū V 8,2

vīṇātūṇavenainam etāṃ rātriṃ ***jāgarayanti***

「人々は vīṇā（弦楽器），tūṇava（木製の笛）によってこの夜の間，当の者（祭主）を目覚めさせている」

ĀpŚrSū XI 21,12

āgnīdhre havirdhāne vā yajamānaṃ ***jāgarayanti*** */ prāgvaṃśe patnīm*

「人々は Agnīdhra の建物，又は Havirdhāna の建物の中で祭主を目覚めさせている，東の小屋の中で家長夫人を［目覚めさせている］。」

ĀpŚrSū XX 1,15

ye rātayas te ***jāgarayanti***

「好意ある彼らが目覚めさせている」

また *jāgarayati* は GṛSū，その他の補遺文献において「火を起こす，燃え立たせる」の意味で用いられる。

KāṭhGṛSū XLVI 2

aupavastraṃ bhuktvā kutaś cid agnim ānīya taṃ ***jāgarayīto****paśayīta ca*

「断食日用のものを食べてから，どこかから火を持ってきて，その火を起こし（燃え立たせる），また鎮めるべきである」

Karmapradīpa II 9,16

dvirbhūto yadi saṃsṛjyet saṃsṛṣṭam upaśāmayet // asaṃsṛṣṭaṃ jāgarayed giriśarmaivam uktavān

「二つになった［祭火］が混ぜ合わされることがあれば，混ぜ合わされた火を鎮めるべきであり，混ぜ和されていない火を起こす（燃え立たせる？）べきである。このように Giriśarman は言っている。」

253 pres.part. + *ās* については，Ai.Synt. 391 参照。

2.6.2. *jāgarti* に関する規則と伝統説の見解

2.6.2.1. **Pāṇ. VI 1,6**

パーニニは*jar / gar / gr̥*「目を覚ます」の2次的語幹*jāgar-/ jāgr-*を一つの動詞語基*jāgr̥* と見なしている。*jāgr̥* DhP II 63はPāṇ. VI 1,6により*abhyasta-*「重複語幹」として扱われるが，重複の過程についてはパーニニは何等言及しない。パーニニにとっては*jāgr̥* を動詞語基として扱うことで実際に使用される語形を導き出すことができれば十分であったからである。*jāgr̥* を*abhyasta-*「重複語幹」として扱うことにより，当然重複語幹に関する規則が*jāgr̥* に適用されるが，問題となるのはPāṇ. VI 1,8が*jāgr̥* に妥当するかどうかである：

Pāṇ. VI 1,8
liṭi dhātor anabhyāsasya［*dvitīyasya* 2 *ekāco dve prathamasya* 1］
liṭ（pf.）の前で，重複音節を持たない動詞語基〔の一部をなす〕，最初の，又は2番目の音節が二つになる。

この規則によって重複語幹がさらに重複することが禁じられるので，重複語幹であると定義される*jāgr̥* からさらに重複語幹を作ることはできない。しかしながら，Kātyāyanaによれば，*jāgr̥* がさらに重複することもある：

Vārt. 1 on Pāṇ. VI 1,6
liṭi dvirvacane jāgarter vāvacanam
liṭ（pf.）の前では，*jāgarti* の重複については任意という明言が〔なされるべきである〕。
Bhāṣya
liṭi dvirvacane jāgarter veti vaktavyam / yó jāgā́ra tám ŕ̥caḥ kāmayante（RV V 44,14）*/ yo jajagāra tam r̥caḥ kāmayante /*
liṭ（pf.）の前では，*jāgarti* の重複については任意であると明言され

るべきである。［例えば］*yó jāgā́ra tám ŕ̥caḥ kāmayante*「目覚めている者を歌（*ŕ̥c-*）たちは欲している」（RV V 44,14）。*yo jajagāra tam r̥caḥ kāmayante*「目覚めている者を歌（*ŕ̥c-*）たちは欲している」。

パタンジャリは例として先ず *jāgā́ra* RV V 44,14 を引用し，それと同じように *jajāgāra* が用いられると説明する。だが *jajāgāra* はヴェーダ文献には見出されず，またパーニニがこの形を予定して規則を立てたどうかを判断するのは難しい。Vārt. 1 は，少なくともカーティヤーヤナの時代には *jajāgāra* が用いられたことを示唆するものにすぎない[254]。各論 2.6.1. で論じたように黒 YV 学派の文献では *jāgar- / jāgr̥-* は完全に語根化しており，*jāgarayati, jāgaritavya-* 等の派生語が現れる。パーニニの時代に入ってから，例えば medio-pass.aor. *ajāgāri* のような語形が新たに生まれたことが Pāṇ. VII 3,85 から推測されるものの，Pāṇ. VI 1,6 に従う限りは，Pāṇ. VI 1,8 は適用されず，pf. *jajāgāra* のような形を作ることができない。

2.6.2.2. **Pāṇ. VII 3,85**

jāgr̥ の guṇa 化については特別に規則が設けられている：

Pāṇ. VII 3,85

jāgro 'viciṇ-ṇal-ṅitsu［*sārvadhātukārdhadhātukayoḥ* 84, *guṇaḥ* 82, *aṅgasya* VI 4,1］

-vi-, *-i*（*ciṇ* : medio-pass.aor. 3sg. の語尾），*-a*（*ṇal*：pf. 1st, 3rd sg.act. の語尾），*ṅ* を it とする接辞，これら以外の sārvadhātuka と ārdhadhātuka の前で，*jāgr̥* という語幹の［*r̥* の］代わりに guṇa が用いられる。

254 pf. *jajāgāra* は Mahābhārata に例が確認される（Holtzmann 1020）。

『カーシカー』はこの規則に一致する例として以下を挙げる：

jāgarayati (*ṇic*), *jāgaraka-*(*ṇvul*), *sādhujāgarin-*(*ṇini*), *jāgaram*(*ṇamul*), *jāgara-*(*ghañ*), *jāgarita-*(*iṭ, kta*), *jāgaritavat-* (*iṭ, ktavatu*).

これに対して *-vi-*（*vin*），medio-pass.aor. の語尾 *-i*（*ciṇ*），pf.3sg.act. 又は 1sg の語尾 *-a*（*ṇal*），*ṇ* を it とする接辞の場合には，guṇa は禁止される：

jāgṛvi-(*vin*: *uṇādi*-suffix), medio-pass.aor. *ajāgāri* (*ciṇ*), pf. *jajāgāra* (*ṇal*), pp. *jāgṛta-*(*kta*), pres.ind. 2pl. act. *jāgṛthaḥ*

この規則によって guṇa 化が禁止されると，*jāgṛ* に *ta*（*kta*）を付けた vadj. *jāgṛta-* の場合は Pāṇ. I 1,5[255] に従って guṇa と vṛddhi の両方が禁止されることから弱語幹が導き出される。同様にまた pres. 2pl. act. *jāgṛthaḥ* も Pāṇ. I 2,4[256] に従って *ṅ* を it とすると見なされるので guṇa にも vṛddhi にもならない。他方 *i*（*ciṇ*）と *a*（*ṇal*）の前で guṇa 化が禁止されると，vṛddhi 化した形：medio-pass.aor. *ajāgāri*, pf. *jajāgāra* が用いられる。

2.6.2.2.1. medio-pass.aor. *ajāgāri* と pf. *jajāgāra*

medio-pass.aor. と pf.3sg. act. の語根部分の階梯（root vocalism）は *o*-grade を示すので，例えば *jāgar-* の 3sg. act. の場合は，語根部分の *a* は *ā* となる（*jāgāra* < *$h_1$ge-$h_1$gor-e*）。*jāgar* / *jāgṛ* の medio-pass. の用例はヴェーダ語には見出されないが，パーニニ文法学によれば *ajāgāri* が作られる。これらの語形はパーニニ文法において *a* > *ā* という vṛddhi 化を

255 Pāṇ. I 1,5 *kṅiti ca*［*na* 4, *guṇavṛddhī* 3］「*k* と *ṅ* を it とする［接辞］の前でも，guṇa と vṛddhi は生じない」。*kṅiti* は伝統的には parasaptamī ではなく，nimittasaptamī とされるが，JOSHI / ROODBERGEN 1992: 8 に従い parasaptamī と理解した。

256 Pāṇ. I 2,4 *sārvadhātukam apit*［*ṅit* 1］「*p* を it としない sārvadhātuka は *ṅ* を it とするもの［と見なされる］」。

経由して形成される。vr̥ddhi化にはPāṇ. VII 2,115[257]によるものとPāṇ. VII 2,116[258]によるものが考えられる。カーティャーヤナによれば，その場合は，Pāṇ. VII 2,115の方を適用しなければならない。仮にPāṇ. VII 2,116によるaの長母音化によって*ajāgāri, jajāgāra*を導き出されるとすれば（i.e. *ajāgari* > *ajāg**ā**ri, jajāgara* > *jajāg**ā**ra*），その前にこのPāṇ. VII 3,85によるguṇa化を経由しなければならない。だがそうなるとここで言われている，medio-pass.aor. とpf.sg. におけるguṇa化の禁止と矛盾し，この禁止規定が無意味になるとカーティャーヤナは考えている。つまりmedio-pass.aor. とpf.sg. におけるguṇa化の禁止は同時にPāṇ. VII 2,116によるvr̥ddhi化を禁止することになる：

Vārt. 1

ciṇṇalaḥ pratiṣedhasāmarthyād anyatra guṇabhūtasya vr̥ddhipratiṣedhaḥ // 1 //

i（*ciṇ*），*a*（*ṇal*）に対する［guṇaの］禁止の効力があるから［Pāṇ. VII 2,115が適用される］。別の場合（Pāṇ. VII 2,116を適用する場合）では，［Pāṇ. VII 3,85による］guṇaが生じたものに対してvr̥ddhiの禁止が［言われるべきである］。

Bhāṣya

yad ayam aciṇṇalor iti pratiṣedhaṃ śāsti taj jñāpayaty ācāryo na guṇābhinirvr̥ttasya vr̥ddhir bhavatīti //

この人（パーニニ）が「*i*（*ciṇ*），*a*（*ṇal*）以外の前で［起こる］」と［guṇaの］禁止を教えることによって先生（パーニニ）は教えている：［一度］guṇaが起こってしまったものにはvr̥ddhiは生じない。

257 Pāṇ. VII 2,115 *aco ñṇiti* [*vr̥ddhiḥ* 114, *aṅgasya* VI 4,1]「*ñ*と*ṇ*をitとする［接辞］の前で，語幹の最終音となる母音の代わりにvr̥ddhiが生じる」。

258 Pāṇ. VII 2,116 *ata upadhāyāḥ* [*ñṇiti* 115, *vr̥ddhiḥ* 114, *aṅgasya* VI 4,1]「*ñ*と*ṇ*をitとする［接辞］の前で，語幹の最後から2番目の音となる短母音*a*の代わりにvr̥ddhiが生じる」。

2.6.2.2.2. *paryudāsa-* と *prasajyapratiṣedha-*

次に当該規則の *aviciṇ-ṇal-ṅitsu* という文言をめぐって議論を展開する。この文言については除外規定(*paryudāsa-*)であるという解釈と適用可能規則に対する禁止規定(*prasajyapratiṣedha-*[259])であるという解釈がある[260]：

> *kiṃ punar ayaṃ paryudāsaḥ / yad anyad vi-ciṇ-ṇalṅidbhya iti / āhosvit prasajyāyaṃ pratiśedhaḥ / vi-ciṇ-ṇal-ṅitsu neti / kaś cātra viṣeṣaḥ /*
> だがこれは除外規定なのか？［つまり］「*v*（*vi*），*i*（*ciṇ*），*a*（*ṇal*）以外［に guṇa が起こる］」ということか，それとも，［guṇa 化を］想定して，この禁止があるのか？［つまり］「*v*（*vi*），*i*（*ciṇ*），*a*（*ṇal*）の前では生じない」と。この場合，どういう区別があるのか？

パタンジャリによれば，*paryudāsa-* とは規則が適用されないものを予め除外しておいて，それ以外について規則を適用することである。他方，*prasajyapratiṣedha-* は規則を適用すると，意図されない，つまり実際には用いられない語形が導き出される場合，そうした意図されない適用を禁止することである[261]。ここでは，*paryudāsa-* と *prasajyapratiṣedha-* の議論は実際に当時用いられていた(と思われる)plupf. 3pl.act. *ajāgarus* と pf. 1sg. act. *jajāgara* の救済を図る目的がある。plupf. *ajāgarus* は *jāgṛ* の impf.(*laṅ*)として以下のような派生が想定される：

---

259 Cf. Pat. on Pāṇ. II 2,6 : 412, 3-4 : *prasajyāyaṃ kriyāguṇau tataḥ paścān nivṛttiṃ karoti*「行為や性質を適用した後で，この者はその後それ（適用）を停止することをなす」。

260 *paryudāsa-* と *prasajyapratiṣedha-* の概念については，SCHARFE 1961: 63f. を参照。

261 *pra-sañj /saj* は「あるもの（acc.）をあるもの（instr.）に掛ける」というのが本来の意味である。これから派生した *prasaṅga-* の意味は，本来の「掛ける」から「接触する」，そして「つながり」，「付随」へと発展し，もう一つは「適用」という展開が推測される（GOTŌ 1980: 21）。岩崎 2005: 66 は文法学における *prasaṅga-* を「言葉（＝元要素）は用いられないが，その意味は［代置要素において］理解される」と定義する。また *pra-sajyate* は『マハーバーシャ』において *prāpnoti* と語釈されている例も見られる（Pat. on Vārt. 1 to Pāṇ. I 2,9 : 196,7）。

jāgṛ (DhP II 63)-*l*^{AṄ} III 2,110 > *jāgṛ-jhi* III 4,78 > *jāgṛ-*^{J}*us* III 4,103 > *jāgṛ-*^{Ś}a^{P}*-us* III 1,68 > *jāgṛ-luk-us* II 4,72 > *a*^{T}*-jāgṛ-us* VII 4,71 > *a-jāgar-us* VII 3,83 ; I 1,51

plupf. *ajāgarus* はPāṇ. VII 3,83によりpl. の語尾*-us*の前でguṇa化が起こった形である[262]。*-us*はPāṇ. I 2,4により*ṅ*をitとするものとして扱われるので（→），Pāṇ. VII 3,85における「*-vi-*，*i*（*ciṇ*），*a*（*ṇal*），*ṅ*をitとするもの以外」という文言に反する可能性がある。だが，この文言を除外規定と理解するならば, Pāṇ. VII 3,83（又は84）によるguṇa化までは禁じられていないので, plupf. *ajāgarus*を作ることができる。他方，適用可能規則に対する禁止（*prasajyapratiṣedha-*）と理解した場合は，Pāṇ. VII 3,83によるguṇa化とPāṇ. VII 3,85によるguṇa化の禁止という矛盾が生じる：

Pat. on Pāṇ. VII 3,85 : 336,3
Vārt.
prasajyapratiṣedhe jusiguṇapratiṣedhaprasaṅgaḥ // 2 //
適用され得るものに対する禁止ならば，*-us*（*jusi*）に対する guṇa の禁止の適用（適用可能性）がある。

Bhāṣya
prasajyapratiṣedhe jusiguṇapratiṣedhaḥ prāpnoti / ajāgaruḥ //
適用され得るものに対する禁止ならば，*-us*（*jus*）の guṇa の禁止が［理論的妥当性を］を得る。［実際には guṇa が起こった］*ajāg**ar**uḥ*［が見られる］。

さらにこのことはpf. 1sg. act. *jajāgara*にも当てはまる。pf. 1sg. act. の

262 Pāṇ. VII 3,83 *jusi ca*［*guṇaḥ* 82, *aṅgasya* VI 4,1］「us（jus）の前で,〔*i, u, ṛ, ḷ,* で終わる〕語幹の〔母音の〕代わりにguṇaが生じる」。

語尾は*-h_2*e*に遡るため，本来，語根部分は長くならない（e.g. *cak**a**ra* < *k^w*e-*k^w*or-*h_2*e*）。しかしパーニニ文法においては，pf. act. 1sg.と3sg.の語尾は何れも*a*（*ṇal*）であるから，1sg.の語尾もPāṇ. VII 2,115，もしくは116により語尾の前でvr̥ddhiとなることができる（e.g. *pap**ā**ca*）。また1sg.の語尾は任意に*ṇ*をitするものとして扱うことができる（Pāṇ. VII 1,91 *ṇal uttamo vā*［*ṇit* 90］）。その場合はPāṇ. VII 3,84が適用されguṇaとなる（e.g. *pap**a**ca*）[263]。従って，例えば*pac*のpf.1sg.act.は，*pap**ā**ca*と*pap**a**ca*の両方が導き出される。問題のpf. 1sg *jajāgara*はPāṇ. VII 3,84に基づいて語根部分がguṇa（*jāg**r̥*** > *jāg**a**r-*）となったものである：

jāgr̥（DhP II 63）-*l*[IT] III 2,115 > *jāgr̥-mi*[P] III 4,78 > *jāgr̥*-[N]*a*[L] III 4,82 > *jāgar-a* VII 3,84 ; I 1,51

だがPāṇ. VII 3,85によって*jāgr̥*のpf.sg.act.の語尾 -*a*（*ṇal*）の前でのguṇa化が禁止されている。この形の場合も*prasajyapratiṣedha-*の立場に立つと，Pāṇ. VII 3,84によるguṇa化とPāṇ. VII 3,85によるguṇaの禁止という対立が起こる：

Pat. on Pāṇ. VII 3,85: 336,5
Vārt.
uttame ca ṇali // 3 //
1人称の -a の前でも
uttame ca ṇali pratiṣedhaḥ prāpnoti / ahaṃ jajāgara //
1人称の -*a* の前でも［guṇaの］禁止が［理論的妥当性を］得る。［実際にはguṇaが起こった］*ahaṃ jajāgara*「私は目覚めている」［が見られる］。

---

263 Pāṇ. VII 3,84 *sārvadhātukārdhadhātukayoḥ*［*guṇaḥ* 82, *aṅgasya* VI 4,1］「sārvadhātukaとārdhadhātukaの前で，語幹の母音（*i*, *u*, *r̥*, *l̥*）の代わりにguṇaが生じる」。

このようにavi-ciṇ-ṇal-ṅitsuという文言をprasajyapratiṣedha-と解するならば，この文言が禁じるguṇa化したajāgarus, jajāgaraという形が実際に見られるという問題が出てくる。そこでprasajyapratiṣedha-の解釈をとる場合はParibhāṣā *anantarasya vidhir vā bhavati pratiṣedho veti*「規定，または禁止は直近の(当該規則に最も近い場所にある)ものに対して用いられる[264]」を援用して解決に努める：

Pat. on Pāṇ. VII 3,85 : 336,7

Vārt.

na vānantarasya pratiṣedhāt // 4 //

或いは，直近のものに対する禁止なので，［こうした瑕疵は］ない。

Bhāṣya

na vaiṣa doṣaḥ / kiṃ kāraṇam / anantarasya pratiṣedhāt / anataraṃ yad guṇavidhānaṃ tasya pratiṣedhaḥ / kuta etat / anantarasya vidhir vā bhavati pratiṣedho veti /

あるいはこのような瑕疵はない。何故か。直近の［文言］に対する禁止なので。guṇaの規則が直近（文言に最も近い所）にあれば，それに対する禁止がある。このことは何に由来するのか。「規定，または禁止は直近のものに対して用いられる。」

*avi-ciṇ-ṇal-ṅitsu*というguṇa化を禁止する文言に最も近い場所にあるのが，同じ規則中に見られる*jāgraḥ*である。pf. 3pl.act. *-us*（*jus*）の文言はPāṇ.VII 3,83にあるが，Pāṇ. VII 3,85にある*jāgraḥ*よりも離れているのでguṇaの禁止の効力は*-us*（*jus*）には及ばない。pf. 3rd / 1st sg. *-a*（*ṇal*）もPāṇ. VII 3,84にあるので，*jus*と同様である。要するにこの規定は*jāgṛ*か*-vi-*，*-i*（*ciṇ*），*-a*（*ṇal*），*ṅ*をitとするsuffixの前でguṇaとなることを

264 Cf. Pat. on VII 1,21 : 248,6, Paribhāṣenduśkhara LXI

禁じてはいるが，Pāṇ. VII 3,83と84によるguṇa化は禁じられていないので，*ajāgarus*（*ṅit*），*jajāgara*（*ṇal*）が導き出されるという解釈である。

2.6.2.2.3. ***jāgr̥vi-, jāgr̥vāṃs-***

以上のようにVārt. on 2-6によれば，*prasajyapratiṣedha-*と理解する場合は，Paribhāṣāを通じて語尾の前がguṇa化した*ajāgaruḥ*, *jajāgara*が認められる。しかしながら，これは苦しい説明と言わざるを得ない。*ṇal*や*ṅ*をitとするもののguṇa化が認められないとしながら，Pāṇ. VII 3,83又は84によるguṇa化を認めるならば，そもそも*avi-ci-ṇal-ṅitsu*（Pāṇ. VII 3,85）の文言が無意味になる。Vārt. 7以下では，除外規定説（*paryudāsa-*）の立場から議論が展開される：

Pat. on Pāṇ. VII 3,85: 336,15

Bhāṣya

atha vā punar astu paryudāsaḥ /

だが寧ろ除外でなければならない。

Vārt.

ato 'nyatra vidhāne vāv aguṇatvam // 7 //

これ（*-vi-*, medio-pass.aor. の *i*，pf. 3rd./1st. sg の *a*，*ṅ* を it とするもの）以外については，［別の］規定において，*vi* の前で guṇa 化しないことが［言われるべきである］

ato 'nyatra vidhāne vāv aguṇatvaṃ vaktavyam / jāgr̥viḥ //

これ以外については，［別の］規定において，*vi* の前で guṇa 化しないことが言われるべきである。*jāgr̥viḥ*［が用いられるから］

prasajyapratiṣedha- の立場から上述のParibhāṣāを適用した場合，今度は*jāgr̥vi-*について問題が発生する。Paribhāṣāを通じて別の規則による

guṇa化が認められるならば，-*vi*-の前でPāṇ. VII 3,84によるguṇa化が起こり，**jāgarvi*-が導き出されることになる[265]。そこで新たに-*vi*-の前でguṇa化を禁止する規則を設ける必要が出てくる。これに対しては，そもそも除外規定であれば，-*vi*-の前でguṇa化が起こることにはならないとする：

Pat. on Pāṇ. VII 3,85 : 336,17

Vārt.

na vā paryudāsasāmarthyāt // 8 //

或いは，除外規定の効力があるので［guṇa化しないことは言われるべきではない］

Bhāṣya

nā vā vaktavyam / kiṃ kāraṇam // paryudāsasāmarthyād atra guṇo na bhaviṣyati //

或いは，［guṇa化しないことは規則で］言われるべきではない。何故か。除外規定の効力があるので，この場合はguṇaは生じることにはならない。

一方，*vi*の文言はuṇādi-suffixの-*vi*-（*kvin*）ではなく，*v*（*kvip*），pf.part. act.を形成する接辞-*vas*-（*kvasu*）を予定したものという解釈をとりあげる：

asty anyat paryudāse prayojanam / kim / kvibarthaṃ paryudāsaḥ syāt / śuddhaparasya viśabdasya pratiṣedhe grahaṇam anunāsikaparaś ca kvau

265　これはUṇādi-Sūtra IV 54－55の伝承の問題に関係している。カイヤタが指摘するように，*vṛ-dṛ-jāgṛbhyo vin*「*vṛ, dṛ, jāgṛ*の後ろに-*vi*-（*vin*）が生じる」と伝わっていたとすれば，Pāṇ. VII 3,84が適用できるので，guṇa化した**jāgarvi*-が導き出される。したがってVārt. 7に指摘される問題が生じる。他方*jṝ-śṝ-stṝ-jāgṛbhyaḥ kvin*「*jṝ, śṝ, stṝ, jāgṛ*の後ろに-*vi*-（*kvin*）が生じる」と伝わってたとすれば，-*vi*-（*kvin*）は*k*をitとするので，そもそもārdhadhātukaを根拠とするguṇa化は起こらず*jāgṛvi*-となる。この場合は，Vārt. 7の指摘は無意味となる。

viśabdaḥ //

除外については，別の目的がある。何か。*v*（*kvip*）［の guṇa 化をも禁止する］為に除外となり得る。禁止の際，純粋な（鼻音化していない）*i* を後ろに持つ *vi* の語に対して，［除外の］文言がある。そして *kvi* の時は *vi* の語は鼻音［化した *i*］を後ろに持つ（つまり音素ではなく，発音のためのものである）。

vasvartham tarhi paryudāsaḥ syāt / jāgṛvā́ṃso ánu gman (RV VI 1,3) */ kathaṃ punar veḥ paryudāsa ucyamāno vasvarthaḥ śakyo vijñātum / sāmarthyād vasvartham iti vijñāsyate /*

それなら（*kvip* にも適用されるならば），pf.part. -*vas*-（*vasu*）の為に除外が起こり得る。［例えば］*jāgṛvā́ṃso ánu gman*「人々は［君アグニの下で財を］見張りながら，ついていく」RV VI 1,3。だが *vi* に対する除外が言われているのに，如何にして pf.part. -*vas*-（*vasu*）の意味が識別されうるのか？実情に合わせることにより，pf.part. -*vas*-（*vasu*）の為にと識別される。

vi の *i* は発音の便宜上付加されたもの（*uccāraṇārtha*-）であり，音素でも it でもない。また *v* であるとすれば，Vārt. 29 on Pāṇ. I 1,72 に基づいて[266] *v* で始まる -*vas*- にも適用できると見解もとりあげる。これに対して Vārt. 9 は *vas* はヴェーダ語では sārvadhātuka と見なされるので，そもそも guṇa 化は起こらないことを指摘する：

Pat. on Pāṇ. VII 3,85 : 336,24

Vārt.

vasvartham iti cen na, sārvadhātukatvāt siddham // 9 //

---

266 Cf. Vārt. 29 on Pāṇ. I 1,72, Paribhāṣeṅduśekhara XXXIII *yasmin vidhis tadādāv algrahaṇe*「音素の文言の時には，規則が loc. で示すものはそれ（loc.）で始まることを示す」。

「*vas* のために」というのであれば，［除外規定は起こら］ない。［*vas* は］sārvadhātuka であるから，［除外規定がなくても guṇa が起こらないことは］確立している。

Bhāṣya

vasvartham iti cet tan na / kiṃ kāraṇam / sārvadhātukatvāt siddham /
「*vas* のために」というのであれば，［除外規定は起こら］ない。何故か。［*vas* は］sārvadhātuka であるから，［除外規定がなくても guṇa が起こらないことは］確立している。

kathaṃ sārvadhātukasaṃjñā /
いかにして sārvadhātuka の用語［が起こるのか］。

chāndasaḥ kvasuḥ / liṭ ca cchandasi sārvadhātukam api bhavati / tatra sārvadhātukam apin ṅid iti ṅitvāt paryudāso bhaviṣyati //
vas（*kvasu*）はヴェーダ語である。そしてヴェーダ語では *liṭ* は sārvadhātuka ともなる。その場合は *sārvadhatukam apin nit*（Pāṇ. I 2,4）により，*ṅ* を it とするので，除外規定が起こることになろう。

atha vā vakārasyaivedam aśaktijenekāreṇa grahaṇam //
だが寧ろ，*i* の音は［表示する］力を生まないので，この文言（= *vi*）は *v* の音だけに関するものである。

ヴェーダ語形pf.part.act. *jāgṛvāṃs-* はPāṇ. III 4,117 に基づいて，*-vas-* を sārvadhātukaとして扱われる。*p*を itとしない sārvadhātukaはPāṇ. I 2,4 により*ṅ*をitとするので，guṇa化しないことになる。従って*vi*の文言は*v*（*kvip*）だけを予定したものという結論に至る。

III. 結論

1. パーニニの言語と動詞語幹形成法

1.1. 強意語幹形成法

通常の規則(パーニニが*chandasi*等の制限を加えずに規定するもの)に一致する語形の大部分はAB, ŚB等のブラーフマナ，スートラ等の祭式文献に現れる。このことは本研究が対象とした強意(intensive)語幹形成法からも支持される。パーニニはブラーフマナ以降，優勢となった*-yá-*intensive (*yaṅ*) を標準形に設定する。但し，このこと自体は歴史的事情というよりも，寧ろ単に*ya* (*yaṅ*) という接辞に*kriyāsamabhihāra-*「行為のとりまとめ (=反復など)」の表示機能を担わせているからである (→各論 1.1.1.)。他方athematic intens. (*yaṅluk*) はPāṇ. II 4,74 *yaṅo 'ci ca*において規定される。伝統的解釈によれば，athematic intens. (*yaṅluk*) が標準語においても用いられる (→ 各論1.1.3.)。例えば『カーシカー』の解釈によれば，*chandasi* 73は継承されず，ヴェーダ語と標準語の両方に適用される。古典サンスクリットにおいても一般的に用いられ，athematic intens.が標準語においても用いられるという見解が確立していたものと判断される。

他方Joshi/Roodbergenの解釈に従い，yogavibhāgaと見なし*yaṅaḥ*と*aci ca*とに規則を分けるならば，*yaṅaḥ* [*bahulaṃ chandasi* 73, *luk* 58]「ヴェーダ語では様々な場合に*yaṅ*の代わりに脱落 (*luk*) が生じる」; *aci ca* [*luk* 58]「*-a-* (*ac*) の前でも脱落が生じる」となる (→ 各論1.1.2.)。この解釈に従えば，パーニニはathematic intens. (*yaṅluk*) をヴェーダ語形と考えていたということになり，その場合はPāṇ. II 4,74のathematic intens.の規則はヴェーダ，主にRV, YS等の古い言語事実を念頭に置いていた可能性もある。*-yá-*intens. がブラーフマナ文献以降急速に生産的となり，athematic intens. の生産性が低下するという事情から判断すると，恐らくパーニニの時代には -*yá*-intens. が優勢であったであろう。他方, athematic intens. は幾分古風な形となっており，パーニニの時代には語彙化して redupl. pres. となっていたものが多かったと推測される。Pāṇ. VII 4,75 によれば，*nij, vij, viṣ* には *ślu*（redupl.pres.）が導入され，重複音節が guṇa 化する（→ 各論 2.5.）。従って *nenekti / nenikte, vevekti, veveṣṭi* という形が導き出される。これらの中，*nej / nij* の redupl.pres. *neniktḗ* は RV に現れるが，既に RV 以来 *nenij-* という語幹は語彙化して *nej / nij* の現在語幹を代表している。また *veveṣṭi* もヤジュルヴェーダ以来現在語幹として用いられるようになる。パーニニは *nenej-, vevej-, veveṣ-* intens. とは見なしていなかったことを示している。

intensive の主たる機能は「反復」であり，少なくともヴェーダ語には「強意」の機能を示している例は見出せない（→ 各論 1.4.0.）。パーニニは intensive（*yaṅ*）に *kriyāsamabhihāra-*「行為のとりまとめ」，*kauṭilya-*「曲がった［進行］」，*bhāvagarhā-*「行為が示す不平」という機能を与える。kiyāsamabhihāra は複数回行なわれる動作の結果をまとめて（一つの行為として）もたらすことを意味する（当然「反復」はその中に含まれる）。パーニニは intens. の根本的機能を的確に定めることに成功している。Pāṇ. III 1,23 と 24 に言及される特定の動詞については kauṭliya，bhāvagarhā を示すことを教えるが，用例から判断すると，両者は kriyāsamabhihāra の下位概念であった可能性が高い。またパーニニが intens. に「強意」の機能を考えていたかどうかは判断が難しい。パタンジャリは「強意」の機能を認めていないが，例えば *bhr̥śaṃ śobhate* のような分析表現と比較しつつ，intens. の機能を論じていることから，一般には「強意」をも表すと考えられていたことが推測される（→ 各論 1.4.1.1.）。その後，パーニニ文法学において intens. が *paunaḥpunya-*「反復」と *bhr̥śārtha-*「強意」を示すという見解が確立された。

1.2. 重複現在語幹形成法

パーニニにとっての標準語の大部分がブラーフマナからスートラに成立していたことはredupl.pres.（*ślu*）の規則からも支持される。例えば，redupl.pres. は通常重複音節にアクセントを持つが，幾つかはpf. への類推から語根部分にアクセントがくる。それらの幾つかはPāṇ. VI 1,192に挙げられている。その中，*bíbharti* / *bibhárti*のアクセントは既にRV以来揺れがあるものの，ŚB以降では規則に一致する*bibhárti*で貫徹している。パーニニは*bibharti*のアクセントに関してはブラーフマナ以降を予定している。またDhP II 63 *jāgṛ* については規則に一致するアクセントを持つ*jāgárti*はMS III 6,3[p]: 63,13に限られ，他方RVkh II 3,1には*jā́garṣi*が見られる（→ 各論2.4.）。*jāgṛ*という語幹はヤジュルヴェーダ以来，語根として定着しており，caus. *jāgrayati* TB, ĀpŚrSū, grdv. *jāgaritavyà-* MS IV 2,1[p]: 23,3 等の形も見られるようになる。このことはパーニニ文典から多様な*jāgṛ-* の派生形が作られることと対応している。

パーニニが標準語として教えるものは，ブラーフマナ文献以降の特徴だけでなく，黒ヤジュルヴェーダの文献（ŚrSū, GṛSūを含む）の言語的特徴を併せ持つものであったと推測される（→ 総論1）。このことは先行研究から支持される。THIEME 1935: 17f. は通常の規則に一致する形がKSに見られることを指摘し（e.g. grdv. *grāhya-*），またHOFFMANNはパーニニ文典をMānŚrSū, VārŚrSū以降に位置づける（→ 総論 1.）。パーニニの標準語はブラーフマナ文献に近いが，一方でシュラウタスートラ，さらにはパーニニの時代まで残っていた黒ヤジュルヴェーダの語法も含むと考えられる。但し，ブラーフマナ文献のみに見いだされる語法については*brāhmaṇe*の文言の下，規定していいると理解し得る（→ 総論2.2.）。

2. ***chandasi***等の表現が予定するヴェーダ文献

既に総論2.1. で述べたとおり，*chandas-*が予定するのはRV, YV等のSaṁhitāの語法であり，ブラーフマナ，シュラウタスートラの語法は*chandas-*の中に含まれない。これまでŚrSūを含むかどうかについては意見が分かれていたが，基本的にŚSの時代の語形・語法は通常の規則において言及したと考えられる（→ 総論2.1.5.）。例えば，通常の規則Pāṇ. VII 2,69に挙げられる*saniṃ sasanivāṃsam*という表現はMānŚrSū-VārŚrSūのマントラのみに現れる。恐らくこの表現は一種の定型表現として日常的に使用されていたものと考えられる。また通常の規則Pāṇ. II 3,61において，神格への奉納の際（*devatāsaṃpradāne*），*pra-iṣ*のiptv. *preṣya*と*anu-brū*のiptv. *anubrūhi*は（部分の）gen.をとることが規定されているが，iptv. *preṣya*がgen.を取る例はMānŚrSū, ĀpŚrSūに限られる。従って恐らくŚrSū，又は祭式特有の語法は通常の規則において教えられた可能性が高い[267]。他方，Pāṇ. VII 2,33では*chandasi*の下，*hvar* / *hvṛ* のvadj. *hvarita-* はソーマについて言う時に用いられることが規定されており，用例はMānŚrSū II 5,4,24ᵐに限られることが問題となる。Thiemeはこのマントラが散逸黒YSから採られたことを推測するのに対し，HoffmannはMānŚrSūᵐから採られたとし，ŚrSūのマントラも祭式特有の語法として*chnadas-*の中に含まれると推測する。MānŚrSūᵐから採られたとするならば，恐らく，パーニニは*hvarita-*をŚrSū時代の形ではなくヴェーダ語形と見なした結果，*chandas-*の下に指摘したと考えられる。いずれにせよ，*chandasi*の文言は標準語では用いられないことを示していると見るべきである。

Thiemeは，パーニニが*chandasi*の下に指摘する語法からŚBが逸脱する例が見られること，また地理的背景からパーニニが白ヤジュルヴェーダ，つまりŚBを知らなかったと結論した。またこれまでこの見解が一般に受け入れられてきた。しかしながら，ヴェーダ語の規則に一致するŚBの例が少ないのは，ブラーフマナ文献が*chandas-*の中に含まれず，むしろŚBの言語事実の多くは通常の規則から説明できることによ

267 Kobayashi 2006: 18はplutiに関する規則Pāṇ. VIII 2,88-92を調査した結果，88と90はĀśvŚSに，92はĀpŚSによく一致することを指摘する。この指摘からも，通常の規則において祭式の語法が*yajñakarmaṇi*「祭式行為の際」，*devatāsaṃpradāne*「神々への奉納の際」という限定の下に教えられていたことが支持される。

る。ブラーフマナ文献に特有な語法を指摘する場合は，*brāhmaṇe*を用いたものと考えられる。パーニニはPāṇ. II 3,60において*brāhmaṇe*の下に，*dīv*のsimplexがacc.をとることを教える。この規則に一致する用例は事実上ŚB, ŚS^{m}に限られる。MS I 6,11^{p}: 104,6の例については，*dīvyeyuḥ*とある写本と$^{+}$*vidīvyeyuḥ*とある写本とがあるが，$^{+}$*vidīvyeyuḥ*を採用すべきものと判断される（→ 総論2.2.）。

パーニニは*nigame*という表現によってもヴェーダの言語事実を示すことがある。*nigame*は伝統的に*chandasi*の同義語と考えられてきた。この見解はヴェーダの用例からも支持される。*nigame*の文言を持つ規則は5つあるが，これらの規則に一致する語形は，Pāṇ. VI 3,113に挙げられるinf. *sā́ḍhyai* MS I 6,3^{p}: 89,12, absol. *sāḍhvā́* MS III 8,5^{p}: 100,14-16を除けば，その大部分はRV, AV, YV^{m}に見られる。従って実例から*chandas-*との区別を見出すのは難しい。*nigama-*「（然るべき場所に）入ること」は，Nir.では普通ヴェーダの詩節を引用することを意味し，Nir. I 1では*nigama-*は諸聖典（*chandas-*）から集められて伝承されている語句であると定義されている。パーニニ文典では，*chandas-*と*nigama-*は共にSaṁhitāの言語を予定しているように見える。これについては二つの可能性を指摘し得る。一つは*chandasi*と*nigame*の間に全く違いはなく，同じヴェーダの言語的特徴を表すのに用いられた。もう一つは*chandas-*が示す領域と同じではあるが，*nigama-*の方はヴェーダに由来する古風な形が伝統として確立しており，パーニニの時代においても，特別な場合に（特別な文体として）使用されたということが考えられる（→ 総論2.3.3.）。

3. パーニニがヴェーダ語形を挙げる動機

パーニニ文典の中，約160の規則は活用した形（名詞の場合，名詞語幹）をそのまま挙げる，いわゆるnipātana-sūtraである。既に総論3.1.にて述べたようにnipātana-sūtraに挙げられる語形の大部分は規則では説明できない現象を含んでいる異例形であるが，通常の規則によって説明できる語形が混じっている場合が見られる。最もはっきりした例はPāṇ.

VII 4,65に挙げられる*dardharṣi, dardharti*等である(→ 各論1.5.2.)。普通ヴェーダに見られる形であっても通常の規則によって説明されるものが挙げられる例は少ない。従ってPāṇ. VII 4,65に挙げられる語形の幾つかは通常の規則から説明されるが，それらは使用領域がヴェーダに限られる，つまり当時廃れていたが故に挙げられたことが推測される。

nipātana-（< *nipātayati*「下・中に落とす」）は文法学の術語としてカーティヤーヤナ以降現れ，「(不規則な語形を）直接例示して確立すること」を意味する。*nipātana-*の概念については特にPat. on Pāṇ. I 1,27:86f.及びPat. on Pāṇ. VII 4,65に見られる議論から知ることができる（→ 総論3.2.2.)。パタンジャリ以降の文法学は個々のsūtraの意義付けを第一の目的としており，またパーニニが挙げる語形自体にもsūtraと同じ力を与える。それ故，パーニニが挙げる形は他の競合する形を排除する力を持つことになる。またこのことと関連して,『マハーバーシャ』で議論される語形は*iṣṭi-*「望ましさ」と*prāpti-*「理論的妥当性」という点からも，正しい形か否かが判断される。nipātana語形は規則によって説明されないが，実際に用いられる形であり，逆に規則に適っているが実際には用いられないものはprāptiとなる（→ 総論3.2.3.)。

パーニニ文法学者はPāṇ. VII 4,65に挙げられるnipātana語形について，規則的な形と不規則な形，ヴェーダ語と標準語という対比から複雑な議論を展開する。上述のように*dardharti, dardharṣi*は通常の規則から説明される。だがパタンジャリはこれをredupl.pres.（*ślu*）と見なし，通常の規則ではなくヴェーダ語の規則で説明されるとする。従ってこれらはnipātanaではないが，ヴェーダ語形なので挙げられた，と彼は考える。また*bobhūtu, tetikte*は通常の規則から導き出されることを認めている。パタンジャリ以降の伝統説によれば，これらがヴェーダ語のnipātanaとして挙げられているということは，逆に言えば，*cechidīti, bebhidīti*のような形が標準語で用いられること示している。

4. パーニニ文法の動詞組織

パーニニ文法の動詞組織は，基本的に現在語幹のみが話法形（modal form）を持つ。従って，aor.subj. やpf.iptv. などの話法形の救済を図るためにPāṇ. II 4,76，及びPāṇ. III 1,85を設ける（→ 総論4.1.）。パーニニはPāṇ. II 4,76においてヴェーダ語では3類以外の様々な動詞がredupl.pres.を形成することを規定する。一方DhP III 14-25はヴェーダ語においてredupl.pres.として用いられる動詞であり，Pāṇ. II 4,76との関係が問題となる。『カーシカー』は例として*vac*（DhP II 54）のredupl.pres. *vivakti*を挙げ，逆に3類（*juhotyādi*）に登録される動詞であってもaor. subj. *dāti*（伝統説ではpres. のヴェーダ語形と解される）のようにredupl.pres.を形成しない場合があると解釈する。パーニニがDhP III 14-25を予定していたとすれば，恐らくパーニニはDhPに挙げられる動詞以外にもredupl.pres.を形成する動詞がヴェーダに見られることを指摘し，また『カーシカー』が解するように，*dāti, dhāti*のようなaor.subj. をPāṇ. II 4,76によって解決を図ったものと思われる。Pāṇ. VI 1,192にはpf. から2次的にredupl.pres. を作る動詞を挙げ，それらが語根部分にアクセントを持つことを教える（→ 各論2.4.）。Pāṇ. VI 1,192は通常の規則であるが，『カーシカー』が例に挙げるpf.iptv. *mamattu*, pf.subj. *jajanat*, pf.subj. *dadhanat*のようなヴェーダ語形もこの規則に一致する例に数えられる。こうした形がパーニニの時代にまで残っていたとは考えがたい。従って*bhāṣāyām*「口語では」という制限が設けられる時以外では，通常の規則はヴェーダ語の言語事実をも含むと考えることもできる[268]。だが，明らかにヴェーダに限定される語形・語法を通常の規則において教えることになれば，ヴェーダ語の規則が無意味になりかねない。寧ろ通常の規則において教えられるヴェーダ語形は，他の規則，陳述によってヴェーダ語形であることが既に前提となっていると説明され得る。上述のように

268 PALSULE 1961: 189, fn.1 ; cf. also KOBAYASHI 2006: 2.

pf.iptv. *mamattu*, pf.subj. *jajanat*, pf.subj. *dadhanat* のような形はパーニニ文法の動詞組織に予定されていないので，ヴェーダ語の規則 Pāṇ. II 4,76 によって解決を図る。従って改めて別のヴェーダ語の規則において言及する必要がなかったと考えることができる[269]。

269 同様に通常の規則 Pāṇ. VI 1,7 において重複音節の長母音化が指摘されていることが問題となる（cf. KOBAYASHI 2006: 2）：Pāṇ. VI 1,7 *tujādīnāṃ dīrgho 'bhyāsasya*「*tuj* などの重複音節の母音の代わりに長母音が用いられる」。パタンジャリは例として pf.part.mid. *tūtujāna*-, *māmahāna*-（< *maṁh*）を挙げる。伝統的解釈に従えば，重複音節の長母音化は，ヴェーダ語において，特定の接辞が後続する場合に起こる（→）。仮にパーニニが *tūtujāna*- のような pf.part. を念頭に置いて規則を立てたとするならば，pf.part. はヴェーダ語の規則 Pāṇ. III 2,106（mid.）と 107（act.）によってのみ形成される（つまり pf.part.act. *-vas*-, mid. *-āna*- が導入される段階で既に使用がヴェーダ語に限定されている）ので，Pāṇ. VI 1,7 は *chandasi* の文言がなくても，ヴェーダ語を予定しているという説明を与えることができる。

参考文献

1 次文献

1. Saṁhitā

RV Ed. AUFRECHT, Theodor : Die Hymnen des Rigveda. 2 Bde. 2. Auflage Bohn 1877

Ed. Max MÜLLER, F.: Rig-Veda-Saṁhitâ. The sacred of the Brâhmans together with the commentary of Sâyanâkârya. 4 vols. London 1890, 1890, 1892, 1892

Ed. Vaidika Saṁśodhana Maṇḍala. 5 vols. Poona 1933, 1936, 1941, 1946, 1951

AV Ed. ROTH/WHITNEY/LINDENAU : Atharva Veda Sanhita. Herausgegeben von R. ROTH und W.D. WHITNEY. Dritte, unveränderte Auflage（nach der MAX LINDENAU besorgten zweiten Auflage）Bonn 1966

Ed. VISHVA BANDHU（et al.）; Atharvaveda（Śaunaka）with the Pada-pāṭha and Sāyaṇācārya's commentary. I, II, III, IV-1, IV-2. Hoshiarpur 1960, 1961, 1961, 1962, 1964（Vishveshvaranand Indological Series 13－17）

AVP（-Kashm.） Ed. BARRET, LeRoy Carr : The Kashmirian Atharva Veda.

Book one :	JAOS 26（1906）197－295
Book two :	JAOS 30（1910）187－258
Book three :	JAOS 32（1912）343 － 390
Book four :	JAOS 35（1915）42－101
Book five :	JAOS 37（1917）257－308
Book six :	JAOS 34（1915）374－411 by EDGERTON, Franklin
Book seven :	JAOS 40（1920）145－169
Book eight :	JAOS 41（1921）264－289
Book nine :	JAOS 42（1922）105－146

Book ten : JAOS 43 (1923) 96 – 115
Book eleven : JAOS 44 (1924) 258 – 269
Book twelve : JAOS 46 (1926) 34 – 48
Book thirteen : JAOS 48 (1928) 34 – 65
Book fourteen : JAOS 47 (1927) 238 – 249
Book fifteen : JAOS 50 (1930) 43 – 73
Books sixteen and seventeen : American Oriental Series 9 (1936)
Book eighteen : JAOS 58 (1938) 571 – 614
Books nineteen and twenty : American Oriental Series 18 (1940)
Ed. RAGHU VIRA : Atharva Veda of the Paippalādas. 3 parts. Lahore 1936, 1940, 1941

AVP (-Or.) Ed. BHATTACHARYA, Dipak: The Paippalāda-Saṃhitā of the Atharvaveda. Criditcally edited from palmlief manuscripts in the Oriya script discovered by Durgamohan Bhattacharyya and one Śāradā manuscript. volume1: Consisting of the first fifteen Kāṇḍa. Calcutta 1997 (Bibliotheca Indica Series No. 318)

Ed.BHATTACHARYA, Dipak: The Paippalāda-Saṁhitā of the Atharvaveda. Criditcally edited from palmlief manuscripts in the Oriya script discovered by Durgamohan Bhattacharyya and one Śāradā manuscript. Volume 2: consisting of the sixteenth Kāṇḍa. Kolkata (Bibliotheca Indica Series No.319) 2008.

Ed. BHATTACHARYA, Dipak: The Paippalāda-Saṁhitā of the Atharvaveda. Critically edited from palmlief manuscripts in the Oriya script discovered by Durgamohan Bhattacharyya and one Śāradā manuscript.
Volume 3: consisting of the seventeenth and eighteenth Kāṇḍas. Kolkata 2011 (Bibliotheca Indica Series No.319)

Ed., transl. etc. ZEHNDER, Thomas: Textkritische und sprachhistorische Untersuchungen zur Paippalāda-Saṁhitā.

Kāṇḍa 1. Lizentiatsarbeit Zürich 1993（未出版）

Ed., transl. etc. ZEHNDER, Thomas: Atharvaveda-Paippalāda. Buch 2. Text, Übersetzung, Kommentar. Eine Sammlung altindischer Zaubersprüche vom Beginn des 1. Jahrtausends v.Chr. Idstein 1999

Ed., transl. etc. LUBOTSKY, Alexander: Atharvaveda-Paippalāda Kāṇḍa Five. Text, translation, commentary. Cambridge 2002（Harvard Oriental Series. Opera Minora 4）

Ed., transl. etc. GRIFIFITHS, Arlo: The Paippalādasaṃhitā of the Atharvaveda Kāṇḍas 6 and 7: A new edition with translation and commentary Groningen 2009（Groningen Oriental Studies 22）

Ed., transl. etc. KIM, Jeong-Soo: Die Paippalādasaṃhitā des Atharvaveda Kāṇḍa 8 und 9: Eine neue Edition mit Übersetzung und Kommentar. Dettelbach a.M. 2014（Würzburger Studien zur Sprache und Kultur, Indologie-Sprachwissenschaft Band 12）

SV　Ed. SĀTAVALEKAR: Sāmavedasaṃhitā. Pāraḍī 1956（“tr̥tīyaṃ saṃskaraṇam”）

JS　Ed. Raghu Vira: Sāma Veda of the Jaiminīyas. Lahore 1938（Sarasvati Vihara Series 3）

Ed. CALAND, W. : Die Jaimīya-SaMhitā mit einer Einleitung über die Sāmavedaliteratur. Breslau 1907（Indische Forshungen 2）

RVkh　Ed. SCHEFTELOWITZ, Isidor : Die Apokryphen des R̥gveda. Breslau 1906（Indische Forschungen 1）

VS　Ed. Jagadishlal Shastri: Vājasaneyi-Mādhyandina-Śukla-Yajurveda-Saṁhitā with the Mantra-Bhāṣya of Uvaṭa, the Vedadīpa-Bhāṣya of Mahīdhara, appendices, an alphabetical list of mantras and a short introduction. Delhi/Varanasi/Patna 1971

Ed. WEBER, Arbrecht: The Vâjasaney Sanhitâ in the Mâdhyandina- and the Kâṇva-Çâkhâ with the Commentary of Mahîdhara. Berlin/London 1852（= Chawkhamba Sanskrit Series 103, Varanasi 1972）（The White Yajurveda, Part I）

VSK	Ed. WEBER → VS
MS	Ed. SCHROEDER, Leopold von : Mâitrâyaṇî Saṃhitâ. 4 Bde. Leipzig 1881, 1883, 1885, 1886.
	Ed. Sātavalekar : Yajurvedīya Maitrāyaṇī Saṃhitā. Aundh Vikrama-1998 = Śālivāhanaśaka-1864
KS	Ed. SCHROEDER, Leopold von : Kâṭhakam. Die Saṃhitâ der Katha-Çâkhâ. 3 Bde. Leipzig 1900, 1909, 1910
KpS	Ed. RAGHU VIRA : Kapiṣṭhala-Kaṭha-Saṁhitā. A Text of the Black Yajurveda. 2nd ed. Delhi 1968. (1st ed.: Lahore 1932)
TS	Ed. WEBER, Arbrecht: Die Taittirîya-Saṃhitâ. 2 Bde. Leipzig 1871, 1872. Indische Studien 11, 12
	Ed. Vaidika Saṇśodhana Maṇḍala (N. S. Sontakke/T. N. Dharmadhikari) Vol.I Part I (: I 1－4) Poona 1970, Part II (: I 5－8) 1972

2. Brāhmaṇa

AB	Ed. AUFRECHT, Theodor: Das Aitareya Brāhmaṇa. Mit Auszügen aus dem Commentare von Sāyaṇācārya und anderen Beilagen herausgegeben von Theodor AUFRECHT. Hildesheim 1975 (=Bonn 1875)
	Ed. HAUG, Martin: The Aitareya Brahmanam of the Rig-veda ... Edited, translated and explained by Martin HAUG. 2 vols. Bombay-London 1863
KB	Ed. LINDNER, B.: Das Kaushîtaki Brâhmaṇa. Herausgegeben und übersetzt von B. Lindner. I. Text Jena 1887
	Ed. E.R. Sreekrishna Sarma: Kauṣītaki-Brāhmaṇa. 1. Text. Wiesbaden 1968 (Verzeichnis der orientalischen Handschriften in Deutschland. Supplementband 9,1)
PB	Ed. A. Chinnaswāmi Śāstri: Tāṇḍyamahābrāhmaṇabelonging to the Sāma veda with the Commentary of Sāyaṇachārya. 2 vols. Benares 1935, 1936 (Kashi Sanskrit Series Haridās Sanskrit Granthamālā No.105)
JB	Ed. RAGHU VIRA/LOKESH CHANDRA: Jaiminīya-Brāhmaṇa

of the Samaveda. Complete Text critically edited for the first time by RAGHU VIRA and LOKESH CHANDRA. Nagpur 1954（Sarasvati-Vihara-Series31）［Crit.Ed.］

Ed., trasnl. CALAND, W.: Das Jaiminīya-Brāhmaṇa in Auswahl. Text, Übersetzung, Indices. Amsterdam 1919

Ed., transl. etc. TSUCHIDA, Ryutaro: Das Sattra-Kapitel des Jaiminīya-Brāhmaṇa（2,334－370）nach den Handschriften herausgegeben, ins Deutsche übersetzt und erklärt. Diss. Marburg 1979

ṢaḍvB — Ed. EELSINGH, Herman Frederik : Ṣaḍviṃśabrāhmaṇam Vijñāpanabāṣyasahitam. Leiden 1908（Proefschrift Utrecht）

Ed. Bellikoth Ramachandra Sharma : Ṣaḍviṃśa Brāhmaṇa with Vedārthaprakāśa of Sāyaṇa. Tirupati 1967（Kendriya Sanskrit Vidyapeetha Series 9）

TB — Ed. Ānandāśramasaṃskr̥rtagranthāvaliḥ 37 : Kr̥ṣṇayajurvedīyaṃ Taittirīyabrāhmaṇam, Śrīmarsāyaṇācāryaviracitabhāṣyasamet am. 3 vols. 3rd ed. Poona 1979

Ed., transl. etc. DUMONT, Paul-Émile:

I 4,3-4: Mél. Renou（1968）pp. 243－253

II 1: Proc.Amer.Philos.Soc. Vol. 108, No.4（1964）337－353

II 6: Proc.Amer.Philos.Soc. Vol. 109, No.6（1965）309－341

II 8: Proc.Amer.Philos.Soc. Vol. 113, No.1（1969）34－66

III 1: Proc.Amer.Philos.Soc. Vol. 98, No.3（1954）204－223

III 2: Proc.Amer.Philos.Soc. Vol. 101, No.2（1957）216－243

III 3: Proc.Amer.Philos.Soc. Vol. 103, No.4（1959）584－608

III 4: Proc.Amer.Philos.Soc. Vol. 107, No.2（1963）177－182

III 5: Proc.Amer.Philos.Soc. Vol. 104, No.1（1960）1－10

III 6: Proc.Amer.Philos.Soc. Vol. 106, No.3（1962）246－263

III 7,1－6; 11: Proc.Amer.Philos.Soc. Vol. 105, No.1（1961）11－36

III 7,7－10; 12－14: Proc.Amer.Philos.Soc. Vol. 107, No.5（1963）446－460

III 8-9: Proc.Amer.Philos.Soc. Vol. 92, No.6（1948）447－503

III 10-12: Proc.Amer.Philos.Soc. Vol. 95, No.6（1951）628－675

ŚB — Ed. WEBER, Albrecht : The Çathapatha-Brâhmaṇa in the Mâdhyandina-Çâkhâ with extracts from the commentaries of Sâyaṇa, Harisvâmin and Dvivedaganga. Berlin/London 1855 (The White Yajurveda, Part II). (= Leipzig 1924)

Ed. Kalyan-Bombay : Shrimad-Vajasaneyi-Madhyandin-Shatpath- Brâhmanam with Vedarthaprakash Commentary by Shrimat-trayibhashyakar Sayanacharya, and Sarvavidyanidhana Kavindracharya Saraswati Shri Hari Swami. Edited by several learned persons. 5 vols. 1940

Ed. CHINNASVĀMI ŚĀSRTĪ: Śatapatha Brāhmaṇa of the white Yajurveda in the Mādhyandina recention (Complete Volume) together with comprehensive Brāhmaṇa Index, Critical Introduction And Notes. (Kashi sanskrit Series 127) , Varanasi[3] 1998

ŚBK — Ed. CALAND, W.: The Śatapatha Brāhmaṇa in the Kāṇvīya recension. 2 vols. Lahore 1926, 1939 (Punjab Sanskrit Series; Punjab Oriental Series). Reprint: Delhi 1983

GB — Ed. GAASTRA, Dieuke: Das Gopatha Brāhmaṇa. Leiden 1919

Ed.Rájendralála Mitra/Harachandra Vidyábhushaṇa: The Gopatha Bráhmaṇa of the Atharva Veda ... Calcutta 1872 (Bibliotheca Indica 69)

3. Āraṇyaka

AĀ — Ed., transl. etc. KEITH, Arthur Berriedale: The Aitareya Āraṇyaka. Edited from the manuscripts in the India Office and the Library of the Royal Asiatic Society with introduction, translation, notes, indexes and an appendix containing the portion hitherto unpublished of the Śāṅkhāyana Āraṇyaka. Delhi 1995 (= Oxford 1909)

Ed.Munishwar Deo: AitareyAraNyaka with the commentary of Sāyaṇa. Hoshiarpur 1992 (Vishveshvaranand Indological Series 82) .

ŚāṅkhĀ — Ed. BHIM DEV : Śāṅkhāyanāraṇyakam. Critically edited by

BHIM DEV. Hoshiarpur 1980 (Vishveshvaranand Indological Series 70)

Transl. → KEITH, Arthur Berriedale1908

TĀ — Ed. Ānandāśramasaṃskr̥tagranthāvaliḥ 36 : Kr̥ṣṇayajurvedīyaṃ Taittirīyāraṇyakaṃ Śrīmatsāyaṇācāryaviracitabhāṣyasametam. 3rd ed. Poona 1937, 1939. (~[1]1898)

4. Kāṭhaka-Saṃkalana

KāṭhSaṃk. — Ed. Sūryakānta : Kāṭhaka-Saṃkalana. Extracts from the lost Kāṭhaka-Brāhmaṇa, Kāṭhaka-Śrautasūtra & Kāṭhaka-Gr̥hyasūtra. Lahore 1943 (Meharchand Lachmandas Sanskrit and Prakrit Series 12). Reprint: New Delhi 1981

5. Upaniṣad

Ed. V.P. LIMAYE/R.D. Vadekar: Gandhi Memorial Edition. Eighteen Principal Upaniṣads. (Aṣṭādaśa-Upaniṣadaḥ). Vol. I (Upaniṣadic text with parallels from extant Vedic literature, exegetical and grammatical notes) Poona (Vaidika Saṇśodhana Maṇḍala) 1958

Ed. WÂSUDEV LAXMAṆ SHÂSTRÎ PAṆŚÎKAR. One hundred & eight Upanishads (Īśha & others) with various readings. 4th edition. Bombay (Nirnayasagar) 1932

Ed. SHASTRI, J.L.: Upanisat-Samgrahah. Containing 188 Upaniṣads. Prathame bhāge īśādiviṃśottaraśatopaniṣadaḥ dvitīye ca yogādyaṣṭottaraṣaṣṭyupaniṣadaḥ. Delhi 1996

BĀUM — → ŚB (: X 6,4-XIV 4-9)

Ed., transl. BÖHTLINGK, Otto: Br̥hadâraṇjakopanishad in der Mâdhyam̃dhyana Recension. Herausgegben und übersetzt von Otto BÖHTLINGK. St. Petersbuerg 1889

BĀUK — Ed. MAUE, Dieter: Br̥hadāraṇyakopaniṣad I. Versuch einer kritischen Ausgabe nach akzentuierten Handschriften der

	Kāṇva-Rezension mit einer Einleitung und Anmerkungen. Dissertation Gießen 1976
ChU	Ed., transl. etc. BÖHTLINGK, Otto: Khândogjopanishad. Kritisch herausgegeben und übersetzt von Otto BÖHTLINGK. Leipzig 1889.
	Ed. Ānandāśramasaṃskr̥tagranthāvaliḥ 14 : Chāndogyopaniṣat. ānandagirikr̥taṭīkāsaṃvalitaśāṃkarabhāṣyasametā. 1934
JUB	Ed., transl. etc. OERTEL, Hanns : The Jāiminīya or Talavakāra Upaniṣad Brāhmaṇa: text, translation, and notes. JAOS 16 ([1893] 1896) 79–260
KauṣU	Ed., transl. etc. FRENZ, Albrecht: Kauṣītaki Upaniṣad. IIJ 11 (1969) 79–129.

6. Sūtra

6.1. Śrautasūtra

ĀśvŚrSū	Ed. Ānandāśramasaṃskr̥tagranthāvaliḥ 81: Nārāyaṇakr̥tavr̥ttasametam Āśvalāyanaśrautasūtram. Poona
	Ed. RÁMANÁRÁYAṆA VIDYÁRATNA: The Śrauta Sútra of Áśvaláyaṇa, with the commentary of Gárgya Náráyaṇa. Calcutta 1864–1874 (Bibliotheca Indica 49)
ŚāṅkhŚrSū	Ed. HILLEBRANDT, Alfred : The Śāṅkhāyana Śrauta Sūtra together with the commentary of Varadattasuta Ānartīya. Vol. I. Text of the Sūtra, critical notes, indices. Calcutta 1888 (Bibliotheca Indica 99)
LāṭyŚrSū	Ed. ÁNANDACHANDRA VEDÁNTAVÁGÍŚA: Srauta Sútra of Látyáyana with the commentary of Agniswámí. Calcutta 1870–1872 (Bibliotheca Indica 63). (2nd ed.: With new appendix containing corrections and emendations to the text by C. G. Kashikar, New Delhi 1982)
MānŚrSū	Ed., transl. van GELDER, Jeannette M.: The Mānava Śrautasūtra belonging to the Maitrāyaṇī Saṃhitā. 2 vols. New Delhi 1961, 1963 (Śatapiṭaka Series 17,27)
VārŚrSū	Ed. CALAND, W./RAGHU VIRA: Vārāha-Śrauta-Sūtra. Being

the main ritualistic Sūtra of the Maitrāyaṇī Śākhā. Lahore 1933 (Mehar Chand Lachman Das Sanskrit and Prakrit Series 2)

BaudhŚrSū Ed. CALAND, W.: The Baudhāyana Srauta Sūtra belonging to the Taittirīya Saṃhitā. 3 vols. Calcutta 1904–1924. (Bibliotheca Indica 163). (2nd ed.: With new appendix containing many text improvements [by Radhe Shyam Shastri], New Delhi 1982)

VādhS (including VādhŚrSū, Vādh.Anv.)
Ed., transl., etc.. CALAND, W.: Über das Vādhūlasūtra. AcOr 1 (1923) 3–11 ; Eine zweite Mitteilung über das Vādhūlasūtra. AcOr 2 (1924) 142–167 ; Eine dritte ... AcOr 4 (1926) 1–41, 161–213; Eine vierte ... AcOr 6 (1928) 97–241. (Vgl. auch WITZEL StII 1 (1975) 75–108 "Eine fünfte ...")

VādhŚrSū Ed. transl., etc.. CHAUBEY, B.B.: Vādhūla-Śrautasūtram. Critcally edited with Introduction and Indices. Hoshirapur 1993

VādhAnv Ed., CHAUBEY, B.B.: Vādhūla-Anvākhyānam. Critically edited with detailed Intorduction and Indices. Hoshirapur 2001

BhārŚrSū Ed., transl. etc. C. G. KASHIKAR: The Śrauta, Paitṛmedhika and Pariśeṣa Sūtras of Bharadvāja. Critically edited and translated by C. G. KASHIKAR. 2 parts. Poona (Vaidhika Saṁśodhana Maṇḍala) 1964

ĀpŚrSū Ed. GARBE, Richard: The Śrauta Sútra of Ápastamba belonging to the Taittiríya Saṃhitá with the commentary of Rudradatta. 3 vols. Calcutta 1882, 1885, 1902 (Bibliotheca Indica 92)

VaikhŚrSū Ed. CALAND, W.: Vaikhānasa-Śrautasūtram. Calcutta 1941 (Bibliotheca Indica 265)

KātyŚrSū Ed. WEBER, Albrecht: The Çrautasûtra of Kâtyâyana with extracts from the commentaries of Karka and Yâjnikadeva ... Berlin/London 1859. (The White Yajurveda, Part III). (= Chowkhamba Sanskrit Series 104, Varanasi 1972)
Ed. VIDYĀDHARA ŚARMA: Katyayan Srauta Sūtra with Devayājñika Paddhati. Edited by Pandit Śrī VIDYĀDHARA ŚARMĀ. Benares City 1933–1937(?) (Vrajajivan Granthamala

46). Reprint: Delhi 1990

VaitS — Ed. VISHVA BANDHU: Vaitāna-Śrauta-Sūtra with the commentary called Ākṣepānuvidhi by Somāditya. Edited, critically, ... by VISHVA BANDHU in collaboration with BHIM DEV & PITAMBAR DATT. Hoshiarpur 1967 (Woolner Indological Series 13)

6.2. Gr̥hyasūtra

ĀśvGr̥Sū — Ed. STENZLER, Adolf Friedrich: Indisce Hausregeln, I. Āśvalāyana. Erstes Heft. Text. Leipzig 1864

Ed. Ānandāśramasaṃskr̥tagranthāvaliḥ105: Nārāyana kr̥tavr̥tti-Gr̥hyapariśiṣṭa-Bhaṭṭakumārilakārikāsahitam Āśvalāyanagr̥hyasūtram. Poona 1978

Ed., transl. Narendra Nath Sharma: Āśvalāyana Gr̥hyasūtram. With Sanskrit Commentary of Nārāyaṇa, English Translation, Introduction and Index. Delhi 1976

ŚāṅkhGr̥Sū — Ed., transl. OLDENBERG, H.: Das Śāṅkhāyanagr̥hyasūtram. Ind. Stud. 15 (1878) : 1－15

Ed. S. R. SEHGAL: Śāṅkhāyana Gṛrhya Sūtram. (Belonging to the Ṛgveda). Delhi 1960

GobhGr̥Sū — Ed., transl. etc. KNAUER, Friedrich: Das Gobhilagr̥hyasūtra. 2 Bde. Dorpat/Leipzig 1884, 1886

Ed. Chintamani Bhattacharya: Gobhilagr̥hyasūtram with Bhattacharya's commentary. Critically edited...Calcutta 1936 (Calcutta Sanskrit Series 17)

MānGr̥Sū — Ed. KNAUER, Friedrich: Das Mānava-gṛhya-gūtra nebst Commentar in kurzer Fassung. St. Petersburg 1897

KāṭhGr̥Sū — Ed. CALAND, Willem: The Kāṭhakagéhyasūtra with extracts from three commentaries an appendix and indexes. Lahore 1925

BaudhGr̥Sū — Ed. R. SHARMA SASTRI: The Bodhāyana Gṛihyasūtra. [2nd ed.] Mysore 1920 (Oriental Library Publications. Sanskrit Series 32/55)

HirGr̥Sū — Ed. KIRSTE, J.: The Gṛihyasūtra of Hiraṇyakeśin with extracts

	from the commentary of Mātṛidata. Vienna 1889 Ed. Ānandāśramasaṃskṛtagranthāvaliḥ 53, Part 8（:HirŚrSū XIX-XX）
ĀgnivGṛSū	Ed. L. A. RAVI VARMA: Āgniveśyagéhyasūtra. Trivandrum 1940（Trivadrum Sanskrit Series 144, Sri Chitrodayamanjari 33, University Series 2）
KauśS	Ed. BLOOMFIELD, Maurice: The Kāuçika-sūtra of the Atharva-veda, with extracts from the commentaries of Dārila and Keśava. JAOS 14（1890）
ĀpM	Ed. WINTELNIZTZ, M.: The Mantrapāṭha, or the prayer book of the Āpastambins. Edited together with the commentary of Haradatta and translated by M. Winterniz. First Part: introduction, Sanskrit texts, verietas lectionis, and appendices. Oxford 1897(Anecdota Oxoniensia, Aryan Series 1, Part 8)

6.3. Pitṛmedha-Sūtra

Baudhāyana-Pitṛmedha-Sūtra → Baudh.GṛSū

8. Vyākaraṇa

Pān.	Ed., transl. etc. BÖHTLINGK, Otto : Pāṇini's acht Bücher grammtischer Regeln, 2 Bde. Neudruck der Ausgabe. Bonn 1839－1840. Reprint: Osnabrück 1983 Ed., transl. etc. BÖHTLINGK, Otto: Pāṇini's Grammatik, herausgeben, übersetzt, erläutert und mit verschiedenen Indices versehen, von Otto BÖHTLINGK. Leipzig 1887. Ed., transl. etc. RENOU, Louis: La grammaire de Pāṇini traduite du sanskrit avec descommetaires indigènes. 3fasc. Paris 1948－1954 Ed., transl. etc. KATRE, Sumitra Mangesh: Aṣṭādyāyī of Pāṇini, Austin 1989 Ed., transl. etc. RAMANATH SHARMA: The Aṣṭādhyāyī of Pāṇini. 6 vols. Delhi 1987－2002
Pat.	Ed. KIELHORN, Lorenz Franz/ABHYANKAR, K.V.: The Vyākaraṇa Mahābhāṣya of Patañjali. Edited by F. KIELHORN.

Bombay 1880 – 1885. Third edition revised and furnished with readings, references, and select critical notes by K.V. ABHYANKAR 3vols. Poona 1962 – 1972

Ed. RAGHUNĀTHA (KĀŚINĀTHA) ŚĀSTRĪ/SHIVADATTA D. KUDĀLA: Patañjali's Vyākaraṇa Mahābhāṣya with Kaiyaṭa's Pradīpa and Nāgeśa's Uddyota; edited with foot notes collected from Chhāyā, Padamañjarī and Śabdakaustubha as well as supplied by the editor's own originality, vol. III. Bonbay (Nirṇayasāgar Press) 1937

Ed. Joshi Bhārgavaśāstrī Bhikājī: Patañjali's Vyākaraṇa Mahābhāṣya with Kaiyaṭa's Pradīpa and Nāgeśa's Uddyota. Vol. V (Adhyāya 6) edited footnotes etc. Bombay (Nirṇayasāgar Press) 1945

Ed. DADHIRAM SHARMA : Vyākaraṇa Mahābhāṣya of Patañjali with the Commentary Bhāṣyapradīpa of Kaiyaṭa Upādhyāya and the Supercommentary Bhāṣyapradīpoddyota of Nāgeśa Bhaṭṭa. Vol. VI Aṅgādhikāra-prakīraṇa Vidhirūpam (As depicted in Chapters VII & VIII of Ashtadhyayi). Reprint: Delhi 1991 (The Vrajajivan Prachyabharati Granthamala 23)

Kāś. Ed. ARYENDRA SHARMA: Kāśikā, a commentary on Pāṇini's grammar by Vāmana and Jayāditya,3part, Hyderabad: Sanskrit Academy, Osmania University, 1969 – 1970.

Ed., transl., etc. SWAMI DWARIKA DAS ŚASTRI/KALIKA PRASAD SHUKLA: Nyāsa or Pañcikā commentary of ācārya Jinendrabuddhipāda and Padamñjarī of Haradatta Miśra on the Kāśikāvṛtti (commentary on the Aṣṭādhyāyī of Pāṇini) of Vāmana-Jayāditya. Sudhi Prakashan: 6vols. 2nd ed. Vanarasi 1983 – 1985

Siddh.Kaum. Ed., transl., etc. ŚRĪŚA CHANDRA VASU: The Siddhāntakaumdī of Bhṭṭoji Dīkṣa 2 vols. Allahabad, 1906. Reprint: Delhi 2003

Ed. GIRIDHARA ŚARMĀ CATURVEDA // Parameśvarānanda Bhāskara: Vaiyākaraṇasiddhāntakaumudī Bālamanoramā-Tattvabodhinī-sahitā 4vols. Varanasi 1958 – 1961. Reprind:

Delhi 1995

DhP — Ed., transl., etc.. LIEBICH, Bruno : Zur Einführung in die indische einheimische Sprachwisseschaft III. Der Dhātupāṭha Heidelberg, 1920（Sitzungsberichte der Heidelberger Akademie der Wissenschaften. Philologische Klasse. Jahrgang 1920.10.Abahandlung）

Kṣīrat. — Ed., transl., etc.. LIEBICH, Bruno : Kṣīrataraṅgiṇī, Kṣīrasvāmin's Kommentar zu Pāṇini's Dhātupāṭha, zum ersten Mal herausgegeben; mit fünf Anhängen. IF Doppelheft 8/9. Breslau: Marcus, 1930

MādhDh — Ed., transl., etc.. SWAMI DWAIKA DAS SHASTRI: The Mādhavīya Dhātuvṛtti: A Treatise on Sanskrit Roots Based on the Dhātupāṭha of Pāṇini. Varanasi, 1987

Uṇādisūtra — Ed. JIBANANDA VIDYASAGARA B.A. : Ujjvaladatta's commentary of Uṇādisūtras, Calcutta 1873

Paribhāṣā — Ed. ABHYANKAR, K. V. : Paribhāṣāsaṃgraha (a collection of original works on Vyākaraṇa Paribhāṣās). Edited critically with an introduction and an index of Paribhāṣās. Poona 1967（Bhandarkar Oriental Research Institute Post-graduate and Research Department Seiries No.7）

Ed., transl., etc.. KIELHORN, Lorenz Franz : Paribhāṣenduśekhara of Nāgojībhaṭṭa, edited and ewplained by F. Kielhorn, part I: the Sanskrit text and various readings. Bombay1868. Revised edition by K.V. Abhyankhar. Poona 1962

Ed., transl. etc. KIELHORN, Lorenz Franz : Paribhāṣenduśekhara of Nāgojībhaṭṭa, edited and ewplained by F. Kielhorn, part II: translation and notes. Bombay1874. Second edition by K.V.Abhyankhar. Poona 1960

8．その他

AVPariś — Ed. BOLLING, George Melville/NEGLEIN, Julius von: The Pariśiṣṭas of the Atharvaveda. vol.1. Text and critical apparatus. Leipzig 1909－1910

AVPrāyaśc — Ed. NEGLEIN, Julius von: Atharvaprāścittāni. Text mit Anmerkungen. JAOS 33 (1913) 71–120, 121–144, 217–253 ; JAOS 34 (1914) 229–277

AVŚāntikalp — Ed. BOLLING, George Melville: The Śāntikalpa of the Atharvaveda. JAOS 33 (1913) 265–278

Nir. — Ed. (u.a.) ROTH, Rudolph: Jāska's Nirkuta sammt den Nighaṇṭavas herausgeben und erläutert von R°R°. Göttingen 1852

Ed., transl. etc. Lakshman Sarup: The Nighaṇṭu and The Nirukta, The Oldest IndieaTreatise on Etymology, Philology and Semantics, 5th Reprint, Delhi, 2002

Ed., transl., etc. BHADKAMAR H.M.: The Nirukta of Yāska (with Nighaṇṭu) , edited with Durga's Commentary. 2vols. Bhandarkar Oriental Research Institute, Poona, 1985

VPrāt. — Ed., transl. etc. WEBER Albrecht: Das Vājasaneyi-Prātiśākhyam. Ind.St. 4 (1858) , 65–171, 177–331

RVPrāt. — Ed., transl. etc. MÜLLER, Friedrich, Max: R̥g-Veda-Pārtiśākhya, das älteste Lehrbuch der vedischen Phonetik. Leipzig 1869

Ed., transl., etc.. VIRENDRA, KUMAR: R̥gveda-Prātiśākhya of Śaunaka, Along with Uvvatabhāṣya. Vrajajivan Prachyabharati Granthamala, Delhi 1986 (Vrajajivan Prachyabharati Granthamala 11)

TPrāt. — Ed., transl. etc. WHITNEY, William, Dwight: "The Taittirīya-Prātiśākhya, with its commentary, The Tribhāshyaratna: Text, Translation, and Notes" JAOS 9 (1871) 1–469

Ed., transl., etc.. SHAMA SASTRI R. / RANGACARYA, K.: The Taittirīya-Prātiśākhya with the commentaries Tribhāśyaratna and Vaidikābharaṇa. Reprint, Delhi, 1985.

ŚCĀ — Ed., transl. etc. WHITNEY, William, Dwight: The Atharva-Veda Prâtiçâhkya or Çaunakîyâ Caturâdhyâyikâ, Text, Traslation and Notes, Revised edition 1994.

Ed., transl. etc. DESHPANDE, M. Madhav: Śaunakīyā

Caturādhyāyikā. A Prātiśākhya of the Śaunakīya Atharvaveda with the commentaries Caturādhyāyībhāṣya, Bhārgava-Bhāskara-Vṛtti and Pañcasandhi: critically edited, translated & annoted by Madhav. M. Deshpande. Mass./London 1997 (Harvard Oriental Series 52. Cambridge)

AVPariś — Ed. BOLLING, George Melville/NEGLEIN, Julius von: The Pariśiṣṭas of the Atharvaveda. vol.1. Text and critical apparatus. Leipzig 1909－1910

AVPrāyaśc — Ed. NEGLEIN, Julius von: Atharvaprāścittāni. Text mit Anmerkungen. JAOS 33 (1913) 71－120, 121－144, 217－253; JAOS 34 (1914) 229－277

AVŚāntikalp — Ed. BOLLING, George Melville: The Śāntikalpa of the Atharvaveda. JAOS 33 (1913) 265－278

Nir. — Ed. (u.a.) ROTH, Rudolph: Jāska's Nirkuta sammt den Nighaṇṭavas herausgeben und erläutert von R°R°. Göttingen 1852

Ed., transl. etc. Lakshman Sarup: The Nighaṇṭu and The Nirukta, The Oldest IndieaTreatise on Etymology, Philology and Semantics, 5th Reprint: Delhi 2002

Ed., transl., etc. BHADKAMAR H.M.: The Nirukta of Yāska (with Nighaṇṭu), edited with Durga's Commentary. 2vols. Bhandarkar Oriental Research Institute, Poona 1985

Mahābhārata — The Mahābhārata. For the first time critically edited by V.S. Sukthankar, S.K. Belvalkar and P.L.Vaidya (et al.). 19 vols. bound in 22. Poona 1933－1966

BhāgPur — Ed. SHASTRI, J.L. : Bhāgavata Purāṇa of Kṛṣṇa Dvaipāyana Vyāsa. With Sanskrit Commentary Bhāvārthabodhinī of Srīdhara Svāmin. (Containing Introduction in Sanskrit and English and an Alphabetical Index of Verses). Delhi 1983

2次文献

ABHYANKAR, Kashinath Vasudev

1986 A dictionary of Sanskrit Grammar. Third edition. Gaekwad's Oriental Series 134. Vadodara (Baroda)

AGRAWALA, Vasudev, Sharan

1963 India as known to Pāṇini. A study of the cultural material in the Aṣṭādhyāyī. Varanasi

BEEKES, Robert S.P.

1981 "The disyllabic reduplication of the Sanskrit intensives" MSS 40: 19-25

BROGYANYI, Bela/LIPP, Reiner

1993 Comperative historical linguistics: Indo-European and Finno-Ugric. Amsterdam

BENDAHMAN, Jadwiga

1993 Der reduplizierte Aorist in den indogermanischen Sprachen. Dissertation. Freiburg (未出版)

BHATE, Saroja

1989 Pāṇini's taddhita rules. Publication of the Centre of Advanced Study in Sanskrit: B 14. Pune

BLOOMFIELD, Maurice

1906 A Vedic Concordance. Harvard Oriental Series 10. Cambridge, Mass.

BLOOMFIELD, Maurice/EDGERTON, Franklin/EMENEAU, Murray Barnson

1930-1934 Vedic Variants. A Study of the variant readings in the repeated Mantras of Veda. 3vols. Philadelphia

BODEWITZ, Hendrik Wihelm

1973 Jaiminīya Brāhmaṇa I,1-65. Translation and commentary with a study Agnihotra and Prāṇāgnihotra. Leiden

1990 The Jyotiṣṭoma Ritual. Jaiminīya Brāhmaṇa I,66-365. Leiden

BÖHTLINGK, Otto

1839 → 1次文献 8. Vyākaraṇa, Pāṇ.

1887 → 1次文献 8. Vyākaraṇa, Pāṇ.

1898 "Miscellen" ZDMG 52: 606－612

BÖHTLINGK, Otto/ROTH, Rudolph

1855－1875 Sanskrit-Wörterbuch. 7 Bde. St.Petersburg

BROGYANYI, Bela/LIPP, Reiner (eds.)

1993 Comparative-historical linguistics : Indo-European and Finno-Ugric. Papers in honor of Oswald Szemerényi III（Amsterdam studies in the theory and history of linguistic science; Series IV. Current issues in linguistic theory, v. 97）. Amsterdam

BRONKHORST, Johannes

1981 "Meaning entries in Pāṇini's Dhātupāṭha", JIP 9 : 69－85.

1991 "Pāṇini and the Veda reconsidered" in DESHPANDE, Madhav M./BHATE, Saroja 1991 : 75－121

CAILLAT, Collete（ed.）

1989 Dielectes dans les litératures indo-aryennes. Actes du colloque international organisé par l' UA 1058 sous les auspices du CNRS. Paris

CALAND, W.

1909 Kritische Bemerkungen zu den vedischen rituallen Texten. Zur Maitrāyāṇī Saṃhitā-Zum Kāṭhaka, Vol.1-Zum Kauṣītakibrāhmaṇa-Zum Aitareyabrāhmaṇa-Zum Śatapathabrāhmaṇa-Zum Baudhāyanaśrautasūtra.
Wiener Zeitschrift zur Kunde des Morgenlandes（WZKM）XXIII : 52－73 =Kleine Schrften 173－194

1921－1928 Das Śrautasūtra des Āpastamba. 3 Bde.（I : 1.-7. Buch 1921 Göttingen/Leipzig, II : 8.-15. Buch 1924, III : 16.-24. Buch1928 Amsterdam）

1931 Pañcaviṃśa-Brāhmaṇa. The Brāhmaṇa of twenty five chapters（Bibliotheca Indica 255）. Calcutta

1990 Kleine Schriften（Glasenapp-Stiftung Band 27）. Herausgegeben von Michael WITZEL. Stuttgart

CARDONA, George

1965 "The Vedic imperatives in *-si*" Lg. 41 : 1-18

1967－1968 "anvaya and vyatireka in Indian grammar" Adyar Library Bulletin

31－32 (Dr. V. Raghavan felicitation volume) : 314 － 352

1970 "Some principles of Pāṇini's Grammar" JIP 1 : 40－74

1976 Pāṇini, A Survey of Research. Delhi. The Hague. Indian edition. Reprint: Delhi 1997

1984 "On the Mahābhāṣya evidence for a Pāṇinīya Dhātupāṭha" In.S.D.JOSHI 1984: 79－84

1991 "On the dialect status of Vedic forms of the types dakṣ- / dhakṣ-" In LAKSHMI BAI, B./RAMAKRISHNA REDDY, B. 1991: 263－273

1992 "On the develpment of presents like *bibhéti*" In SRIVASTAVA, R.N. / SURESH KUMAR/Goswami, K.K./DHONGDE, R. V. 1992 : 1－17

1997a Pāṇini, His Work and Traditions. volume 1. Second edition, revised and enlarged. Delhi

1997b "Vedic tradtions and descriptions of grammarians"In WITZEL, Michael 1997: 33－38

1999 Recent Research in Pāṇinian Studies. Delhi

CARDONA, George/OGAWA, Hideyo 2016 (eds.)

2016 Vyākaraṇaparipr̥cchā: Proceedings of the Vyākaraṇa section of the 16th World Sanskrit Conference. New Delhi

CRESPO, Emilo/GARCÍA RAMÓN, José Luis (eds.)

1997 Berthold Delbrück y la syntaxis indoeuropa hoy. Actas del Coloquio de la Indogermanische Gesellschaft Madird, 21－24 de septimbre de 1994. Madrid / Wiesbaden

DELBRÜCK, Bert (h) old

1888 Altindische Syntax. Syntaktische Forschungen V. Halle an der Saale

1897 Vergleichende Syntax der indogermanischen Sprachen II = BRUGMANN/DELBRÜCK Grundriss der vergleichenden Grammatik der indogermanischen Sprachen IV. Strassburg

DESHPANDE, Madhav Murlidhar

1992 "Justification for verb root suppletion in Sanskrit" HS 105: 18－49

DESHPANDE, Madhav M./BHATE, Saroja (eds.)
1991 Pāṇinian Studies: Proffesor S.D. Joshi Felication Volume. Ann Arbor.

DOYAMA, Eijiro (堂山英次郎)
2005a 「リグヴェーダにおける1人称接続法の研究」『大阪大学大学院文学研究科紀要　モノグラフ編』45－2
2005b "A morphological study of the first person subjunctive in the Rigveda" Machikaneyama ronso 38 : 1－19

EGGELING, Julius
1882－1900 The Śathapatha-Brāhmaúa. According to the text of the Mādhyandina school. 5vols. Oxford (Sacred Books of East 12, 26, 41, 43, 44). Reprint Delhi/Varanasi/Patna 1972

FALK, Harry
1993 "Zur Wurzel *il* im Sanskrit und Pali" In BROGYANYI, Bela / LIPP, Reiner 1993: 203－216

FORSSMAN, Bernhard/PLATH, Robert (eds.)
2000 Indoarisch, Iiranisch und die Indogermanistik. Arbeitstagung der Indogermanischen Gesellschaft vom 2. bis 5. Oktober 1997 in Erlangen. Wiesbaden

FRANKE, R. Otto
1891 "Was ist Sanskrit?" Bezzenbergersbeiträge 17 : 54－90 = Kleine Schriften 177－213
1978 Kleine Schriiften. Herausgegeben von Oskar v. HINÜBER. 2Bde. Wiesbaden

GELDNER, Karl Friedrich
1951 Der Rig-Veda. Aus dem Sanskrit ins Deutsche übersetzt und mit einem laufenden Kommentar versehen. 3Bde. Harvard Oriental Series 33, 34, 35. Cambridge, Mass.

GAEDICKE, Carl
1880 Der Accusativ im Veda. Breslau

GOLDSTÜCKER, Theodor
1861 Pāṇini: his place in Sanskrit literature, an investigation of some literary and chronogical question which may be settled by a

study of his work. London/Berlin. Reprint: Varanasi 1965 (Chowkhamba Sanskrit Series 48)

GONDA, J.

1936 "Zur Homonymie im Altindischen" Ac.Or. 14 : 161－202 = Selected Studies vol.III: 1-42

1975 Selected Studies. vol.III Sanskrit: Grammatical and Philological Studies. Leiden

GOTŌ, Toshifumi (後藤敏文)

1980 "Ai. *utsaṅgá*- und Verwandtes" MSS 39 : 11－36

1987 Die "I.Präsensklasse" im Vedischen. Untersuchung der vollstufigen thematischen Wurzelpräsentia (Österreichische Akademie der Wissenschaften Philosophisch-Historische Klasse Sitzungsberichte 489.Band, Veröffentlichungen der Kommission für Linguistik und Kommunikationsforschung, Heft 18) . Wien

1990 Materialien zu einer Liste altindischer Verbalformen : 1. *am^i*, 2. *ay/i*, 3. *as/s* Bulletin of the National Museum of Ethnology 15-4 : 987－1012

1991 Materialien zu einer Liste altindischer Verbalformen : 4. *dogh/dugh/doh/duh*, 5. *sav/su*, 6. *^1sav^i/sū*, 7. *^2(sav^i/) sū*.Bulletin of the National Museum of Ethnology 16-3 : 681－707

1993 Materialien zu einer Liste altindischer Verbalformen 8-15: 8. *ard/r̥d*, 9. *īṣ*, 10. *ukṣ*, 11. *eṣ/iṣ*, 12. *es^i/iṣ^i*, 13. *ok/oc/uc*, 14. *kaṇ*, 15. *vakṣ/ukṣ*. Bulletin of the National Museum of Ethnology 18-1: 119－141

1996 "Zur Geschichte von König Jānaśruti Pautrāyṇa (Chādogya-Upaniṣad IV 1－3) " StII 20 (Fs. Paul Thieme) : 89－115

1997 Materialien zu einer Liste altindischer Verbalformen 16－29: 16. *chad*, 17. *chand/chad*, 18. *chard/chr̥d*, 19. *dagh/dhag*, 20. *dveṣ/dviṣ*, 21. *bandh/badh*, 22. *^1man*, 23. *^2man*, 24. *mnā*, 25. *^1yav/yu*, 26. *^2yav/yu*, 27. *sani*, 28. *star/str̥*, 29. *stari/str̥̄*. Bulletin of the National Museum of Ethnology 22-4: 1001－1059

2002 “Funktionen des Akksativs und Rektionsarten des Verbums－anhand des Altindoarischen－” In Hetttich, Heinrich 2002: 21－42

2007 「荷車と小屋住まい：ŚB *śālam as*」『印度学仏教学研究』55-2：220－224

2011 「資料　ヴェーダ文献に見られるプルーラヴァス王と天女ウルヴァシーの物語」篠田知和基・編『愛の神話学』楽瑯書店

2013 Old Indo-Aryan morphology and its Indo-Iranian background. In co-operation with Jared S. Klein and Velizar Sadovski（Österreichische Akademie der Wissenschaften. Philosophisch-Historische Klasse. Sitzungsberichte, 849. Band. Veröffntlichungen zur Iranistik Nr.60）. Wien

GRASSMANN, Hermann

1872－1875 Wörterbuch zum Rig-Veda. Leipzig.

HEENEN, François

2006 Le désidératif en védique. Leiden Studies in Indo-European 13. Amsterdam/New York

HETTRICH, Heinrich（ed）, unter Mitarbeit ron Kim Jeong-Soo 2000

Indogermanische Syntax, Fragen und Perspektiven. Wiesbaden

HILL, Eugen/FROTSCHER, Michael

2012 “The accentuation of Old Indic Reduplicated（3rd Class）Presents” In MELCHERT 2012: 105－114

HOFFMANN, Karl

1952 “„Wiederholende“ Onomatopoetika im Altindischen” Indogermanische Forschungen 60: 254－264 = Aufsätze zur Indoiranistik 35－45

1955 “Vedisch *gámati*” MSS 7 : 89－92 = Aufsätze zur Indoiranistik 384－386

1960 “Textkritisches zum Jaiminīya-Brāhmaṇa” IIJ 4 : 1－36

1967a Der Injunktiv im Veda. Eine synchronische Funktionsuntersuchung. Heidelberg

1967b “Der vedische Prekativtyp *yeṣam, jeṣma*” MSS 20 : 25－37 = Aufsätze zur Indoiranistik : 465－474

1968 "Hethitisch *luk* (*k*) -, *lukki*-" KZ 82: 214–220 = Aufsätze zur Indoiranistik 251–257

1974 "Pāṇini VII 2,69 *saniṃ sasanivāṃsam*" MSS 32 : 73–80 = Aufsätze zur Indoiranistik: 541–546

1975, 1976 Aufsätze zur Indoiranistik. 2 Bde. Herausgegeben von Johanna Narten. Wiesbaden

1980 "Das Verbaladjektiv von *hvr̥* bei Pāṇini" StII 5/6 (Fs. Paul Thieme) : 87–98 = Aufsätze zur Indoiranistik Band 3: 749–760

1992 Aufsätze zur Indoiranistik. Band 3. Herausgegeben von Sonja Glauch, Robert Plath, Sabine Ziegler. Wiesbaden

HOFFMANN, Karl/FORSSMAN, Bernhard

2004 Avestische Laut- und Flexionslehre. 2., durchgesehene und erweiterte Auflage. Innsbrucker Beiträge zur Sprachwissenschaft, Band 115. Innsbruck

HOLTZMANN, Adolf

1884 Grammatisches aus dem Mahabharata. Ein Anhang zu William Dwight Whitney's Indischer Grammtik. Leipzig.

HOUBEN Jan. E.M./ROTARU, Julieta/WITZEL, Michael (eds.)

2016 Vedic Śākhās: Past, Present, Future. Proceddings of the 5th International Vedic Workshop, Bucharest 2011. Harvard Oriental Seires. Opera minora 9. Cambridge, Mass.

INSLER Stanley

1968 "Vedic juhuras, *juhūrthas, juhuranta and juhurāṇá*-" JAOS 88 : 219–223

1972 "Vedic *mamatsi, ámamadur* and *ī́yate*" KZ 86 : 93–103.

IWASAKI, Yoshiyuki (岩崎良行)

2003 "Formulating Devices in the Pāṇinian Grammar System-with Reference to *nipātana, saṃjñā*, and *bahulam*-", Bulletin of Sapporo Otani Junior College『札幌大谷短期大学紀要』34: 11–45

2005 「『マハーバーシャ』における prasaṅga ― 古代インド思想における〈ことばの永遠性〉の理解へ向けて―」『札幌大谷短

期大学紀要』36：1－71

JACOBI, Hermann

1897 Compositum und Nebensatz. Studien über die indogermanische Sprachentwicklumg. Bonn

JAMISON, Stephanie W.

1983a "Two Problems in the Inflection of the Vedic Intensive" MSS 42: 41－73

1983b Function and Form in the *-áya*-Formations of the Rig Veda and Atharva Veda. KZ-Ergänzungshefte 31. Göttingen

JOACHIM, Ulrike

1978 Mehrfachpräsentien im Ṛgveda. Frankfurt am Main/Berlin/Las Vegas

JOSHI, S. D.（ed.）

1984 Amr̥tadhārā: Professor R. N. Dandekar Felicitation Volume. Delhi

JOSHI S. D./BHATE, Saroja

1984 The fundementals of Anuvr̥tti. Publication of the Centre of Advanced study in Sanskrit, Class B no.9. Pune

JOSHI, S.D./ROODBERGEN, J.A.F

1973 Patañjali's Vyākaraṇamahābhāṣya, Tatpuruṣāhnika（P.2.2.2－2.2.23）, edited with Translation and Explanatory Notes Introduction, Text, Translation and Notes（Publications of the Centre of Advanced Study in Sanskrit, Class C, no. 7）. Poona

1976 Patañjali's Vyākaraṇa-Mahābhāṣya, Anabhihitāhnika（P.2.3.1－2.3.17）, Introduction, Text, Translation and Notes (Publications of the Centre of Advanced Study in Sanskrit, Class C, no. 11). Poona

1981 Patañjali's Vyākaraṇa-Mahābhāṣya, Prātipadīkārthaśeṣanika（P.2.3.46－2.3.71）Introduction, Text, Translation and Notes（Publications of the Centre of Advanced Study in Sanskrit, Class C, no. 14）. Pune

1991－2006 The Aṣṭādhyāyī of Pāṇini with Translation and Explanatory Notes, 13vols.

(vol.I : 1991, vol.II : 1993, vol.III : 1994, vol.IV : 1995, vol.V : 1996, voll.VI : 1997, vol.VII : 1998, vol. VIII : 2000, vol.IX : 2002, vol.X : 2003, vol.XI : 2004, vol.XII : 2005, vol.XIII : 2006) , Delhi

KEITH, Arthur Berriedale

1908 The Śāṅkhāyana Āraṇyaka with an appendix on the Mahāvrata. London

1914 The Veda of the Black Yajus School entitled Taittitiriya Saṁhita. 2 vols. Harvard Oriental Series 18, 19. Cambridge, Mass.

1920 Rigveda Brahmanas: The Aitareya and Kauṣītaki Brāhmaṇas of the Rigveda. Tranlated from the original Sanskrit by Arthur Berriedale Keith (Harvard Oriental Series 25) . Cambridge, Mass.

KELLENS, Jean

1984 Le verbe avestique. Wiesbaden

KIELHORN, Franz

Kleine Schriften, mit einer Auswahl der Epigraphischen Aufsätze, Herausgeben von Rau. 2 Teile. Wiesbaden, 1969

KIPARSKY, Paul

1979 Pāṇini as a Variationist (Publications of the Centre of Advanced Study in Snaskrit, Class B, no.6) . Poona

KLINGENSCHMITT, Gert

1982 Das altarmenische Verbum. Wiesbaden

KOBAYASHI, Masato

2004 Historical Phonology of Old Indo-Aryan Consonants (Study of Language and Cultures of Asia and Africa Monograph Seires 42). Tokyo

2006 "Pāṇini's Phonological Rules and Vedic: Aṣṭādhyāyī 8.2" Jounal of Indological Studies 18 : 1－21

KULIKOV, Leonid

2012 The Vedic *-ya*-presents. Passives and intransitivity in Old Indo-Aryan. (Leiden Studies in Indo-European 19). Leiden

KÜMMEL, Maritn
2000 Das Perfekt im Indoiranischen. Eine Untersuchung der Form und Funktion einer ererbten Kotegorie des Verbums und ihrer Wieterentwicklung in den altindoiranischen Sprachen. Wiesbaden.

LAKSHMI BAI, B./RAMAKRISHNA REDDY, B. (eds.)
1991 Studies in Dravidian and General Linguistics: A Festschrift for Bh. Krishnamurti. Osmania Univeristy Publications in Linguistics 6. Hyderabad

LIEBICH, Bruno
1886 "Die Kasuslehre der indischen Grammatiker vergleichen mit dem Gebrauch der Kasus im Aitareya-Brāhmaṇa (ein Beitrag zur Syntax der Sanskrit-Sprache) ", BB 10 : 205－234,
1887 "Die Kasuslehre der indischen Grammatiker vergleichen mit dem Gebrauch der Kasus im Aitareya-Brāhmaṇa (ein Beitrag zur Syntax der Sanskrit-Sprache) " BB 11 : 273－315
1891 Pāṇini. Ein Beitrag zur Kenntnis der indischen Literatur und Grammatik. Leipzig
1892 Zwei Kpitel der Kāśikā übersetzt und mit einer Einleitung versehen. Breslau
1919 Zur Einführung in die indische einheimische Sprachwisseschaft II.Historische Einführung und Dhātupāṭha, Sitzungsberichte der Heidelberger Akademie der Wissenschaften. Philosophisch-Historische Klasse. Jahrgang 1919.15. Abahandlung. Heidelberg
1920 →1次文献, 8. Vyākaraṇa, DhP
1930 →1次文献, 8. Vyākaraṇa, Kṣīrat.

LÜDERS, Heinrich
1940 Philologica Indica. Ausgewählte kleine Schriften von Heinrich Lüders. Festgabe zum siebzigsten Geburtstage am 25. Juni 1939 dargebracht von Kollegen, Freunden und Schülern. Göttingen

LUBOTZKY, Alexander M.
1997 "Remarks on the Vedic Intensive" JAOS 117 : 559－564

MACDONELL, Arthur Anthony
1910 Vedic Grammar. Grundriß der Indo-Arischen Philologie Altertumskunde. 1. Band, 4. Heft. Strassburg
MACDONELL, A.A./KEITH, A.B.
1912 Vedic Index of Names and Subjects. 2vols. London. rep. 1995 Delhi
MASE Shinobu（間瀬忍）
2005 "Paribhāṣenduśekhara 50: assidham bahiraṅgam antaraṅge研究"『比較論理学研究』（広島大学比較論理学プロジェクト研究センター）3 : 89－99
MAYRHOFER, Manfred
1992－2001 Etymologisches Wörterbuch des Altindoarischen. 3 Bde.（I: 1992, II : 1996, III: 2001）. Heidelberg
MELCHERT, Craig H.（ed.）
2012 The Indo-European Verb. Proceeding of the Conference of the Society for Indo-European Studies, Los Angels 13－15 September 2010. Wiesbaden
MUMM, Peter-Arnold
1999 "Deutsch *Kamm, Kimme* und die Bedeutung von idg. *$*ǵomb^ho$-, $*ǵemb^h$-*"（pdf version）. In SCHINDLER, Wolfgang und UNTERMANN, Jürgen 1999: 295－312
MYLIUS, Klaus
1995 Wörterbuch des altindischen Rituals. Mit einer Übersicht über das altindische Opferritual und einem Plan der Opferstätte. Wichtrach
NARTEN, Johanna
1964 Die sigmatischen Aoriste im Veda. Wiesbaden
1968 "Das ailtindische Verb in der Sprachwissenschft" Die Sprache 14 : 113－134 = Kleine Schriften 75－96.
1995 Kleine Schriften. Herausgegeben von Marcos Albino und Mtthias Fritz. Band I. Wiesbaden
NAVATHE, P. D.
1987 "On the prasthitaṃ haviḥ" ABORI 68 : 645－651

NISHIMURA Naoko（西村直子）

2006　『放牧と敷き草刈り―Yajurveda-Saṁhitā冒頭のmantra集成とそのbrāhmaṇaの研究―』東北大学出版会

OBERLIES, Thomas

2003　A Grammar of Epic Sanskrit（Indian Philology and South Asian Studies, vol.5）. Berlin/New York

OERTEL, Hanns

1926　The Syntax of Cases in the Narrative and Descriptive Prose of the Brāhmaṇas. I. The Disjunct Use of the Cases. Heidelberg

1934　Zur Kapiṣṭhala-Kaṭha-Saṃhitā（Sitzungsberichte der Bayerischen Akademie der Wissenschaften. Philosophisch-historische Abteilung Jahrgang 1934, Heft 6）. München = Kl.Schr. 633－772

1942, 1944　“Zu den ai. Ellipsen” KZ 67: 129－153 = Kl.Schr. I 502－526, KZ 68: 61－82 = Kl.Schr. I 530－551

1994　Kleine Schriften. Herausgegeben von Heinrich HETTRICH und Thomas OBERLIES. 2 Teile. Stuttgart

OETTINGER, Nobert

2000　“Die Götter *Pūṣan, Pan* und das Possessivsuffix * h_3en ” In FORSSMAN, Bernhard / PLATH, Robert 2000 : 393－400

OGAWA, Hideyo（小川英世）

1994　「Mahābhāṣya ad P1.3.1研究（5）」『広島大学文学部紀要』53: 41－61

2005　Proccess and Language. A study of the *Mahābhāṣya* ad A 1.3.1 *bhūvādayo dhātavaḥ*. Delhi

OLDENBERG, Hermann

1888　Die Hymen des Rigveda. Band I. Herausgegeben von Hermann OLDENBERG. Metrische und textgeschichtliche Prolegomena. Berlin

1909, 1912　Ṛgveda. Textkritische und exegetische Noten. 2Bde. Erstes bis sechstes Buch, Abhandlungen der königlichen Gesellschaft der Wissenschaften zu Göttingen, Philologisch-historische Klasse, Neue Folge Bd. XI. Nro.5; Siebentes bis zehntes Buch.

ds. Bd. XIII. Nro.3. Berlin

OZONO Junichi（尾園絢一）

2006 「Pāṇini-Sūtra 3.1.123. に挙げられるヴェーダ語の genrundive 語形について」『印度学仏教学研究』54-2: （109）－（113）

2008 “The Vedic intensive forms found in Pāṇini-Sūtra : problems of the *nipātana*-form” Journal of Indian and Buddhist Studies（『印度学仏教学研究』）56-3: （36）–（40）

2010（2011） “Das Vedische bei Pāṇini” StII 27 : 237－256

2015 「Mahābhāṣya ad Pāṇ. III 1,7 の研究（2）」『東北大学文学研究科研究年報』64 : （101）－（117）

2016a “Verb suppletion and Pāṇini's Grammar: on the alternation between *ad* and *ghas*” In CARDONA, George/OGAWA, Hideyo 2016: 265－289

2016b “The Periphratic perfect in the Vedic language and Pāṇini's Grammar”. In HOUBEN Jan E.M./ROTARU, Julieta/WITZEL, Michael 2016 : 975－992

PALSULE, G.B.

1961 The Sanskrit Dhātupāṭhas. Deccan College Dissertation Series 23. Poona

1972 “Pāṇini 3.4.87－88 vis-a-vis Vedic imperatives in *-si*” Journal of the Ganganatha Jha Kendriya Sanskrit Vidyapeetha 38: 443－453

PATHAK, Kashinath Bapuji

1930 “Were the Vājasaneyi Saṃhitā and the Śatapatha Brāhmaṇa unknown to Pāṇini?” ABORI 11: 84－89

PRAUST, Karl

2000 “Altindisch *dṛ/dṝ* : *seṭ* oder *aṇit* ?” In FORSSMAN, Bernhard/PLATH, Robert 2000: 425－441

RAMANATH SHARMA

→ 1次文献 8. Vyākaraṇa, Pāṇ.

RAU, Wilhelm

1985 Die vedichen Zitate im Vyākaraúa-Mahābhāṣya（Akademie der Wissenschaften und der Literatur. Abhandlungen der

Geistes- und Sozialwissenschaftlichen Klasse Jahrgang 1985, Nr.4). Stuttgart

1993 Die vedichen Zitate in der Kāśikā Vr̥tti (Akademie der Wissenschaften und der Literatur. Abhandlungen der Geistes- und Sozialwissenschaftlichen Klasse Jahrgang 1993. Nr.5). Stuttgart

RENOU, Louis

1930 Grammaire sanscrite. Tomes I et II réunis. Troisièsme édition revue, corrigée et augmentée. Repreint 1996: Paris

1937 Monographie sanskrites. I. La décadence et la disparition du subjonctif. Paris

1941 "The Valid forms in *bhāṣā*", Indian Histrorical Quartely 17: 245–250

1942 Terminologie grammaticale du sanskrit. 3 vols. Paris. Reprint 1957: Paris 1957

1955 "Les nipātana-sūtra de Pāṇini et questions diverses" In EVP 1: 103–130. Paris

RIX, Helmut, et al.

2001 LIV. Lexikon der indogermanischen Verben. Die Wurzeln und ihre Primärstammbildungen. Unter Leitung von Helmut Rix und der Mitarbeit vieler underer, bearbeitet von Martin Kümmel, Thomas Zehader, Reiner Lipp, Brigitte Schirmer, Zweite, erweiterte und verbesserte Auflage bearbeitet von Martin Kümmel und Helmut Rix. Wiesbaden

SAG, Ivan A.

1976 "Pseudosolutions to the pseudoparadox: Sanskrit diaspirates revisited" LI 5: 609–622

SCARLATA, Salvatore

1999 Die Wurzelkomposita im R̥g-Veda. Wiesbaden

SCHAEFER, Christiane

1994 Das Intensivum im Vedischen. Göttingen

SCHARF, Peter M.

2005 "Pāṇinian Accounts of the Vedic Subjunctive: leṭ kr̥ṇvaíte" IIJ

48: 71 – 96

SCHARFE, Hartmut

1961 Die Logik im Mahābhāṣya. (Deutsche Akademie der Wissenschaften zu Berlin, Institut für Orientalforschung Veröffentlichung Nr.50) Berlin

1996 "Bartholomae's Law revisited or how the Ṛgveda is dialecltically divided" StII 20 (Fs.Paul Thieme) : 351 – 377

SCHINDLER, Jochem

1972 "Notizen zum Sieversschen Gesetz" Die Sprache 23: 56 – 65

1976 "Diachronic and Synchronic Remarks on Bartholomae's and Grassmann's Laws" LI 7: 622 – 637

SCHINDLER, Wolfgang und UNTERMANN, Jürgen (eds.)

1999 Grippe, Kamm und Eulenspiegel. Festschrift für Elmar SEEBOLD zum 65. Geburtstag. Berlin/New York

SCHROEDER, Leopold VON

1879 "Über die Mâitrâyaṇî Saṃhitâ ihr Alter, ihr Verhältniss zu verwandten Çâkhâ's, ihre sprachliche und historische Bedeutung" ZDMG 33: 177 – 207

1895 "Das Kāṭhaka, seine Handschriften, seine Accentation und seine Beziehung zu den indischen Lexikographen und Grammatikern" ZDMG 49: 145 – 171

SHEFTS, Betty

1965 Grammatical Method in Pāṇini: His Treatment of Sanskrit Present Stems. New Haven

SPEIJER, J. S

1886 Sanskrit Syntax. 1st ed. Leiden. Reprint: Delhi 1998

SRIVASTAVA, R.N./SURESH KUMAR/GOSWAMI, K.K./DHONGDE, R. V. (eds.)

1992 Language ans Text: Studies in Honour of Ashok Kelkar. Delhi.

STANG, Chr.S

1942 Das slavische und baltische Verbum (Skrifter utgitt av Det Norske Videnskaps-Akademi 1 Oslo II. Hist.-Filos. Klasse) . 1942. No 1. Oslo

STRUNK, Klaus

1967 Nasalpräsentien und Aoriste. Ein Beitrag zur Morphologie des Verbums im Indo-Iranischen und Griechischen. Heidelberg

1972 "Ai. *babhū́va*, av. *buuāvuua* : ein Problem der Perfektbildung im Indo-Iranischen" KZ 86 : 21－27

SZEMERÉNYI Oswald

1966 "The origin of Vedic 'imperatives' in *-si*" Language 42 : 1－6

THIEME, Paul

1929 Das Plusquamperfektum im Veda. Göttingen

1935. Pāṇini and the Veda, Studies in the early hisory of linguistics science in India. Allahabad

1971 Kleine Schriften. Herausgegeben von Georg BUDDRUSS. 2 Teile. Wiesbaden

TICHY, Eva

1997 "Vom indogermanischen Tempus/Aspekt-System zum vedischen Zeitstufen-system" In CRESPO, Emilo/GARCÍA RAMÓN, José Luis 1997 : 589－609

2006 Der Konjunktiv und seine Nachbarkategorien, Studien zum indogermanoschen Verbum, ausgehend von der älteren vedischen Prosa. Bremen

TSUJI, Naoshirō（辻直四郎）

1970 『現存ヤジュル・ヴェーダ文献』東洋文庫

1977 「インド文法学概観」『ヴェーダ学論集』：岩波書店：424－476

VISHVA BANDHU ŚĀSTRĪ

Vaidika-Padānukrama-Koṣaḥ. A Vedic Word Concordance. I. Saṁhitās 6 vols. 1942 1st/1976 2nd, 1955, 1956, 1959, 1962, 1963; II. The Brāhmaṇas and Āraṇyakas 2 vols. 1935, 1936 1st, 1973, 1973 2nd ; III. Upaniṣads 2 vols. 1945, 1945; IV. Vedāṅga-sūtras 4 vols. 1958, 1958, 1961 ; V. 1. Index ab Initio 1964, 2. Index ab ultimo 1965.（bis 1945:）Lahore,（ab 1955:）Hoshiarpur（Shantakuti Series）The Grammatical Word-Index to the Principal Upaniṣads. Hoshiarpur 1966

WACKERNAGEL, Jacob

1896 Altindische Grammatik. Einleitung. → WACKERNAGEL, Jacob/DEBRUNNER, Albert 1896–1957

1907 "Indisches und Italisches" KZ 41 : 305–319 = Kleine Schriften I : 494–508

1955, 1979 Kleine Schriften. Herausgegeben von der Akademie der Wissenschaften zu Göttingen. 2 Bde., Bd. III. Herausgegeben von Bernhard FORSSMAN. Göttingen

WACKERNAGEL, Jacob/DEBRUNNER, Albert

1896–1957 Altindische Grammtik. Einleitung. Bd. I. Lautlehre 1896 (von W.); Intorduction générale (Neubearbeitung von L. RENOU); Nachträge zu Bd. I 1957 (von D.); Bd. II-1 Einleitung zur Wortlehre. Nominalkomposition 1905 (von W.); Nachträge zu Bd. II 1957 (von D.); Bd. II-2 Die Nominalsuffixe 1954 (von D.); Register zur Altindischen Grammatik von J.WACKERNAGEL und A.DEBRUNNER (Bd. I-III) 1964 (von Richard HAUSCHILD). Göttingen

WEBER, Albrecht

1862 "Zur Frage über das Zeitalter Pāṇinis, mit specieller Beziehung auf Th. Goldstückers 'preface'zum 'Māṇavakalpasūtra' " Ind.St. 5: 1–176

WHITNEY, William Dwight

1885 The Roots, Verb-forms, and Primary Derivatives of Sanskrit Language. A supplement to his Sanskrit grammar. Leipzig

1889 Sanskrit Grammar. 2nd edition. Cambridge, Mass.

1893 "The Veda in Pāṇini" GSAI 7 : 243–254

WHITNEY (/LANMAN)

1905 Atharvaveda-Veda Saṁhitā. Translated into English with a critical notes and exegetical commentary by William Dwight WHITNEY. Revised and brought nearer to completion and edited by Charles Rockwell LANMAN. 2vols. Cambridge, Mass.

WITZEL, Michael
1989 "Tracing the Vedic Dialects" In CAILLAT, Collete 1989: 97－267
1997 (ed.) Inside the texts, beyond the texts : Proceedings of the International Vedic Workshop, Harvarad University. Harvard Oriental Series. Opera Mihora 2

WITZEL, Michael/GOTŌ, Toshifumi
2007 Rig-Veda. Das heilige Wissen. Erster und Zweiter Liederkreis. Aus dem vedischen Sanskrit übersetzt und herausgegeben von Micheal Witzel und Toshifumi Gotō unter Mitarbeit von Eijirō Dōyama und Mislav Jeźić. Frankfurt am Main/Leipzig

YAGI, Toru
1984 Le Mahābhāṣya ad Pāṇini 6.4.1－19 (Pablications de l'Institut de Civilisation Indienne, Fasc. 50). Paris

索　引

1．語彙索引

古インドアーリヤ語

áṅkas-　135[190]

aṅkasá-　135[190]

aṭ (DhP I 317) 71: *aṭāṭyate* 71－72

ar / ṛ (cf. DhP III 16): 81, 122－123, *iyárti*, *īrté* 122, *alar-* 81, *alarṣi*, *alarti* 122－123, *arāryate* 71, 123, **ararti* 123

arday (cf. DhP X 285) : *ardayati* 12, *ardayīt* **11－12**

as (cf. DhP II 56): 65

ah : 59, *āha* 59, *āttha* 33[45]

āp (cf. DhP V 14): *āpnuvanti* 75[100], *pra-āp* 53[78], *prāpnoti* 180[261]

il (cf. DhP X 119): *ilayati*, *elayati*, *ailayīt* **11－12**

ukṣán- 30－31, *ukṣáṇam*, *ukṣā́ṇam*, *ukṣáṇas*, *ukṣā́ṇas* 31

ūnay- (cf. DhP X 342): *ūnayati*, *ūnayīs*, *ūnayīt* **11-12**

ṛbhukṣán-: 31－32, *ṛbhukṣáṇam*, *ṛbhukṣáṇas*, *ṛbhukṣaṇas* 31

es / is (cf. DhP VI 59): *icchati* 70[96], *iṣyate* 152

eṣ / iṣ (cf. DhP IV 19): *pra-eṣ/iṣ* 19, 192, *preṣya-* 19, *preṣya* **19－20**, 192

kas (cf. DhP I 913): 86

kar / kṛ (cf. DhP V 7, VIII 10): 62, 81, 125, *kṛṇaváite*, *kṛṇváite* 62, *kárikr-* 81, *kárikrat* 125－126

kar^i / kṝ (cf. DhP VI 116) : 85, *carkar-*, *cākarti* 85

karṣ / kṛṣ (cf. DhP I 1039, VI 6): 110, *carkṛṣat*, *cárkṛṣat*, *acarkṛṣur*, *karīkṛṣyate* 110

kāś (cf. DhP I 678): 80, *cākaś-* 80, *cā́kaśīmi* 92

krand / krad (cf. DhP I 71, 810): 81, *kanikrad-* 81, 83, 124, *kanikranti*, *kanikrante*, *kánikradat* 68, 87, **126－127**, *kanikradyámāna-* 68, **126－127**, *kanikradá-* 127

gandh: *jáṅgahe* 84, *vi-jáṅgahe* 84, 84[113]

gam (cf. DhP I 1031): 81, *gamayāṃ cakāra*, *gamayāṃ cakartha* 12, *ganīgam- / ganigm-* 81, 83, *jaṅgamá-* 141, *ā́ ganīganti* 111－112, 125, **141－142**, *ni-gam* 28, 35[53], **nigantu-* 35[53]

gav^i / gū: *agaṅgūyat* 83

gah:84[113] → *gandh*

gāh: 84[113] → *gandh*

gra(b)h (cf. DhP IX 61): *grabh*, *grah* 32, 33[47]

giri-śá-: 157[221]

giriśanta-: 157[221]

gṝ → *glā*

glā (cf. *glai* DhP I 868, 952, *gṝ* DhP VI 117): *jáguriḥ* 149

ghar / ghṛ (cf. DhP III 14, I 985, X 108, cf. also *hṛ* DhP III 15): *jíghar-* 142, *jígharmi*, *jigharti* 143, *abhí-jigharti*, *ā́-jigharti*, *ā́...jigharti*, *ā́-jigharmi*, *gharati*, *ghārayati*, *abhíghārayāmi* **146－147**

ghrā (cf. DhP I 973): 152, *jighrā-* 142

cay / ci: *cikayām akar* 14-15

car [(i)] (cf. DhP I 591): *car*, *carcarīti* 92,

calcalīti 92, *cañcūrya-* / *cañcur-* 92, *cañcūryate*, *cárcara-* 92, *ánu carcūryámāṇa-* 92
jaṁh / *jah* → *gandh*
jan^{i} (cf. DhP I 862, III 24, IV 41): *ja-jan-* 154, **jajanti* 143, *jajánat* 154, *pra-janayā́m akar* 14
jap (cf. DhP I 424): 87, *jañjapya-*, *jajapyate*, *jañjapyámāna-*, *jañjapīti*, *vi-jañjapa-* 88
^{1}*jambh* / *jabh*: 90[124], *jambháya-*, *ajījabham*, (*hemantá-*)*jabdha-*, *jambhá-* 90[124]
^{2}*jambh* / *jabh* (cf. DhP I 415): 83, *jañjabhyáte* 83, 89, *jañjabhyámāna-*, *jañjabhīti*, *jañjabhat-*, *jáñjabhāna-* 89
jar / *gar* / *gr̥* / *jāgr̥* (cf. DhP II 63): 69, 144, 155, *jāgár-* 91, 166, *jāgā́ra* 69, 172, *jā́garṣi* 166, 171, *jāgárti* 69, 166, 171, *jā́grati* 166, 171, *ajāgar* 172, *jāgr̥tá* 162, 171, *jāgr̥tha* 171, *jāgr̥thaḥ* 178, *jāgr̥hi* 172, *jāgr̥yāt* 173, *ajāgari*, *ajāgarus*, *jajāgara* 178 – 182, *jāgarayati* 178, *jāgaray-*, *jāgaráyante*, *jāgarayanti*, *jāgarayet*, *jāgarayīta* **171–175**, *jāgarita-*, *jāgaritavat-* 178, *jāgr̥vā́ṁs-*, *jāgr̥vi-* 178, 184 – 188, *jāgr̥ta-* 178, *jāgaritavyà-* 174, *jāgaram*, *jāgara-* 178, *jāgarū́ka-* 91, *jāgaraka-* 178, *ádhi jāgarat*, *ánu jāgarti*, *práti jāgarāsi* 172, *sādhujāgarin-* 178
jr̥mbh (cf. DhP I 416): 90, *jr̥mbh*, *jr̥mbhitvā* 90
tákṣan- 30, *tákṣāṇam*, *tákṣāṇas* 30
tan (cf. DhP VIII 1): *tenire* 32, *tantanyate*, *tantanīti* 86, *tata-* 46, *ā-tatantha*, *ā-tenitha* 32, *saṃ-tata-*, *satata-* 46, 46[68]
tar^{i} / *tr̥̄* (cf. DhP I 1018): *tartarīti* 135, *tartūrya-*, **tarītūrya-* 136, *tātarti* 135[192], *táritratas* 135, *taturi-* 149, *ví tartūryante* 135, *vitárturāṇas* 135
tej / *tij* (cf. DhP I 1020): 52, *tétikte*, *tétijāna-*, **tetijyate* **121–122**
tav^{i} / *tū*: 81, *tavītu-* 81
toj / *tuj* (cf. DhP I 263): 47[70], *tūtujāna-* 47, 49[72], 196[269]
daṁś / *daś* (cf. DhP I 1038): 87, *dandaś-*, *dandaśīti*, *dandaśyate* 88, *dáṃdaśāna-* 91, *daṃdaśū́ka-* 91
daridrā → *drā*
dar^{i} / *dr̥̄* 135[191]
darś / *dr̥ś* (cf. DhP I 1037): 152
dah (cf. DhP I 1040): *dakṣ-* / *dhakṣ-*, *dakṣat* / *dhakṣat* 9 – 10, *dandahyate*, *dandahīti*, *dandahyamāna-* 88
dā (cf. DhP III 9): *dádāti* 143, *dāsat* 164, *dāti* 58, 195
dev / *dīv* (cf. DhP IV 1): *dīvyati*, *dīvyāmas*, *dīvyante*, *dīvyet*, *dīvyadhvam*, *dīvyaḥ*, *dīvyata*, *á-dīvyan*, *dī́vyamāna-*, *daviṣāni*, *didéva*, *deviṣyāvas*, *prati-dī́vyati*, *vi-dīvyanti*, ⁺*vi-dīvyeyus*, *ví-dīvyante*, *vi-dī́vyamāna-* **23–28**
dyot / *dyut* (cf. DhP I 777): *dyotate*, *dávidyot*, *davidyot*, *davidyutan* **132 – 134**, *dedyoti*, *dedeti* 75f., *dávidyutat* 111, 133, *dávidyutatī-* 134
dram (cf. DhP I 494): *dandramyate*, *dandramyamāṇa-* 98
drav / *dru* (cf. DhP I 992): 165[232], *-dudrāva*, *-dudruvatur*, *-dudruvrur* 165[232]
drā (cf. DhP II 45): *drā-*, *drāntu*, *drāsat*, *dadrur*, *dadrāṇá-*, *dáridrā-*, *dáridrat-*, *didaridrāsati*, *didaridriṣati*, *adaridrīt*, *adaridrāsīt*, *daridrām cakāra*, *daridrī-kr̥*, *dāridryiya-* **164–166**

dhan (cf. DhP III 23): 59, 156, *dadhan-* 154, **dadhanti* 143, *dadhánat* 154, 164, *dadhanyur* 164, *dhanáya-* 164[231]
dhar / *dhṛ* (cf. DhP I 948, VI 116): 112, *dhāri* (*dhṛ* + *ṇic*) 37[57], 72, 72[99], *dhārayati* 49, *dādhā́ra* 113[152], *dhriyate* 49, 114, 117, *adhriyata* 114[153], *dādharti* 49, 53, **111－115,** *dādhrati*, *dādhartu*, *dadhartu*, *dādhārayati* **113－115**, *dardharṣi* 112, **116－117**, 123, *dardharti* 37, 48－49. **115－117**, 123, *ví...adardhar* **116**
dhav (→ *sar* / *sṛ*): *dhāvati* 65, 151, 153
dhav^{i} / *dhū* (cf. DhP I 632): 129, 131, *dhā́va-*$^{ti, te}$, *dhūnoti* 153, *dodhavīti* 131, *dūdhot* 83, 131, *davidhvat*, 131, *dávidhvatas* **129－131**, *davidhāva* 131, *dhautvā*, *dhavitvā* 153[211]
dhā (cf. DhP III 10): 33[45], *dadhāti* 143, *dhāti* 195, *dadhima* 33[45]
dhmā / *dham* (cf. DhP I 974): 152
dhvaṃs / *dhvas* (cf. DhP I 791): 86, 124, *danīdhvaṃsaḥ* 73
dhvanay (cf. DhP X 343): *dhvanaya-*, *dhvanayati*, *dhvanayīt* 11－12
dhvar / *dhvṛ* (cf. DhP I 986) 131[182]
nam: 80, 122, *ánamnamat* 80, *ádhi...námnate* 122
naś / *aś* (cf. DhP V 18) : *aśnoti*, *ānaṁś-* / *ānaś-*, *ānāśa*, *ānaśe* 66
nah / *ah* (cf. DhP V 26): [*ahnoti*], *anāha* 66
nipāta-: 36, 37[56]
nej / *nij* (cf. DhP III 11): 168, 190, *nenej-* / *nenij-* **167－168**, *nenekti* (*áva-*, *abhyava-*, *nír-*, *pra-*, *vi-*) 143, **166－167**, 190, *ninikta* **167－168**, *nenikté* 167, 190, *ava-nenije*, *-nenikte*, *-nenijet*, *-nenijīta*, *-nenigdhi*, *-nenikṣva*, *-neniṅkṣva*, *-neniktām*, *-nenijatām*, *-nenijāna-*, *nir-nenitkte* 167, *-nijāná-* 168, *pra-nenijati* 167, *vi-nenijyāt* 167
pac (cf. DhP I 1045): 182, 45[67], *papǎ̄ca* 182, *pāpacīti* 81, *pāpacyate* 81, 95, *pāpacyate-pāpacyate* 109[148]
paṇ: 23, 26
pat (cf. DhP I 898, DhP X 315): 86, 124, *patāti* 61, *pāpatīti* 86[119], *ni-pata-*^{ti} 36
pad (cf. DhP IV 60, X 350): 86, 124, *panīpadyate* 87
par^{i} / *pṝ* (cf. DhP IX 19): 148－149, *pūrta-* 149, *papritama-* 149
pav^{i} / *pū* (cf. DhP I 1015, IX 12): 74, *pāvayati* 16, *pāvayā́ṃ kriyāt* 13－16, *popuva-* 74
paś (→ *darś* / *dṛś*): 87, 152, *páśyati* 65, *pampaśyate*, *pampaśīti* 88
pā (cf. DhP I 972): 152, *píba-* 152, *pi-pā-*142
pūṣán- : 43, *pūṣánam* 43
prav / *pru* (cf. DhP I 1006): 96, *pravaka-* 97
prasaṅga- → 事項索引
phaṇ (cf. DhP I 873): 87, 124, *panīphaṇ-* 124, *paṃphaṇ-* 124, *āpánīphaṇat* 46, 87, 111, **123**, *paṃphaṇatas* 124
phal (cf. DhP I 549): 91－92, *pamphulya-*, *pamphul-* 92
bādh: *badbadh-* 81
brav^{i} / *brū* (cf. DhP II 35): 59, 59[83], 65, *bravīti* 59, *anu-brū* 19, 192, *anubrūhi* 19－20, 192
bhañj (cf. DhP VII 16): 88, *bambhajyate*, *bambhajīti* 88
bhay^{i} / *bhī* (DhP III 2) : 155－156, *bháy-a-*^{te} 156, *bibhay-*^{ti} 142, 156, *bibhémi*, *bíbhyat-* 156, *bibheti* 143, *bibhāya* 156
bhar / *bhṛ* (cf. DhP I 946, III 5): 128, *bhár-a-*$^{ti, té}$, *bíbhar-*/*bibhár-*^{ti} 142－143, **157－158**,

bibhárṣi 157, *bibhárti, bíbharti* 158, 191, *jabhár- / jabhr-, jabhā́ra* 129, *jabhrus, bháribhrat* 127 – 128, *bharibhrati, vi-jarbhr̥tás* 129
bhar[i] */ bhur*: 84, *jarbhurīti* 84
bhav[i] */ bhū* (cf. DhP I 1): 33, 33[51], 52, 54, 64, **117 – 120**, *bhavati* 118[159], *bhuva-* 33[51], *abhūt* 55, 118, 118[159], *bhūtu, bhavāni* 118, 118[159], *bhuvāni* 118, *babhūva* 33, 118, 118[158], *babhūtha, babhūvitha* 32, *babhūtu* 118, **bobhoti* 121[162], *bobhavīti* 52, 54 – 56, **117 – 120**, 121[162], 123, *bobhūyate* 119, *bobhūtu* 52 – 53, 55 – 56, 110 – 112, **117, 119 – 120**, 194, *bobhavītu, bobhotu, bobhūtāt* 121[162], *bobhava-, bobhavat* 120, *bobhuvat* (*ní-, ví-*) 120, *bóbhuvatī-* 119, *bhāvyà-, bhāv*$_{i}$*yá-, bh*$\overset{1}{\text{ā}}$*v*$\overset{2}{\text{y}}$*a-* 10
bhed / bhid (cf. DhP VII 2): 58, *bhedati* 58, 58[80], *bebhidīti* 122, 194
bhraṃś / bhraś (cf. DhP I 792, IV 115) 86[118]
mad : 155, **160**, 162[226], *máda-*[ti] 162[226], *ma-mád-* 142, **160**, 162, *madantu* 160, *mamatsi* 160, *mamā́da* 162[226], *mamaddhí* 162, *mamáttu* 155, **161 – 162**, *mamattána / mamáttana* **162**, *mamádas* 160, *mamádat* 160, *mamádan* 161, *mādáyati*162[226]
may[i] */ mī* (cf. DhP IX 4): 33, 33[49], *mīnā́ti, pra-mīṇāti, pra-mināti* 33, *prá mi-mī-tas* 143
marj / mr̥j (cf. DhP II 57): 37[58], 80, 83, 138, *marmr̥j-* 83, 85[116], **138 – 139**, *marmr̥jma, marmr̥jmā́, ā́... mármr̥jat, prá...mármr̥jat, marmr̥jata, marmr̥janta, mármr̥jat-, anu-mármr̥jāna-, prá...marmr̥jāná-, mar-mr̥jyá-* **138 – 139**, *marīmr̥jya-, marmr̥jyáte, marmr̥jyamānāsas* 85[116], 136[192], 139, *marī-mr̥jyeta* 139, **marīmr̥jyāṃ cakāra* 140
mūtray (cf. DhP X 361): 71, *momūtryate* 71
mnā / man[i] (cf. DhP 976): 152
yaj (cf. DhP I 1051): 91[126], *yája-yaja, yájasva-yajasva* 103
yajñakarman- 192[267]
yav / yu: 80, *yóyu-* 80, *yoyuvati* 74
yuván-: *yuvā́nam* 31
yodh / yudh (cf. DhP IV 64): 49, *yudhyati* 49[74], *yudhyate* 49
yóṣan-: *yóṣaṇas* 31
rā (cf. DhP II 48): *rarā-*[te], iptv. *rirīhi* 142
reh / rih: *rerihyáte* 67[94], *rérihat, rerihyámāna-* 127[171]
roc / ruc (cf. DhP I 781): 80, *rocate* 71, 133, *róruc-* 80
labh (cf. DhP I 1024) : *ā-labh* 95, *ā́-labhate* 96
lop / lup (cf. DhP IV 126, VI 137): 99 – 100
lav[i] */ lū* (cf. DhP IX 13): 96, *lunāti* 103, 103[138], *lunāni* 103, *lunīhi-lunīhi* 103 – 108, 103[138], *lolūyate, lolūyasva-lolūyasva* 106, *lavaka-* 97, *loluv-a-* 74
vakṣ / ukṣ (cf. DhP I 687): *ukṣa-*[ti] 150[208]
vac / uc (cf. DhP II 54): 59, 65, 195, *vívakti* 59, **vakti* 59, *uvāca* 59
vañc (cf. DhP I 204): 86, 124, *vanīvañcyate* 86
vap (cf. DhP I 1052): *nir-vap* 95, *nírvapati* 96
vaś / uś (cf. DhP II 70): 58, *vaṣṭi, vavakṣi, vivaṣṭi* 58 – 59
var / vr̥ : 32, *vavartha, vavaritha* 32
varj / vr̥j (cf. DhP VII 24): *várī-vr̥j-* 46, 81, 83, (*ud-*)*várīvr̥jat-* 111, 121, **137 – 138**, *varīvarjáyantī-* 83
vah / uh (cf. DhP I 1053): 81, 87[121], *ūhyá-* 81, *vanīvāhyéta* 87
vŕ̥ṣan-: 30 – 32, *vŕ̥ṣaṇam, vŕ̥ṣāṇam, vŕ̥ṣaṇā, vŕ̥ṣaṇau, vŕ̥ṣāṇau, vr̥ṣaṇā* (du.voc),

vṛṣaṇau (du.voc.), *vṛ́ṣaṇas*, *vṛṣāṇas*, *vṛṣaṇas* (pl.voc.) 31

ved^{i} / *vid*^{i} (cf. DHP II 55): 16, *veda*, *avediṣam*, *avedīt*, *avediṣṭa*, *avediṣur*, *vdā́ṃ cakāra*, *vidā́m akran* **16**

vec / *vic* (→ *vij*) : 169, *vevekti*, *vivigdhi*, *vi....vivigdhi* 169, *vikta-* 169[236]

vej / *vij* (cf. DhP III 12): 168－169, *vijante*, *vijate avije*, *vevej-/veviji-*, *vevijyáte*, *vévijāna-* **168**

veṣ / *viṣ* (cf. DhP III 13): 169－171, *veveṣ-*, *veveṣmi* (*úpa-*, *pári-*), *véveṣṭi* (*úpa-*, *pári-*) 169－171, 190, *veveṣṭu*, *véviṣat-*, *véviṣāna-*, *úpa-veviḍḍhi*, *pári-veviṣati*, *pari-veviṣanti* **170－171**

śad (cf. DhP I 908): 152, 152[210], *śī́yate* 152[210]

śay^{i} / *śī* (cf. DhP II 22): 157[221]

sañj / *saj* (DhP I 1036): *pra-sañj* / *saj* 180[261], *prasajyate*180[261]

sad (cf. DhP I 907): 100, 152

san^{i} (cf. DhP VIII 2). 18, *sasanivā̃ṃsam* **18**, 192

samabhiharaṇa-: 95

samabhihāra-: 95－96

sar / *sṛ* (cf. DhP I 982, III 17): 135, *sisarṣi*, *sisarti*, *sasrati*, *sarati* (*anu*, *sam-úpa-*, *pra-*, *sam-*) **150－151**, *saraka-* 97

sarp / *sṛp* (cf. DhP I 1033): 136, *sarīsṛp-*, *sarīsṛpya-*^{te}, *sarīsṛpyante*, *sarīsṛpatam*, *sarī-sṛpá-* **136－137**, *sarīsṛpant-* 136[193]

¹ *suv*^{i} / *su* (cf. DhP II 21): 118[159], *sūte* 34, *asūt* 118[159], *sasūva* 34, 118[158], *suṣuve*, *suṣāva* 34

² *suv*^{i} / *sū* (cf. DhP VI 113): 34[52], *suvati*, *suṣuve* 34[52]

sah (cf. DhP I 905): *sā́ḍhyai*, *sāḍhvā́*, *sā́ḍhar-*, *soḍhum*, *soḍhvā*, *soḍhar-* 29

sūcay (cf. DhP X 327): 71, *sosūcyate* 71

sūtray (cf. DhP 360): 71, *sosūtryate* 71

sec / *sic*: 95

skand / *skad* (cf. DhP I 1028): 86, 124, *kaniṣkadan*, *pári-caniṣkadat* 86[119]

sthā (cf. DhP I 975): 152

syand / *syad* (cf. DhP I 798): 124, *sániṣyadat* (*saṃ-*) 46, 111, **124－125**, *saniṣyadá-* 125

sraṃs / *sras* (DhP I 790): 86, 124, *sanīsraṃsyate* 86, *sanīsrasa-* 73

svad (cf. DhP I 18, X 263): *svadayā́m akar* 15

svap / *sup* (cf. DhP II 59): 133[186]

han / *ghn* (cf. DhP II 2): *ghāni-ghn-* 83, *ghanighnanti* 128

hav / *hu* (cf. DhP III 1): 159, *juháv-*^{ti} *juhóta*, *juhótana*, *juhávāni*, *juhávānī́3*, *juhávāma*, *juhávāmahai*, **159 － 160**, *jóhavīmi* 92, *johavīti* 82

hurch (*hvar*, *hūrch*, cf. DhP I 226): 148[205], *hūrṇa-* 148[205]

har / *hṛ* (cf. DhP I 947): 95, 129 (*abhi-* 94, *vy-ava-* 23, 26, *abhi-vy-ā-* 94[131]), *samāhṛta-* 35

har^{i} / *hṝ*: *hṛṇīte*, *juhur-*, *juhūrthāḥ*, *juhuranta*, *juhurāṇá-* **148－149**

hṛ (DhP III 15) → *ghar* / *ghṛ*

hray^{i} / *hrī* (cf. DhP III 3); 155, *jíhray-* **157**, *jihreti* 155, ⁺*jíhriyat-* **157**

hvar / *hvṛ* (cf. DhP I 978): 148, 192, *hruta-*, *hvarita-*, *aparihvṛta-* **17,** 17[25]

アヴェスタ語

kaⁱnīnəm（新）	32[43]
gərəz-	99
jaγār-（新）	172
tašānəm（古）	30

bauua- （古）	118	*$r̥H$-éi̯eti*	11[13]
buua- （古）	118	*se-sn̥h₂-u̯os-*	18
naēniža'ti （新）	167	*tekb-on-m̥ (**tetk̑-on-m̥):*	30
maϑranas-cā （古）	32[43]		
yuuuānəm （新）	31	**ヒッタイト語**	
raā-rəš-iiə-'n̥tī （古）	67[94]	*lellipāi*	67[94]

オセット語

zæmbyn	90	**ギリシア語**	
		ἄγκος	135[190]
インド・イラン祖語		ἄλλομαι	151
ad^h	33[45]	ἆλτο	151
*bhau̯-a-^{(ti)}, *bhuu̯-a-*	118	ἀπέδρᾱν	164
dau̯dhu̯atas	130	ἀποδιδρᾱσκω:	164
		δραμεῖν	98
インド・ヨーロッパ祖語		ἔγρετο	172[248]
dreh₂	164	ἐγρήγορε	172
*d^heg^{(w)h}, *d^heg^{(w)h}-s-*	9	καρκαίρω	67[94]
d^he-d^hh₁-me	33[45]	Πάν, Πάον	32
ǵʰi-ǵʰeu̯-	142		
gol-gol-i̯e-	67[94]	**ラテン語**	
He-Hnod-e	66	*saliō*	151
h₂ánkos-	135[190]		
*h₁ger, *h₁ge-h₁gor-, *h₁ge-h₁gor-e*	172	**ゲルマン祖語**	
h₂i̯eu-h₃on-m̥:	31	*þiþaiþ(or -đ)*	156[219]
*h₂merǵ, *h₂mer-h₂mr̥ǵ-*	83		
h₂u̯er-h₂u̯orǵ-éi̯e/o-	83	**古高ドイツ語**	
h₂re-h₂r̥s-i̯e-	67[94]	*bibēt*	156[219]
h₂uks-én-m̥	67[94]		
h₂u̯erg	83	**スラヴ祖語**	
k^we-k^wor-h₂e	182	*lei̯ǵ-i̯é/ó-*	67[94]
kani-h₃ón-es	32[43]		
kani-h₃ón-m̥	32[43]	**古代教会スラヴ語**	
lei̯-lip-i̯e-	67[94]	*bojǫ*	156
lei̯-liǵ-i̯é/ó-	67[94]	*bojati sę*	156
*peh₂u̯s-h₃ōn, *ph₂u̯s-h₃n-és:*	32	*glagoljǫ*	67[94]

セルボクロアチア語

リトアニア語

2. 事項索引

文法事項

affiziertes Objekt 171
amphidynamic 30, 142
āmreḍita-conpound (cf. dvirvacana) 103, 105
aspiration throwback 9
Augenblicksbildung, nonce form 58, 83
BRUGAMMANN の法則 30
devoicing assimilation 9
distributive (cf. vīpsā) 103－104
effiziertes Objekt 171
einfache Wiederholung 93
GRASSMANN の法則（Hauchdissimilation） 9, 83, 128
Hin- und Herbewegung 98
HOFFMANNs Possessivsuffix 31
hysterodynamic 30
Inhaltsakkuastiv, inneres Objekt 19[28], 171
iterativ-alternativ 128[174]
iterativ-durativ 128[174], 158
Konstatierung 15
modal form（話法形） 57, 146, 195
nomen actionis 28
nomen loci 29
Objektdistribution 93, 104[142]
partitiver Gen. 19[28]
periphrastic aorist 13－16
Post Vedic 1
reciproal 24－25
sandhi 10
SAUSSURE-HIRT の法則 83
Scharnierform 172
SIEVERS の法則 130
secondary palatalization（2 次口蓋化） 83, 125
suppletion, suppletive paradigm **64－65**, 64[93], 152[210]
Zustandsperfekt 148, 172

ヴェーダ，パーニニ文法学

adhikaraṇa 29
anabhidhāna **53－54**
anvaya-vyatireka 72[97]
apavāda 43－44
abhidheyasaptamī 22
abhīkṣṇya 104
icchā 70[96]
iṣṭi **53－54**, 194
iṣṭi（穀物祭） 96
utsarga 43－44
ekājjhalādi 69－73
karaṇa 29
karmaṇ 26
kauṭilya 93, **98－99**, 102, 102[136], 190
kriyā 101
kriyāsamabhihāra 70－72, **93－99**, 102－109
takrakauṇḍinya 99, 102, 102[136]
dvirvacana 104
niyamārtha-nipātana 54

padapāṭha	9 – 10	yajuṣi	9, 28, 35
paunaḥpunya	108, 190	yājyā	19
pratyaya-	42, 49[72], 71, 72[97], 74	lakāra, *l*-suffix	57, 59, 108
		vikaraṇa	49[74], 58, 78, 144
prasaṅga	41[60], 180[261]	viṣayasaptamī	16
prāpti	53 – 54	vīpsā	104
prāptijña	85	Śākalya	9
praiṣa	19	Saṁhitā-Prosa	1
bhāva	95[132], 100 – 101	sampraiṣa	19
bhāvagarhā	94, 99 – 102, 190	sthānin	41[60]
bhṛśārtha	96, 108 – 109, 190		

3. 原典索引

Rigveda (RV)

RV I

I 10,3 31
I 23,15 110
I 28,7 84, 129
I 36,9 169[237]
I 53,3 **11**
I 91,22 32
I 95,8 139
I 108,10 31
I 122,3 **161**
I 126,1 10
I 126,6 84
I 127,10 118
I 128,3 **126f.**
I 131,3 **125**
I 135,5 139
I 139,10 32
I 140,6 131
I 162,15 **11**
I 164,3 31
I 176,2 110

RV II

II 4,4 **127**, 131
II 11,11 103
II 34,3 **130**
II 38,2 150
II 38,4 116

RV III

III 2,10 170
III 8,11 121[163]
III 18,4 138, 140
III 32,5 150
III 43,7 32
III 52,2 150
III 53,8 104[142], **117**
III 54,7 91
III 58,9 **125**

RV IV

IV 1,2 31
IV 1,14 139
IV 2,19 138
IV 3,12 **164**
IV 13,2 131
IV 13,4 **130**
IV 17,14 **148**
IV 23,7 **121**
IV 21,9 **160f.**
IV 23,7 **121**
IV 26,5 **168**
IV 39,2 149[206]
IV 40,3 **135**
IV 40,4 **123f.**, 124[167]
IV 42,6 **161**
IV 45,6 **130**
IV 50,7 158

RV V

V 44,14 176f.
V 76,2 143
V 84,3 **116**

RV VI

VI 1,3	186
VI 3,8	**134**
VI 16,45	**133**
VI 21,5	170
VI 47,17	135
VI 48,17	10
VI 58,1	32[44]
VI 58,2	**137f.**
VI 59,4 (Nir. V 22)	88, 102
VI 75,3	140f.

RV VII

VII 3,4	171
VII 10,1	**132**
VII 16,11	58
VII 18,15	170f.
VII 21,4	131
VII 24,1	**160**
VII 24,4	**137**
VII 34,7	159
VII 56,23	29
VII 62,5	**150**
VII 69,9	86[120]
VII 103,4	86[120]

RV VIII

VIII 1,4	136
VIII 1,7	9, **122**
VIII 1,30	103
VIII 19,11	170
VIII 20,11	**134**
VIII 20,19	110
VIII 48,8	9, 123
VIII 59,2	150
VIII 60,13	131

RV IX

IX 15,4	131
IX 47,4	139
IX 57,3	139
IX 64,28	**134**
IX 66,6	150
IX 71,3	167
IX 77,2	**168**
IX 86,11	139
IX 91,2	138
IX 110,4	124

RV X

X 26,6	138
X 26,7	131
X 34,5	23, **24**
X 34,13	23, **24**
X 35,5	150
X 41,1	141
X 43,4	**132**
X 45	127[171]
X 45,7	**128**
X 47,1	32
X 66,77	31
X 69,1	**132**
X 73,1	163f.
X 91,2	138
X 91,7	170f.
X 92,11	31
X 95,3	**134**
X 95,9	**91**
X 95,10	**134**
X 96,9	**129f.**, 138
X 104,9	**172**
X 108,1	149
X 109,5	170f.

X 116,3	**161**, 172	III 11,8	31
X 124,7	129	IV 4,1	31
X 132,6	168	V 7,8	**118**
X 142,5	139	V 17,5	170[242], 171
X 164,3	171, 173	V 19,4	84, 84[113]
X 177,3	127[172]	V 20,6	**89**
X 179,1	**161f.**	V 29,2	**25**
		VI 16,3	**11**, 12, 12[17]
Rig-Veda-Khila (RVkh)		VI 119,1	23
I 3,6	150	VII 5,56	90[124]
II 3,1	166, 173, 191	VII 14,4	**160**
II 6,29	165	VII 62,1	132
II 8,2	**130**	VII 72,1	161f.
IV 6,7	**158**	VII 109,4	24, **25**
V 5,11	124	IX 5,3	167
		XI 1,12	169[239]
Sāma-Veda (SV)		XI 5,6	126
I 394	160	XII 1,2	**158**
II 4	134	XII 1,46	90[124]
II 33	170[241], 171[246]	XII 5,22	137
II 621	131	XIV 1,43	34[53]
II 696	31	XIV 2,31	**172**
II 735	133	XV 13,8	170f.
		XVIII 2,27	12
Jaiminīya-Saṃhitā (JS)		XIX 2,1	125
I 33,2	160	XIX 13,1	31
III 28,5	170[241], 171[246]	XIX 24,2.3	**172**
III 50,8	131	XIX 48,5	166, 173, **174**
IV 6,3	131	XX 7,4	136
		XX 17,4	**132**
Atharvaveda (Śaunaka, AVŚ)		XX 21,3	11
I 6,1	13	XX 31,4	**129f.**, 138
I 11,1	150	XX 72,2	**125**
I 35,2	**158**	XX 75,1	**125**
II 12,8	169	XX 92,6	86[119]
II 31,1−2	90[124]		

Atharvaveda (Paippalāda, AVP)

I 61,2 31
I 83,2 158
II 5,7 170
III 13,7 30
IV 11,6 33
VI 21,5 174
VII 4,1 31
VIII 8,7 125
VIII 14,8 139
IX 15,5 170[242], 171
XI 1,12 31
XI 24,6 89
XIII 9,4 25[33]
XV 1,7 113
Or. XV 5,9－10 172
XV 10,3 140
XVI 143,2 (Or. XVI 143,1) 137
XVI 153 126
XVIII 10,1 172
XVIII 65,10 12
XIX 5,9 11
Kashm. XX 3,3 160
XX 8,6 (Or. XX 9,6) 132

Maitrāyāṇī Saṁhitā (MS)

I 1,11^{m}:7,1 147
I 2,17 ^{m}:27,7 **120**
I 3,20^{m}:37,10 **163**
I 4,7 ^{p}:54,15 **14**
I 6,3^{p}:89,12 29, 193
I 6,5^{p}:93,17 **14**
I 6, 10^{p}: 102,13 **14**
I 6,11^{p}: 104,6 **23ff.**, 27, 193
I 8,4 ^{p}:120,19 **15**
I 8,5 ^{p}:121,8 **14**
I 9,1^{m}:131,5 **163f.**
I 9,8^{p}:139,17 157
I 10,7^{p}:148,1 146
I 10,13^{p}:153,4 170f.
I 11,2^{m}: 163,3 **124**
I 11,2^{m}:163,5 135
II 1,3 ^{p}: 4,13 **14**
II 2,1^{p}: 15,5 113
II 4,3^{p}: 40,14 96
II 7,4^{m}: 79,5 **126**
II 7,9: 86,14 128
II 9,2:121,1 157
II 12,4^{m}:147,12 **132**
III 1,3:3,15 129
III 6,3^{p}: 63,13 166, **173**, 191
III 6,9^{p}:72,12 167
III 8,5 ^{p}:100,14f. 29, 193
III 8,7^{p}:103,13 167
III 16,1:185,14 140
III 16,4:188,10 113[152]
IV 1,12.16,1 147
IV 2,1^{p}:23,3f. **173f.**, 191
IV 4,6^{p}:57,10 24, **25**
IV 6,9:92,11 146
IV 9,14:134,10 159
IV 11,2:166,13 150
IV 11,4:173,1 170[241], 171[246]
IV 12,3:186,14 160f.
IV 12,5:194,2 130[180]
IV 14,10:232,1 150
IV 14,11:233,11 158
IV 14,16:244,3 137

Kaṭha-Saṁhitā (KS)

I 10:5,12 147
III 2:23,20 121[163]

IV 8:33,15	164	**Taittirīya-Saṁhitā (TS)**	
IV 16:42,13	150	I 3,5,1	121[163]
VII 7 P:69,1	**14**	I 3,10,1m	120
VII 16:80,2	149[206]	I 3,10,3P	14
VIII 7:90,11	24, **25**, 27	I 6,1,2	147
VIII 17:103,10	137	I 7,8,3 m	124, 135
IX 8:110,16	163	I 8,22,3	150
X 12:140,7	116	II 1,11,1	161
XI 13:161,12	130[180]	II 3,1,2 P	113
XI 6 P:151,4	113	II 5,13,3	150
XII 14:176,13	150	II 5,2,4P	**89**
XIII 14 m:196,16	124	III 1,1,2m	165
XIII 14:196,18	135	III 5,10,2P	**15**
XVI 3m:223, 18	169	IV 6,9,2	11
XVI 4:224,15	126	IV 1,4,3	126
XVI 9:230,22	128	IV 2,2,2	128
XVII 11:254,10	157	IV 4,12,3	113[152]
XVIII 18m:278,13	132	IV 5,1,2	157[220]
XIX 2:2,3	129	IV 5,1,1 − 2m	159
XIX 5:6,4	126	IV 5,10,1m	165
XXIII 11:87,13	161	IV 6,6,1	140
XXV 8:113,10	167	IV 6,9,2	11
XXVI 3:125,13	121[163]	IV 7,13,3m	132
XXXVI 7:74,16	170f.	V 1,5,5	129
XXXVII 10m: 91,8	174	V 1,5,6	126
XXXIX 15:134,9	126	V 6,5,2P	159
KS(A) VI 1:172,11	140	VI 3,11,2m	120
		VI 5,9,1	114[153], 159
Kapiṣṭhala-Kaṭha-Saṁhitā (KpS)		VII 2,10,4 P	167
II 9	121[163]	VII 5,25,2P	**89f.**
III 6	164		
VII 4	24, 25, 27	**Vājasaneyi-Saṁhitā (VS)**	
XXIX 6m	132	V 43(~VSK V 10,5)	121
VIII 11	163	VIII 34	31
XL 1	121[163], 167	IX 14(~VSK X 3,7)	124
		IX 15(~VSK X 3,8)	135

XI 46(~VSK XII 4,9) 87, 126f.
XII 24 128
XV 51 (~VSK XXVI 6,3) 132
XVI 3 (~VSK XVII 1,3) **157**
XXI 9 (~VSK XXIII 1,8) 150
XXV 37 11
XXIX 40 (~VSK XXXI 2,5) 140
XXXIII 64 (~VSK XXXII 5,10) 164
XXXIV 51 (~VSK XXXIII 2,14) 158

Vājasaneyi-Saṁhitā-Kāṇva (VSK)
II 5,7 170
XXVI 6,3 132

Aitareya-Brāhmaṇa (AB)
I 18 129
I 17,5 170
III 19,15 139f.

Kauṣītaki-Brāhmaṇa (KB)
XXVIII 13 150

Pañcaviṁśa-Brāhmaṇa (PB)
VI 9,24;25 134
XII 1,1 134
XIV 3,18－19 83
XV 7,3 170
XVIII 8,11 134

Jaminīya-Brāhmaṇa (JB)
I 93 134
II 9 134
II 11 170
II 29 151
II 37 **112ff.**, 112[149]
II 67:10 153
III 35 134
III 88 170[241], 171[246]
III 110 170
III 235:9 165[232]
III 303 170

Ṣaḍviṁśa-Brāhmaṇa (ṢaḍvB)
VI 10,2 127[173]

Taittirīya-Brāhmaṇa (TB)
I 3,10,3[p] **15**
I 4,4,10 33[48]
II 1,2,2 159
II 1,2,12 170
II 1,3,9 170
II 2,3,5 163
II 4,3,6 137
II 4,5,5 130[180]
II 7,13,4 137
II 7,15,6 150
II 8,3,5 164
II 8,7,6, 150
III 8,1,2 174

Śatapatha-Brāhmaṇa-Mādhyandina (ŚBM)
I 1,2,1 (~ŚBK II 1,2,3) 169
I 2,1,3 (~ŚBK II 1,4,2) 170, 171[247]
I 3,3,2 (~ ŚBK II 2,4,2) 170
I 7,3,14 (~ŚBK II 7,1,12) 91
I 8,3,6 23, 24
II 1,4,7 166, 173, **174**
II 2,3,16 (~ŚBK I 2,3,13) **120**
II 2,4,6 (~ŚBK I 2,4,5) 159
II 4,2,12 160[225]

III 6,4,14 (~ŚBK IV 6,4,6) 121

III 8,2,26 – 27 (~ŚBK IV 8,2,21) **19**

IV 4,5,23 153

IV 5,3,10 31

V 1,5,19 (~ŚBK VI 2,1,10) 124

V 1,5,20 135

V 4,4,23 [m] 23, **26**

VI 1,2,15 (~ŚBK V 1,2,9) 91

VI 4,4,7 68, 126f.

VI 7,3,2 127[171]

VI 8,1,1 87

VII 4,1,13 **156**

VII 5,2,33 127

VIII 6,3,20 132

IX 2,2,3 170

X 6,4,1 90

XI 5,5,10 **88**

XII 9,3,8 **156**

XIV 1,4,10 127[171]

XIV 2,1,15 **157**

Śatapatha-Brāhmaṇa-Kāṇva (ŚBK)

I 1,4,6 174

I 3,3,10 160[225]

II 8,1,5 23, 24

VI 2,1,10 135

VII 1,4,11 23, **26**

VII 3,4,22 23, **26**

Gopatha-Brāhmaṇa (GB)

I 2,21 30

II 1,18 31

Aitareya-Āraṇyaka (AĀ)

I 3,5 136

Taittirīya-Āraṇyaka (TĀ)

I 10,2 **32**

I 26,3 31

III 2,1 163

III 11,4 158f.

IV 17,1 159

Kāṭhaka-Saṃkalana (KāṭhSaṃk)

58,5 (Śrāddha-Br. IV) 151

8,2 (Agnyādheya-Br. III) 171

Upaniṣad

Chāndogya-Upaniṣad (ChU)

IV 1,7 153f.

Kaṭha-Upaniṣad (KaṭhU)

II 5 98

Maitri-Upaniṣad

VI 34 151

Śrauta-Sūtra, Gṛhya-Sūtra, etc.

Āśvalāyana-Śrauta-Sūtra (ĀśvŚrSū)

I 13,1 147

III 8,1 150

III 10,6 33[48]

IV 12,2 113[152]

VI 14,14 36[55]

Śāṅkhāyana-Śrauta-Sūtra (ŚāṅkhŚrSū)

IV 20,1 [m] **89**

VIII 12,8 150

VIII 25,3 124

IX 27,2 150
X 15,6 163

Mānava-Śrauta-Sūtra (MānŚrSū)
I 3,4,2[m] 18
I 8,4,34 **20**
I 8,5,6 **20**
I 8,5,27 **20**
II 5,4,24[m] 17, 18, 192
III 4,10[m] 32
IV 5,4 161
VI 1,1,37(Pr.) 126
VIII 11,5 150
IX 1,4,22 24

Vārāha-Śrauta-Sūtra (VārŚrSū)
I 1,5,18 147
I 3,5,16 18
I 4,4,12 24, 25, 27
III 3,3,24 24, 25

Baudhāyna-Śrauta-Sūtra (BaudhŚrSū)
IV 1 121[163]
X 2: 139
XIII 20 161
XV 13 30
XVIII 17:13 150

Vādhūla-ŚrautSūtra (VādhŚrSū)
XI 19,21 24, 26[35]

Vādhūla-Anvākhyāna (VādhAnv)
IV 8,2 167
IV 8,4 170
IV 35,2 23
IV 49,1 23
IV 49,2 23
V 33,1 151

Bhāradvāja-Śrauta-Sūtra (BhārŚrSū)
IV 11,1 147
V 3,8 167
V 12,5 23, 26
VII 2,4 121[163]

Āpastamba-Śrauta-Sūtra (ĀpŚrSū)
III 15,5 170[241], 171[246]
IV 3,12 89
IV 7,2 147
V 8,2 175
V 19,4[m] 23, **26**
VI 20,2 167[234]
VII 21,1 20
VII 22,12 20
VII 25,9 20
X 3,7 170
XI 10,17 33[48]
XI 21,12 175
XIII 3,4 161
XVI 3,12 126
XVI 11,12 130[180]
XVIII 19,2 24, 25
XX 1,15 175
XXII 28,14 150

Hiraṇyakeśi-Śrauta-Sūtra (HirŚrSū)
III 2,41 167
III 5,8 23, 26
VI 2,17 147
X 1,2 170
XI 4,12 130[180]
XIII 6,29 24, 25

XIV 3,29 140

Vaikhānasa-Śrauta-Sūtra (VaikhŚrSū)
I 5 167
V 2 167
XVI 3:219,11 161
XVIII 12 170

Kātyāyana-Śrauta-Sūtra (KātyŚrSū)
IV 2,12 170
IV 19,9 23, 26
VI 6,26 20, 21
XV 17,7 23, 26

Āśvalāyaṇa-Gr̥hya-Sūtra (ĀśvGr̥Sū)
III 6,7 90

Śāṅkhāyana-Gr̥hya-Sūtra
IV 15,6 167

Mānava-Gr̥hya-Sūtra (MānGr̥Sū)
II 3,6 150

VārāhaGr̥hya-Sūtra (VārGr̥Sū)
V 13 167

Kāṭhaka-Gr̥hya-Sūtra (KāṭhGr̥Sū)
XLVI 2 175

Baudhāyana-Gr̥hya-Sūtra (BaudhGr̥Sū)
II 9,7 46[68]

Bhāradvāja-Gr̥hya-Sūtra (BhārGr̥Sū)
I 11 91
II 7 31

Hiraṇyakeśi-Gr̥hya-Sūtra (HirGr̥Sū)
I 4,8 172[250]
I 16,2 89
II 7,2 31

Vaikhānasa-Gr̥hya-Sūtra (VaikhGr̥Sū)
I 3 167

Āgniveṣya-Gr̥hya-Sūtra (ĀgnivGr̥Sū)
I 1,2: 46 – 48 172[250]
III 4,4 147

Kauśika-Sūtra (KauśS)
XL 14[m] 31
XLI 29 169
XLIV 9 167
XLVIII 43 167
XCVI 3 **89**
CXIV 2 **89**

Āpastamba-Mantrapāṭha (ĀpM)
II 11,25 128
II 16,10 31

Baudhāyana-Pitr̥medha-Sūtra (BaudhPitrSū)
III 4 147

Atharvaveda-Pariśiṣṭa (AVPariś)
XLVIII 15 170[240]

Rig-Veda-Prātiśākhya (RVPrāt)
XII 18f.:700f. 101
XII 25 – 26 36, 37[56]

Vājasaneyi-Prātiśākhya (VPrāt)

III 7 — 150

Kṣudra-Sūtra

I 1;2;8 — 134

Karmapradīpa

II 3,1:10 — 46[68]
II 9,16 — **175**

Vyākaraṇa, Nirukta, etc.

Pāṇini (Pāṇ.)

Pāṇ. I

I 1,3 — 82[110]
I 1,5 — 62, **178**[255]
I 1,27 — 38
I 1,42 — 30[42]
I 1,43 — 30[42]
I 1,46 — 84[115]
I 1,62 — 52[76], 79[109], 122
I 1,63 — 52[76], 78, 79[109]
I 1,67 — 42
I 1,72 — 92[129]
I 2,4 — 62, 178[256], 181, 187
I 3,12 — 49, 51, 52, 77[104], 78, 115, 122, 122[164]
I 3,78 — 78
I 3,91 — 133
I 4,2 — 82[111]

Pāṇ. II

II 3,52－61 — 26
II 3,57－60 — 26
II 3,60 — 2, **21－28**, 193
II 3,61 — **18－21**, 139[196], 192
II 4,36－57 — 65
II 4,37 — 65
II 4,53 — 59
II 4,72 — 78[107]
II 4,73 — 76, 189
II 4,74 — **73－78**, 76[103], 125[169], 189
II 4,75 — 146
II 4,76 — 58, 146, 155,－156, 155[217], 162, 195－196

Pāṇ. III

III 1,3 — 162[228]
III 1,4 — 162[229]
III 1,7 — 70[96], 108
III 1,22 — 37[57], 68, 93－94, 102 － 108, 115, 117, 138
III 1,23 — 93－94, **98－99**, 102, 190
III 1,24 — 94, 99－100, 102, 190
III 1,32 — 72[98]
III 1,34 — 58[81]
III 1,35 — 12, 16, 140
III 1,42 — **13－17**, 139[195]
III 1,48 — 11－12
III 1,51 — 10－12
III 1,55 — 133[185]

III 1,68 41 − 43, 43[62], 78[106]
III 1,69 41 − 43, 43[63]
III 1,85 49[74], 58, 195
III 1,123 10
III 1,134 74
III 1,149 96
III 2,1 53
III 2,106 196[269]
III 2,107 196[269]
III 2,165 − 166 91[126]
III 2,178 49[73]
III 3,119 29
III 4,2 96, 103 − 108
III 4,4 103
III 4,7 60 − 61
III 4,8 61
III 4,69 108[147]
III 4,78 155
III 4,83 16[23]
III 4,84 59
III 4,86 155
III 4,88 63
III 4,89 62
III 4,94 62
III 4,95 − 98 62
III 4,98 62
III 4,100 155
III 4,113 155
III 4,115 33[46],155
III 4,117 62, 187

Pāṇ. IV

IV 1,83 21[31]
IV,2,66 21
IV 3,101 21[31]
IV 3,105 22

Pāṇ. V

V 1,62 22
V 2,100 157[221]
V 2,138 157[221]
V 3,70 44, 44[66]
V 3,70 − 96 44
V 3,71 44[65]
V 3,96 44[66]

Pāṇ. VI

VI 1,6 144, 165, 176 − 177
VI 1,7 47[70], 49, 49[72], 144, 196[269]
VI 1,8 140, **176 − 177**
VI 1,36 139[195]
VI 1,77 40, 43
VI 1,144 46
VI 1,185 10
VI 1,192 **154 − 155**, 173, 191, 195
VI 3,112 29[41]
VI 3,113 **28 − 29**, 35, 193
VI 4,9 28, **30 − 33**, 35
VI 4,21 148[205]
VI 4,24 87[122]
VI 4,51 115, 115[156]
VI 4,74 55[79], 59
VI 4,75 60
VI 4,77 75[100]
VI 4,87 74, 75[100], 76
VI 4,88 34

VI 4,114	165

Pāṇ. VII

VII 1,8	48[71], 50
VII 1,45	162
VII 1,91	182
VII 1,100	149
VII 1,102	148
VII 1,103	149
VII 2,31	17[24]
VII 2,32	17[25]
VII 2,33	17, 192
VII 2,35	32, 33[46]
VII 2,56	153[211]
VII 2,64	28, 32, 139[195]
VII 2,69	17－18, 192
VII 2,115	179, 179[257], 182
VII 2,116	179, 179[258], 182
VII 3,78	65, **152－154**
VII 3,81	28, 33[49]
VII 3,83	181[262], 184
VII 3,84	62, **181－185**, 182[263], 185[265]
VII 3,85	**177－179**, 181－184
VII 3,88	50－52, 56, 118－120, 118[159]
VII 3,94	92－93
VII 4,62	125, 141
VII 4,64	110
VII 4,65	37, 53, 87, **110－111**, 114, 121, 139－140 166, 193－194
VII 4,66	82, 82[111], 84
VII 4,67	133[186]
VII 4,72	66
VII 4,73	34
VII 4,74	28, **33－34**, 118
VII 4,75	144, **166－171**, 190
VII 4,76	128, 128[176], **144**
VII 4,77	144－145
VII 4,78	145－146
VII 4,82	**82**, 82[111], 131
VII 4,83	81, 115
VII 4,84	**86**, 123, 141
VII 4,85	**86**, 124
VII 4,86	83, **87**
VII 4,87－88	91－92
VII 4,90	**84**, 136, 139
VII 4,91	**85**, 139－140, 140[197]
VII 4,92	**85**, 128, 135－136

Pāṇ. VIII

VIII 1,4	**104**
VIII 2,88－92	192[267]
VIII 3,57	124, 125[168]
VIII 3,72	125[168]
VIII 4,3	38[59], 39
VIII 4,54	128[175]

Dhātupāṭha → 語彙索引

Kātyāyana (Vārt.)

Vārt. 29 on Pāṇ. I 1,72	186
Vārt. 2 on Pāṇ. VI 1,8	140[198]
Vārt. 1 on Pāṇ. VI 1,44	45

Vārt. 1 on Pāṇ. VII 4,90 136[192], 140

Patañjali (Pat.)

vol. I

1,3 (Paspaśāhnika) 13
86,9–87,6 (on Pāṇ. I 1,27) **37–46**, 194
196,7 (on Vārt. 1 to Pāṇ. I 2,9) 180[261]
412, 3–4 (on Pāṇ. II 2,6) 180[259]

vol. II

28,13ff. (on Pāṇ. III 1,22) 94–95
29,5ff. (on Pāṇ. III 1,22) 68–71
29,11(on Pāṇ. III 1,22) 123[166]
29,22 (on Pāṇ. III 1,22) 105–106
30,2 (on Pāṇ. III 1,22) 104[139]
30,5 (on Pāṇ. III 1,22) 107–108
44,18 (on Pāṇ. III 1,35) 165
169,17 (on Pāṇ. III 4,2) 104[140]

vol. III

11,15 (on Vārt. to Pāṇ. VI 1,6) 77[105]
217,9–18 (on Pāṇ. VI 4,114) 165
211,11(on Pāṇ. VI 4,87) 75–76
248,6 (on Pāṇ. VII 1,21) 183[264]
354,24–355,9 (on Pāṇ. VII 4,65) 47–49
355, 9–16 (on Pāṇ. VII 4,65) 50–52
336,3–24 (on Pāṇ. VII 3,85) 179–187
338,1–7 (on Pāṇ. VII 3,88) 54–56
356,13ff. (on Pāṇ. VII 4,74) 145–146
359, 16 (on Pāṇ. VII 4,92) 77[106]

Kaiyaṭa (Pradīpa)

on Pat. ad. Pāṇ. VI 4,19 75–76

Kāśikā-Vṛtti (Kāś.)

on Pāṇ. II 4,74 73
on Pāṇ. III 1,22 96
on Pāṇ. III 1,24 100
on Pāṇ. III 1,51 12
on Pāṇ. III 1,149 97[134]
on Pāṇ. III 3,119 29
on Pāṇ. V 1,62 22
on Pāṇ. VI 1,192 154
on Pāṇ. VII 2,69 18
on Pāṇ. VII 3,78 152
on Pāṇ. VII 3,88 120
on Pāṇ. VII 4,65 120, 123[165], 128[176]
on Pāṇ. VIII 1,4 108

Nyāsa

on Kāś. to Pāṇ. III 1,22 115
on Kāś. to Pāṇ. VII 4,65 115[155–157]

Padamañjarī

on Kāś. to Pāṇ. III 1,22 108[147]

Siddhānta-Kaumundī (SiddhKaum)

2653 (on Pāṇ. VII 4,92) 135[191]
3583 (on Pāṇ. VII 2,69) 18
3596 (on Pāṇ VII 4,65) 120

Kṣīrataraṅginī (Kṣīrat.)

I 792 86[118]
II 71 77

III 15	147
III 16	123[166]

Mādhavīyā Dhātuvṛtti (MādhDh)

I 1	121[162]
I 129	148[205]
I 687	135[191]
III 25	147

Uṇādi-Sūtra

IV 54－55	185[265]

Ujjhvaladatta

on Uṇādi-Sūtra II 22	49[73]

Nirukta (Nir.)

I 1	**34－35**, 193
I 11	36
I 14	91
II 17	167
II 20	36
II 28	77[105]
V 22	88
VI 22	77[105]
VII 31	36
XI 36	134

Nighaṇṭu

II 8	169

Durga

on Nir I 1	35

Sāyaṇa

on RV I 173,11	148[205]
on RV VII 1,19	148[205]
on AV VI 16,3	12

Epic, etc.

Mahābhārata

I 211,5	92

Bhāgavata-Purāṇa (BhāgPur)

VI 8,21	88
X 8,22	136[193]

Untersuchung der bei Pāṇini angeführten vedischen Formen: Mit besonderer Berücksichtigung reduplizierter Verbalstämme

Junichi Ozono

Zusammenfassung

1. Die Grammatik Pāṇinis lässt sich in die Übergangszeit vom Vedischen zum klassischen Sanskrit ansetzen. Auf der Grundlage der bisherigen Forschungen lässt sich das Altindoarische im allgemeinen in die folgenden Sprachstadien einteilen:

i. Sprache des Ṛgveda (RV)

ii. Sprache der Mantra

Atharvaveda (AV), Mantra der Yajurveda-Saṁhita wie Vājasaneyi-Saṁhitā (VS), Maitrāyāṇī Saṁhitā (MS), Kaṭha-Saṁhitā (KS), Taittirīya-Saṁhitā (TS)

iii. Saṁhitāprosa

Prosa der Yajurveda-Saṁhitā (YV) wie Maitrāyāṇī Saṁhitā, Kaṭha-Saṁhitā, Taittirīya-Saṁhitā

iv. Brāhmaṇa- und Upaniṣad-Literatur

Aitareya-Brāhmaṇa (AB), Kauṣītaki-Brāhmaṇa (KB), Jaiminīya-Brāhmaṇa (JB), Śatapatha-Brāhmaṇa (ŚB), Bṛhad-Āraṇyaka-Upaniṣad (BĀU), Chāndogya-Upaniṣad (ChU), Jaiminīya-Upaniṣad-Brāhmaṇa (JUB), usw.

v. Sprache des Ritualsūtra (Śrautasūtras und Gṛhyasūtras), Pāṇinis Grammatik

vi. Klassiches Sanskrit, Episches Sanskrit, usw.

Was die in der Grammatik Pāṇinis gelehrte Sprache darstellt, oder aus welcher sprachlichen Quelle er seine Grammatik schöpfte, ist seit langem diskutiert worden. Seine Grammtik lehrt nicht nur die damalige Hochsprache, sondern auch vedische, regionale bzw. mundartliche Besonderheiten. Diese Sprache ist also keineswegs eine Kunstsprache. Aus der vorliegenden Untersuchung ergibt sich, dass die Sprache des Brāhmaṇa und des Śrautasūtra zum großen Teil der Hochsprache zugrunde liegt (siehe unten Abschnitt 4), was für bisher geäußerte Auffassungen spricht.

2. In der Grammatik des Pāṇini, die etwa 4000 grammatischen Regeln (*sūtra-*) umfasst, beziehen sich etwa 250 Regeln auf sprachliche Besonderheiten des Veda (*chandas-*). Im Zusammenhang mit der Entwicklungsgeschichte der vedischen Literatur ist seit langem diskutiert worden, welche vedischen Texte Pāṇini kannte. Aus bisherigen Untersuchungen ergibt sich, dass Pāṇini den Ṛgveda (ca. 1200 v.Chr.), Texte des Schwarzen Yajurveda usw., die dem frühreren Vedischen angehören, kannte. Umstritten ist, ob Pāṇini außerdem den Athravaveda (ca. 1000 v.Chr.), den Weißen Yajurveda bzw. das Śatapatha-Brāhmaṇa (ca. 700 v.Chr.) kannte. THIEME, *Pāṇini and the Veda* (1935) vertritt die Meinung, die bis heute allgemein anerkannt ist, der Atharvaveda der Paippalāda-Schule sei Pāṇini bekannt, aber nicht der Weißen Yajurveda. Für letzteres ist kein überzeugender Beweis jedoch erbracht worden; es ist sogar nicht von der Hand zu weisen, dass Pāṇini auch Sprachfakte des Weißen Yajurveda insbesondere des Śatapatha-Brāhmaṇa im Auge hatte.

Welche vedischen Texte unter die Kategorie *chandas-* 'heilige Literatur, Veda' fallen, ist in OZONO 2011 diskutiert worden: der Terminus *chandas-* bezieht im wesentlichen die Saṁhitā-Texte wie RV, YV, AV ein, wohingegen Besonderheiten der Brāhmaṇa-Tetxte wie etwa ŚB unter dem Terminus *brāhmaṇa-* beschrieben sein dürften. Pāṇ. II 3,60 zufolge nimmt das Simplexverb *dīv* 'Würfel spielen' in einem Brāhmaṇa-Text den Akkusativ. Der Akkusativ bei dem Simplexverb *dīv* kommt im ŚB vor. Umstritten ist die aus den Handschriften angenommene Lesart des Opt.Präs. *dīveyuḥ* vs. +*vidīvyeyuḥ* im MS I 6,11[p]: 104,6 (siehe dazu OZONO 2011: 250f.). Der Akkusativ bei dem präfigierten Verb *dīv* wie etwa *vi-dīv* kommt fast ausschließlich im Yajurveda-Saṁhitā wie MS vor, wohingegen der Akkusativ bei dem Simplexverb erst seit ŚB auftritt, so dass der Konjektur +*vidīvyeyuḥ* wahrscheinlicher ist.

Neben dem Terminus *chandas-* beschreibt Pāṇini vedische Sprachfakte auch unter dem Wort *nigama-* (< *ni-gam* 'sich einfügen'), wobei es sich, nach der herkömmlichen Auffassung, um ein Synonym von *chandas-* handelt. Die in den *nigama*-Regeln beschriebenen Besonderheiten entsprechen den der R̥g- und Yajurveda-Saṁhitā. Es lässt sich also kaum beantworten, worin der Unterschied zwischen *chandas-* und *nigama-* liegt. Möglicherweise stellt der Terminus einen Archaismus oder einen stilistischen Begriff dar, der sich vielleicht in der Tradition der indischen einheimischen Sprachforschung entwickelte, und dessen man sich in einem besonderen Kontext bedienen konnte.

3. In etwa 160 Regeln führt Pāṇini unregelmäßige bzw. regelwidrige Wortformen, die in der pāṇineischen Tradition mit dem Terminus *nipātana-* 'Anführung der regelwidrige Wortform' bezeichnet sind, an. Auffallend ist, dass einige *nipātana*-Formen aus normalem Wortbildungsprozeß abgeleitet werden können. In manchen Fällen ist die Motivation, warum Pāṇini

solche Formen als unregelmäßig (*nipātana-*) anführte, nicht besonders klar. Nach der pāṇineischen Tradition werden einige regelmäßig gebildeten Intensivstämme wie etwa *bobhūtu* (nicht belegt), *tetikte* RV, in denen eine vedische Besonderheit liegt, nur im Vedischen verwendet. Manche Formen, die nur in vedischen Texten vorkommen (d.h. nicht mehr in der Hochsprache benutzt werden), dürften als *nipātana-* bezeichnet werden.

4. Die Verbalbasen (*dhātu-*) werden nach der Liste der Verbalbasis (Dhātupāṭha) in zehn Klassen klassfiziert. Die Verbalstämme werden durch Antritt von *l*-Marker an eine Verbalbasis geblidet:

laṭ (Präsens)	*liṭ* (Perfekt)	*luṭ* (Periphratisches Futur)
l̥ṭ (-*sya*-Futur)	*leṭ* (Konjunktiv)	*loṭ* (Imperativ)
laṅ (Imperfekt)	*liṅ* (Optativ)	*luṅ* (Aorist)
l̥ṅ (Konditionalis)		

Der Konjuktiv, der zu Pāṇinis Zeit außer Gebrauch gewesen sein müßte, wird als eine selbstständige Kategorie (*leṭ*) in der pāṇineischen Grammatik aufgestellt, während Injunktivbildungen nicht als eine Moduskategorie, sondern lediglich als eine unaugmentierte Variation des Imperfekts oder des Aorists behandelt werden. Das pāṇineische Verbalsystem, in dem, wie oben gezeigt, die Tempora und Modi zusammengestellt sind, kennt keine Modalformen des Aorists oder des Perfekts, die häufig im Vedischen vorkommen. Dies zeigt, dass die zur Pāṇinis Zeit verwendete, d.h. nachvedische Sprache dem pāṇineischen Verbalsystem zugrunde liegt. Modalformen, die von diesem System abweichen, lassen sich durch Sonderregeln (Pāṇ. II 4,76, III 1,85) erklären. So werden vedische Modalformen wie Konj.Aor. *bhedati* 'er soll/wird spalten', *maranti* 'sie sollen/werden sterben', Iptv.Aor. *neṣatu* 'er soll führen' durch die Anwendung von Pāṇ. III 1,85 abweichend von der Klassifkation des

Dhātupātha gebildet.

Aus sprachgeschichtlicher Sicht ist bemerkenswert, dass das mit *yá* suffigierte Intensiv (immer medial flektiert) seit der Brāhmaṇa-Literatur sehr produktiv geworden ist, während das athematische Intensiv überwiegend im RV vorkommt. In der Grammatik Pāṇinis wird das *yá*-Intensiv als normale Bildung gelehrt, und das intensivstammbildende Suffix *ya* (*yaṅ*) hat eine grundsätzliche Funktion, welche Wiederholung einer Handlung bzw. verbale Pluralität (*kriyāsamabhihāra-*) bezeichnet. Pāṇ. II 4,74 (*yaṅo aci ca*) beschreibt die athematische Intensivbildung (*yaṅluk*), wonach der athmatische Intensivstamm durch Schwund (*luk*) des Suffixes *ya* (*yaṅ*) gebildet wird. Der indischen Grammatiktradition zufolge ist die Anwendung dieser Regel nicht aufs Vedische beschränkt. Nach JOSHI/ROODBERGEN 2000: 130f. wird diese Regel aufgrund des Deutungsprinzips *yogavibhāga* in zwei geteilt: a) Im Vedischen kommt das athematische Intensiv vielfältig vor (*yaṅaḥ* [*bahulaṃ chandasi* 73, *luk* 58]) und b) auch vor dem Nominalsuffix *a* wird der athematische Inteinsivstamm gebildet (*aci ca* [*luk* 58]). Nach dieser Deutung beschreibt diese Regel eine vedische Besonderheit, was der Tatsache spricht, dass im RV und YV der athematische Stamm viel produktiver als der mit *yá* suffigierte war. Wenn dies der Fall ist, könnte das athematische Intensiv zu Pāṇinis Zeit altmodisch gewesen sein. Allerdings kommt das athematische Intensiv, das unter späteren Sanskritschriftstellern als normal anerkannt ist, neben dem *yá*-Intensiv häufig im klassischen Sanskrit vor.

Der athematische reduplizierte Präsensstamm wird in dem pāṇineischen Wortbildungssystem aus einer der 3. Klasse angehörigen Verbalbasis gebildet. Bei dem Wortbildungsprozess tritt das Suffix bzw. der Marker *ślu*, das in der späteren Phase der Wortbildung verschwindet, an die Verbalbasis an. In der Regel steht der Akzent im reduplizierten Präsensstamm auf seiner Reduplikationssilbe, wohingegen er im Perfektstamm auf seiner

Radikalsilbe steht. In einigen reduplizierten Präsensstämmen wurde aber die Betonung analogisch nach Perfektstamm auf die Radikalsilbe verschoben. Pāṇ. VI 1,92 lehrt die radikalbetonten reduplizierten Präsensstämme, die sich, morphologisch betrachtet, nicht von Modalformen des Perfekts unterscheiden lassen. Aus dieser Angabe lässt sich ersehen, dass, was das reduplizierte Präsens angeht, nachr̥gvedische Sprachfakte den von Pāṇini beschriebenen Stammbildungen zugrunde liegen. So schwankt der Akzentsitz des reduplizierten Präsens von *bhar* 'tragen' seit dem RV zwischen *bíbharti* und *bibhárti*, während sich im YV wie MS, ŚB usw. der letztere durchgesetzt hat. Außerdem stimmt der Akzentsitz der reduplizierten Präsentien wie etwa *jāgárti* MS III 6,3ᵖ: 63,13, das aus dem Zustandsperfekt *jāgā́ra* (*gar* / *gr̥* 'erwachen') neu gebildet wird, mit Pāṇ. VI 1,192 überein. Nach der Grammatik Pāṇinis werden verschiedene Wortformen wie Präs. *jāgarti*, Plusquamperfekt *ajāgarur*, mediopassiver Aor. *ajāgari* von der zweisilbigen Verbalbasis *jāgr̥* (DhP II 63) abgeleitet. Dies entspticht dem, dass seit dem YV zahlreiche Ableitungen aus der Qausiwurzel *jāgar* wie etwa Kausativ *jāgarayati*, Gerundiv *jāgaritavya-* erscheinen. Pāṇ. VII 4,75 lehrt die athematischen Intensivstämme *nenij-*, *vevij-* und *veviṣ-* als ein redupliziertes Präsens, das einen *guṇa*-Vokalismus auf der Reduplikationssilbe erhält. Diese Stämme, die von Hause aus Intensivstämme waren, fungieren bereits im Vedischen als normales Präsens, d.h. sie haben nicht mehr eine wiederholende oder intensive Funktion. Dies zeigt, dass einige athematischen Intensivstämme offensichtlich lexikalisiert wurden. Daraus lässt sich ersehen, dass Besonderheiten des Schwarzen Yajurveda zur Zeit Pāṇinis teilweise noch lebendig waren.

＜著者略歴＞

尾園　絢一（おぞの・じゅんいち）

1977年　福岡県に生まれる。
2001年　同志社大学経済学部卒業
2005年　東北大学大学院文学研究科博士課程前期2年の課程修了
2009年　東北大学大学院文学研究科博士課程後期3年の課程修了　博士（文学）
2009年　ヴュルツブルク大学比較言語学講座（ドイツ）留学（ドイツ学術交流会DAAD奨学生）
2011年　東北大学大学院文学研究科教育研究支援者
2012年　東北大学大学院文学研究科助教
2015年　東北大学大学院文学研究科専門研究員
東北大学文学部非常勤講師
東北大学全学教育非常勤講師

パーニニが言及するヴェーダ語形の研究
―― 重複語幹動詞を中心に ――

Untersuchung der bei Pāṇini angeführten vedischen Formen:
Mit besonderer Berücksichtigung reduplizierter Verbalstämme

2018年2月26日　初版第1刷発行

著　者　尾園 絢一
発行者　久道 茂
発行所　東北大学出版会
〒980-8577　仙台市青葉区片平2-1-1
TEL：022-214-2777　FAX：022-214-2778
http//www.tups.jp　E-mail：info@tups.jp
印　刷　社会福祉法人　共生福祉会
萩の郷福祉工場
〒982-0804　仙台市太白区鈎取御堂平38
TEL：022-244-0117　FAX：022-244-7104

ISBN978-4-86163-288-4　C3087
定価はカバーに表示してあります。
乱丁、落丁はおとりかえします。